河南省软科学研究计划项目：河南省制造企业数字化与绿色化协同发展机制与实现路径研究（项目编号242400410276）
河南工程学院博士培育基金项目：高质量发展背景下河南省制造业绿色治理的困境及实现路径研究（项目编号：D2022043）

“双碳”背景下企业绿色发展的理论与实践

王一炜　著

中国财经出版传媒集团
中国财政经济出版社
·北京·

图书在版编目（CIP）数据

“双碳”背景下企业绿色发展的理论与实践／王一炜著．--北京：中国财政经济出版社，2024.11.

ISBN 978-7-5223-3524-7

Ⅰ.F279.23

中国国家版本馆 CIP 数据核字第 20241C5E91 号

责任编辑：彭　波　　　　责任校对：张　凡

封面设计：孙俪铭　　　　责任印制：史大鹏

“双碳”背景下企业绿色发展的理论与实践

“SHUANGTAN” BEIJINGXIA QIYE LÜSE FAZHAN DE LILUN YU SHIJIAN

中国财政经济出版社 出版

URL：http：//www.cfeph.cn

E-mail：cfeph@cfeph.cn

社址：北京市海淀区阜成路甲 28 号　邮政编码：100142

营销中心电话：010-88191522

天猫网店：中国财政经济出版社旗舰店

网址：https：//zgczjjcbs.tmall.com

北京厚诚则铭印刷科技有限公司印刷　各地新华书店经销

成品尺寸：170mm×240mm　16 开　18.25 印张　258 000 字

2024 年 11 月第 1 版　2024 年 11 月北京第 1 次印刷

定价：78.00 元

ISBN 978-7-5223-3524-7

（图书出现印装问题，本社负责调换，电话：010-88190548）

本社图书质量投诉电话：010-88190744

打击盗版举报热线：010-88191661　QQ：2242791300

前　言

在全球气候变暖、资源日益紧张的时代背景下，绿色发展已经成为各国政府、企业乃至社会大众共同关注的焦点。中国作为世界上最大的发展中国家，在推动经济社会高质量发展的同时，也积极响应全球减碳、低碳的号召，提出了“碳达峰”和“碳中和”（简称“双碳”）的宏伟目标。这一目标的提出，不仅是中国应对气候变化、推动绿色发展的重要承诺，也是企业转型升级、实现可持续发展的新机遇。

《“双碳”背景下企业绿色发展的理论与实践》一书的编纂，旨在系统梳理企业绿色发展的相关理论和实践，探讨企业在实现经济增长和环境保护双重目标中的策略与路径。本书从理论层面出发，深入分析了企业绿色发展的必要性和紧迫性，构建了一套符合“双碳”背景的企业绿色发展策略与框架。同时，结合国内外企业的实际案例，详细阐述了绿色生产、绿色营销、绿色技术创新等方面的实践经验，为企业绿色发展提供了具体的指导和借鉴。

本书内容分为几个主要部分。首先，在引言部分，本书简要介绍“双碳”目标的背景和意义，以及企业绿色发展的内涵和必要性。其次，详细阐述企业绿色发展的策略与框架，重点强调企业实现绿色发展的策略。在随后的章节中，本书将分别介绍绿色生产、绿色营销和绿色技术创新等方面的理论和具体实践。这些章节将结合优秀企业的案例，分析它们在绿色发展过程中的成功经验和教训，为读者提供可借鉴的实践经验和策略。通过这些案例，展示企业绿色发展的多样性和创新性，以及企业在实现绿色发展过程中的不断探索和创新。

在案例分析部分，中国神华作为煤炭行业的龙头企业，长期以来受益于国家经济发展对能源的大量需求。但是在"双碳"目标的压力下，企业面临巨大的转型挑战。由于转型需要大量资金、技术和时间的投入，而短期内可能无法带来明显的经济效益，因此企业可能会选择通过漂绿行为来维持其在市场上的竞争力。本书探讨了中国神华进行漂绿行为的动因、漂绿行为曝光后的后果以及治理措施。通过该案例，揭示企业绿色发展的内在动力和外部支持条件，以及企业如何在应对挑战中不断成长和壮大，为读者提供全面、深入的实践参考。

最后，本书对企业绿色发展的未来展望进行了深入探讨。结合当前全球环境政策和科技发展趋势，本书分析了企业绿色发展的战略方向、企业社会责任与可持续发展，我们相信，在全球共同应对气候变化的背景下，企业绿色发展将成为未来经济发展的重要趋势和必然选择。

通过编写本书，希望能为广大学者、企业管理者以及相关从业人员提供一份全面、系统、实用的企业绿色发展理论与实践指南。

本书由王一炜担任主编，参与各章编写的老师还有：第一章和第二章古洁灵参与编写；第三章张玉辉参与编写；第四章和第五章王一炜参与编写；第六章袁合芳参与编写；第七章张晓婷参与编写；第八章崔国杰参与编写。在本书的出版过程中，中国财政经济出版社的编辑们提出了宝贵的意见，为提高本著作的质量，保证修订工作的顺利完成，付出了辛勤的劳动，谨向他们提出衷心的感谢。

作　者

2024年6月

目 录

第 1 章

引　言

1.1 “双碳”背景与全球气候变化

1.1.1 碳达峰、碳中和的理论基础

（1）碳达峰、碳中和的概念

自工业革命之始，工业与城市化进程大大加速，然而，这一过程的背后也隐藏着诸多温室气体的巨额排放。大气中的二氧化碳、甲烷等温室气体浓度逐年攀升，如今已对我们的生存与发展构成了严重威胁。气候变化问题逐渐从单一的环境领域扩展到经济、政治、文化、科技以及社会等众多领域，它就像一条难以逾越的鸿沟，将人类与各国的发展前景隔开。在这个全球性的政治问题上，气候变化已经成为国际社会的共识，也成为各国博弈的焦点。在这个大背景下，碳达峰、碳中和的概念应运而生，引起了全球范围内的广泛关注。

2020 年 9 月，习近平主席在第七十五届联合国大会上郑重承诺，中国将积极推进碳达峰与碳中和目标。此后，他在气候雄心峰会上进一步提出我国应对气候变化的几项总量指标，展现了中国对于环境保护的坚定决心。2021 年 3 月，中央财经委员会第九次会议研究了实现碳达峰与碳中和的基本思路和主要举措，表明了中国在应对气候变化方面的积极态度。为了实现 2030 年应对气候变化国家自主贡献目标，我国提出力争在 2030 年前二

氧化碳排放达到峰值，并制订了2030年前碳排放达峰行动方案。同时，我们锚定努力争取2060年前实现碳中和，这一目标不仅包括二氧化碳，还涵盖了全经济领域温室气体的排放，如甲烷、氢氟化碳等非二氧化碳温室气体。这一系列行动计划表明了中国在应对气候变化方面的决心和行动，我们将持续努力，为全球环境保护事业做出更大的贡献。

（2）碳达峰、碳中和的思想基础

“绿水青山就是金山银山”[1]这一理念，是由习近平总书记在2005年8月15日考察浙江省安吉县余村时提出的。他强调，为了保护绿水青山，必须下决心停掉矿山，因为绿水青山本身就是金山银山。这一理念不仅强调了环境保护的重要性，也为我们提供了一个全新的视角来看待自然资源和经济发展之间的关系。

“绿水青山就是金山银山”的观念首次亮相，便引发了广泛关注。这一理念的提出，经过理论和实践的进一步深化与升华，形成了一套节约优先、保护优先、绿色发展的发展模式。这种发展模式将生态环境保护融入经济、社会、政治、文化各个领域，坚持绿色循环低碳发展，并逐渐在全国范围内得到广泛推广。这一理念对于促进生态文明建设起到了积极作用，有力地推动了生态环境的保护和可持续发展。

“既要绿水青山，也要金山银山”，这是我们生态文明建设中的核心理念。它指导我们正确处理环境与发展、生存与进步、生态与财富之间的关系。它让我们明白，绿水青山就是我们宝贵的金山银山，而经济发展同样也是不可或缺的财富。在这个新时代，我们需要理解“绿水青山就是金山银山”理念的内涵。如图1.1所示。

首先，我们要认识到环境和发展的紧密关系。我们需要在保护绿水青山的前提下，推动经济发展。这正是“既要绿水青山，又要金山银山”的含义。其次，“宁要绿水青山，不要金山银山”的理念提醒我们，生存的基础是良好的生态环境和丰富的自然资源。我们不能为了短期的经济发展而破坏生态环境，而应该在生存的基础上，寻求可持续的发展。最后，“绿水青山就是金山银山”的理念重新定义了生态与财富的关系。在生态文明

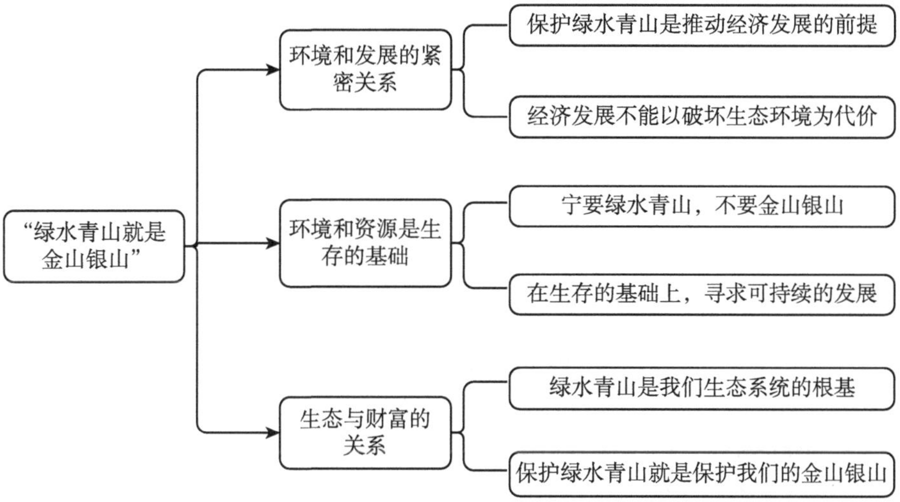

图 1.1 "绿水青山就是金山银山" 理念内涵

的视野下，我们需要将环境与经济作为一个大系统来考虑。绿水青山是我们生态系统的根基，同时也是我们经济财富的来源。保护绿水青山就是在保护我们的金山银山。同时，我们也可以通过开发利用自然资源、生态环境和生态产品，转化为经济财富。但这个过程中，我们需要坚持经济生态化的发展道路，实现生态与经济的和谐统一。只有这样，我们才能真正实现"绿水青山就是金山银山"的美好愿景。

2020 年 9 月 22 日，习近平主席在第七十五届联合国大会一般性辩论上发表重要讲话，指出："应对气候变化《巴黎协定》代表了全球绿色低碳转型的大方向，是保护地球家园需要采取的最低限度行动，各国必须迈出决定性步伐。中国将提高国家自主贡献力度，采取更加有力的政策和措施，二氧化碳排放力争于 2030 年前达到峰值，努力争取 2060 年前实现碳中和。各国要树立创新、协调、绿色、开放、共享的新发展理念，抓住新一轮科技革命和产业变革的历史性机遇，推动疫情后世界经济'绿色复苏'，汇聚起可持续发展的强大合力[2]（见图 1.2）。"

2020 年 9 月 30 日，习近平主席在联合国生物多样性峰会上发表讲话，指出："中国切实履行气候变化、生物多样性等环境相关条约义务，已提前

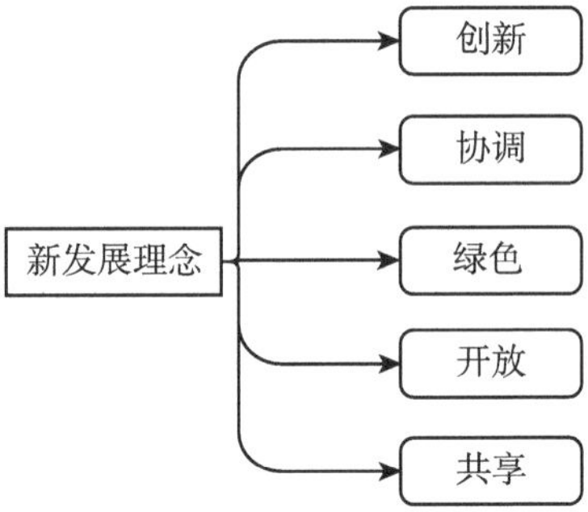

图 1.2　新发展理念

完成 2020 年应对气候变化和设立自然保护区相关目标。作为世界上最大发展中国家，我们也愿承担与中国发展水平相称的国际责任，为全球环境治理贡献力量[3]"。中国将秉持人类命运共同体理念，继续作出艰苦卓绝努力，采取更加有力的政策和措施，二氧化碳排放力争于 2030 年前达到峰值，努力争取 2060 年前实现碳中和，为实现应对气候变化《巴黎协定》确定的目标作出更大努力和贡献。

2020 年 11 月 12 日，习近平主席在第三届巴黎和平论坛上致辞时指出："绿色经济是人类发展的潮流，也是促进复苏的关键。中欧都坚持绿色发展理念，致力于落实应对气候变化《巴黎协定》[4]。不久前，我提出中国将提高国家自主贡献力度，力争 2030 年前二氧化碳排放达到峰值，2060 年前实现碳中和，中方将为此制定实施规划。我们愿同欧方、法方以明年分别举办生物多样性、气候变化、自然保护国际会议为契机，深化相关合作"。

2020 年 11 月 17 日，习近平主席在金砖国家领导人第十二次会晤上讲话时指出："我们要坚持绿色低碳，促进人与自然和谐共生[5]。全球变暖不会因疫情停下脚步，应对气候变化一刻也不能松懈，我们要落实好应对气候变化《巴黎协定》，恪守共同但有区别的责任原则，为发展中国家特别是小岛屿国家提供更多帮助。中国愿承担与自身发展水平相称的国际责任，继续为应对气候变化付出艰苦努力"。

2020 年 11 月 22 日，习近平主席在二十国集团领导人利雅得峰会"守护地球”主题边会上致辞时指出：“加大应对气候变化力度。二十国集团要继续发挥引领作用，在《联合国气候变化框架公约》指导下，推动应对气候变化《巴黎协定》全面有效实施。不久前，我宣布中国将提高国家自主贡献力度，力争二氧化碳排放2030年前达到峰值，2060年前实现碳中和[6]。到2030年，中国单位国内生产总值二氧化碳排放将比2005年下降65%以上，非化石能源占一次能源消费比重将达到25%左右，森林蓄积量将比2005年增加60亿立方米，风电、太阳能发电总装机容量将达到12亿千瓦以上。中国历来重信守诺，将以新发展理念为引领，在推动高质量发展中促进经济社会发展全面绿色转型，脚踏实地落实上述目标，为全球应对气候变化作出更大贡献[7]”。

2021年1月25日，习近平主席在世界经济论坛“达沃斯议程”对话会上特别致辞时指出：“中国将全面落实联合国2030年可持续发展议程。中国将加强生态文明建设，加快调整优化产业结构、能源结构，倡导绿色低碳的生产生活方式。中国力争于2030年前二氧化碳排放达到峰值、2060年前实现碳中和。实现这个目标，中国需要付出极其艰巨的努力。中国这么做，是在用实际行动践行多边主义，为保护我们的共同家园、实现人类可持续发展作出贡献[8]”。

2021年3月15日，习近平总书记在主持召开中央财经委员会第九次会议时强调，实现碳达峰、碳中和是一场广泛而深刻的经济社会系统性变革，要把碳达峰、碳中和纳入生态文明建设整体布局，拿出抓铁有痕的劲头，如期实现2030年前碳达峰、2060年前碳中和的目标[9]”。

2021年3月22～25日，习近平总书记在福建考察时指出，要把碳达峰、碳中和纳入生态省建设布局，科学制定时间表、路线图，建设人与自然和谐共生的现代化[10]。

2021年4月2日，习近平总书记在参加首都义务植树活动时指出，新发展阶段对生态文明建设提出了更高要求，必须下大气力推动绿色发展，努力引领世界发展潮流。我们要牢固树立绿水青山就是金山银山理念，坚定不移走生态优先、绿色发展之路，增加森林面积、提高森林质量，提升生态系统碳汇增量，为实现我国碳达峰、碳中和目标和维护全球生态安全作出更大贡献[11]。

2021 年 4 月 16 日，习近平主席在中法德领导人视频峰会上再次重申，中国作为世界上最大的发展中国家，将完成全球最高碳排放强度降幅，用全球历史上最短的时间实现从碳达峰到碳中和[12]。

2021 年 4 月 22 日，习近平主席在“领导人气候峰会”上讲话时指出，中国承诺实现从碳达峰到碳中和的时间，远远短于发达国家所用时间，需要中方付出艰苦努力。中国将碳达峰、碳中和纳入生态文明建设整体布局，正在制定碳达峰行动计划，广泛深入开展碳达峰行动，支持有条件的地方和重点行业、重点企业率先达峰。中国将严控煤电项目，“十四五”时期严控煤炭消费增长、“十五五”时期逐步减少。此外，中国已决定接受《〈蒙特利尔议定书〉基加利修正案》，加强非二氧化碳温室气体管控，还将启动全国碳市场上线交易[13]。

2021 年 4 月 30 日，习近平总书记在中共中央政治局第二十九次集体学习时指出，要抓住产业结构调整这个关键，推动战略性新兴产业、高技术产业、现代服务业加快发展，推动能源清洁低碳安全高效利用，持续降低碳排放强度。要支持绿色低碳技术创新成果转化，支持绿色技术创新。实现碳达峰、碳中和是我国向世界作出的庄严承诺，也是一场广泛而深刻的经济社会变革，绝不是轻轻松松就能实现的，不符合要求的高耗能、高排放项目要坚决拿下来[14]。

2021 年 5 月 21 日，习近平总书记主持召开中央全面深化改革委员会第十九次会议时强调，要围绕生态文明建设总体目标，加强同碳达峰、碳中和目标任务衔接，进一步推进生态保护补偿制度建设，发挥生态保护补偿的政策导向作用[15]。

2022 年 1 月 17 日，习近平主席在 2022 年世界经济论坛视频会议时强调，实现碳达峰、碳中和，不可能毕其功于一役。中国将破立并举、稳扎稳打，在推进新能源可靠替代过程中逐步有序减少传统能源，确保经济社会平稳发展。

2022 年 1 月 24 日，习近平总书记在十九届中央政治局第三十六次集体学习时的指出，实现“双碳”目标，不是别人让我们做，而是我们自己必须要做。我国已进入新发展阶段，推进“双碳”工作是破解资源环境约束突出问题、实现可持续发展的迫切需要，是顺应技术进步趋势、推动经济结构转型升级的迫切需要，是满足人民群众日益增长的优美生态环境需求、促进人与自然和谐共生的迫切需要，是主动担当大国责任、推动构建人类命运共同体的迫切需要。

2023 年 7 月 17 日，习近平总书记在全国生态环境保护大会上的指出，要牢固树立和践行绿水青山就是金山银山的理念，坚持山水林田湖草沙一体化保护和系统治理，推进生态优先、节约集约、绿色低碳发展，加快发展方式绿色转型，提升生态系统多样性稳定性、持续性，积极稳妥推进碳达峰、碳中和，以高品质的生态环境支撑高质量发展。

（3）碳达峰、碳中和的绿色发展政策依据

2016 年 12 月，根据中共中央办公厅、国务院办公厅印发的《生态文明建设目标评价考核办法》的要求，国家发展改革委、国家统计局、环境保护部、中央组织部制定了《绿色发展指标体系》[16]（以下简称《指标体系》）。

《指标体系》涵盖了多个方面，包括资源利用、环境治理、环境质量、生态保护、增长质量、绿色生活和公众满意程度。这个体系不仅注重经济发展，也重视环境保护和社会发展。

在资源利用方面，《指标体系》关注能源消费、用水、用地和资源循环利用等方面。通过控制能源消费总量、单位 GDP 能源消耗降低等指标，推动节能减排。同时，通过控制用水总量、农田灌溉水有效利用系数等指标，促进水资源合理利用。此外，《指标体系》还关注用地控制和资源循环利用，通过耕地保有量、新增建设用地规模等指标，确保土地资源的可持续利用。在环境治理方面，《指标体系》包括化学需氧量排放总量减少、氨氮排放总量减少等约束性指标，以及危险废物处置利用率、生活垃圾无害化处理率等污染物治理指标。这些指标将有助于控制环境污染，提高环境治理水平。在环境质量方面，《指标体系》关注空气质量、水质和耕地质量等方面。通过地级及以上城市空气质量优良天数比率、地表水达到或好于Ⅲ类水体比例等指标，确保环境质量的持续改善。在生态保护方面，《指标体系》包括森林覆盖率、自然岸线保有率等指标，旨在保护自然生态系统和生物多样性。在增长质量方面，《指标体系》关注人均 GDP 增长率、居民人均可支配收入等经济指标，以及第三产业增加值占 GDP 比重等结构指标。这些指标将有助于衡量经济发展的质量和效益。在绿色生活方面，《指标体系》包括公共机构人均能耗降低率、绿色产品市场占有率等指标，旨在推动绿色低碳生活方式。同时，关注新能源汽车保有量增长率、绿色出行等交通领域指标，鼓励绿色出行和低碳交通方式。此外，《指标体系》还涉及城镇绿色建筑占新建建筑比重等建筑领域指标，推动绿色建筑和低碳城市建设。公众满意程度是指标体系的一个重要组成部分。这个指标将衡量公众对环境状况的满意度，包括空气质量、饮用水、公园等方面。通过这个指标，可以了解公众对环境保护工作的认可程度，也是衡量环保工作成效的重要标准。

绿色发展指数由除"公众满意程度"之外的 55 个指标个体指数加权平均计算而成，计算公式为：

$$Z = \sum_{i=1}^{N} W_i Y_i (N = 1,2,\cdots,55) \tag{1.1}$$

其中，Z 为绿色发展指数，Y_i 为指标的个体指数，N 为指标个数，W_i 为指标 Y_i 的权数。

2016 年 12 月，根据中共中央办公厅、国务院办公厅印发的《生态文明建设目标评价考核办法》的要求，国家发展改革委、国家统计局、环境保护部、中央组织部还制定了《生态文明建设考核目标体系》[17]（以下简称《考核目标体系》）。

《考核目标体系》涵盖了五大目标类别和二十三项子目标，以衡量各地区在资源利用、生态环境保护、年度评价结果、公众满意程度和生态环境事件方面的表现。在资源利用方面，《考核目标体系》强调了单位 GDP 能源消耗降低、二氧化碳排放降低等子目标，以体现节能减排和低碳发展的要求。同时，《考核目标体系》还关注了非化石能源占一次能源消费比重、能源消费总量等子目标，以促进可再生能源的开发利用。在生态环境保护方面，《考核目标体系》重视了地级及以上城市空气质量优良天数比率、地表水达到或好于Ⅲ类水体比例等子目标，体现了对环境保护的关注。此外，《考核目标体系》还设置了近岸海域水质优良比例等子目标，以加强海洋生态环境的保护。年度评价结果是《考核目标体系》的重要组成部分，通过评估各地区生态文明建设年度评价的综合情况，采用绿色发展指数进行评分，并按照指数排名顺序依次减少得分，以激励各地积极推进生态文明建设。公众满意程度是衡量生态文明建设成效的重要指标之一，通过调查居民对本地区生态文明建设、生态环境改善的满意程度，将5年的年度调查结果算术平均值乘以该目标分值，以反映公众对生态环境质量的真实感受。生态环境事件是扣分项之一，对于发生重特大突发环境事件、造成恶劣社会影响的其他环境污染责任事件、严重生态破坏责任事件的地区，将根据发生次数扣分，以强化对环境事件的责任追究。根据各地区约束性目标完成情况，《考核目标体系》将对有关地区进行扣分或降档处理。仅1项约束性目标未完成的地区该项考核目标不得分，考核总分不再扣分；2项约束性目标未完成的地区在相关考核目标不得分的基础上，在考核总分中再扣除2项未完成约束性目标的分值；3项（含）以上约束性目标未完成的地区考核等级直接确定为不合格。其他非约束性目标未完成的地区有关目标不得分，考核总分中不再扣分。这一《考核目标体系》旨在全面评估各地区生态文明建设成效，推动各地加强生态环境保护和绿色发展，为建设美丽中国提供有力支撑。

2018年6月，国家标准委印发的《生态文明建设标准体系发展行动指南（2018～2020年）》提出，到2020年，我国的生态文明建设标准体系基本建立，制修订核心标准100项左右，生态文明建设领域国家技术标准创新基地达到3～5个；生态文明建设领域重点标准实施进一步强化，开展生态文明建设领域相关标准化试点示范80个以上，形成一批标准化支撑生态文明建设的优良实践案例；开展生态文明建设领域标准外文版翻译50项以上，与“一带一路”共建国家生态文明建设标准化交流与合作进一步深化[18]。

价值主要通过市场价值法来核算；调节服务价值则主要通过替代成本法进行核算；而文化服务价值则使用旅行费用法来核算。

1.1.2 “双碳”背景下企业的责任与机遇

在全球气候变化和环境问题日益严峻的背景下，中国积极响应全球号召，提出了碳达峰和碳中和的目标。这个目标不仅彰显了中国对环境保护的坚定决心，也向世界展示了中国积极应对气候变化的行动。为了实现这一目标，全社会必须共同努力。企业作为社会的重要组成部分，也承担着不可推卸的责任。同时，这也是企业发展的一个重要机遇。

（1）节能减排

企业在生产经营过程中，应该注重合理利用能源，提高能源利用效率，同时也要关注节能减排。通过采取一系列措施，如强化能源管理、合理安排生产计划、优化能源消费结构等，可以推动企业的可持续发展。此外，制订详细的能源管理计划、优化设备运转率、减少不必要的浪费，也是提高能源利用效率的重要手段。加强设备的维护和管理，采用高效节能设备，将进一步提高能源效率。总之，企业应该注重节能减排和可持续发展，采用有效的管理和技术手段来提高能源利用效率，降低生产成本。

（2）采用清洁能源

在追求可持续发展的征途中，企业可以采用清洁能源，如太阳能和风能等，来替代传统的化石能源，以降低碳排放，实现绿色发展的目标。利用清洁能源不仅有助于减轻环境压力，而且能够彰显企业的社会责任感和声誉。太阳能和风能作为可再生能源的代表，具有巨大的潜力。太阳能的利用主要依赖于光伏技术，通过安装光伏设备将太阳能转化为电能，实现能源的转化和利用；而风能则是通过风力发电设施，利用风能转化为电能。这两种能源的利用方式不仅对环境友好，而且具有很高的能源利用效率。企业通过采用太阳能和风能等清洁能源来替代传统能源，可以显著降低碳排放量，对于实现碳达峰和碳中和的目标具有积极的推动作用。同时，企业还可以通过提高可再生能源的利用效率，进一步优化能源结构，实现绿色发展。这一举措不仅可以提升企业的形象和社会责任感，还可以为企业带来长远的经济效益。

（3）循环经济模式

企业可以在生产经营过程中采用循环经济模式，实现资源的有效利用和循环利用，这是一种绿色、可持续的经济模式。通过采取一系列措施，如废弃物资源化利用和工业废水循环利用等，企业可以显著减少资源浪费，提高资源利用效率，同时降低对原生资源的依赖。废弃物资源化利用是指将生产过程中产生的废弃物进行分类、收集、加工和处理，转化为可再利用的资源或能源。通过推广废弃物资源化利用，企业可以减少废弃物的排放和对环境的污染，同时降低对原生资源的依赖，提高经济效益和环境效益。例如，将钢铁废渣转化为水泥、砖等建筑材料，将废塑料转化为再生塑料，都可以实现资源的有效利用。工业废水循环利用是指将生产过程中产生的废水进行收集、处理和再利用，以减少水资源的浪费和提高水资源的利用效率。通过开展工业废水循环利用，企业可以减少对水资源的消耗和污染，同时降低生产成本和提高环境效益。例如，将电镀废水进行处理后循环利用，可以节约大量水资源，同时减少污水排放。为了实现资源的有效利用和循环利用，企业需要不断优化生产工艺和流程，提高资源利用效率。例如，采用先进的生产技术和设备，提高生产效率的同时减少能源消耗和废弃物产生。同时，企业还需要建立健全的废弃物资源化利用和废水循环利用的制度和机制，加强管理和监督，确保资源的有效利用和循环利用。例如，制订相应的管理制度和操作规程，配备专业的技术人员和设备，定期进行监测和评估等。总之，企业采用循环经济模式可以实现资源的有效利用和循环利用，提高经济效益、社会效益和环境效益的统一。同时也可以为环境保护和可持续发展作出贡献。

（4）绿色供应链

企业应当心系环保，推动供应商采纳环保标准，共同打造绿色供应链。在这个全球化时代，绿色供应链已成为企业发展的新趋势。只有与供应商紧密合作，企业才能真正实现绿色转型。首先，企业可以要求供应商采用环保标准，确保其生产过程尽可能减少对环境的损害。通过激励供应商采取环保措施，降低资源消耗和废弃物的产生，从而实现整个供应链的可持续发展。其次，企业还需要关注供应链中的包装材料和废弃物的产生。通过优化产品设计、减少不必要的包装和采用可回收材料等措施，企业可以减少包装材料的使用和废弃物的产生。最后，鼓励供应商使用环保包装材料，减少对环境的污染。对于可回收的废弃物，企业可以与供应商合作，共同开展再生利用项目，提高资源利用效率，减少对自然资源的依赖。这将有助于企业在竞争激烈的市场中树立良好的企业形象，增强品牌价值，并为社会的可持续发展做出积极贡献。

（5）科技创新

企业可以采取多种途径，积极引进和研发更先进的设备与技术，推动节能减排和绿色发展。例如，引进清洁燃烧技术、研发新能源车辆等都是非常有效的手段，可帮助企业提高绿色竞争力。首先，引进和研发先进的设备和技术可以提高企业的能源利用效率。例如，采用新型的节能设备或者对现有设备进行技术改造，可以大幅减少能源消耗。其次，研发更环保的生产工艺也可以降低企业的碳排放。再次，推广清洁燃烧技术是一种有效的推动节能减排的手段。企业可以通过引进先进的清洁燃烧技术，提高燃煤发电和工业锅炉的燃烧效率，同时降低污染物排放。这样不仅可以提高企业的能源利用效率，还可以为环境保护作出贡献。最后，企业可以积极参与相关的科研项目，加强与科研机构的合作。通过合作，企业可以及时掌握最新的科研成果和技术发展趋势，并将这些成果应用到实际生产中。此外，与科研机构合作还可以提高企业的技术水平和研发能力，从而增强企业的核心竞争力。

（6）碳交易市场

碳交易市场，这一片富有经济与环保双重属性的领域，为各大企业提供了一个灵活、有效的平台。通过参与其中，企业不仅可以实现对碳排放的权衡和优化，更可以借此融入全球的绿色发展大潮中。在碳交易市场这个大舞台上，企业不再只是单独的个体，而是与整个碳排放交易体系紧密相连，成为其中的关键一环。想象一下，当一家企业通过技术创新和节能减排，将多余的碳排放权出售给那些排放量较大的企业，不仅实现了经济的回报，更为自己的环保贡献了一份力量。这种机制无疑激励着更多的企业投身于节能减排的大潮中，努力降低自己的排放量。而对于那些在短时间内无法大幅减少排放的企业，购买碳排放权则成为一种实现绿色发展的可行方式。这种方式不仅可以降低企业的排放量，还可以帮助企业更好地融入碳交易市场，实现与其他企业的合作与“共赢”。但与此同时，碳交易市场也带来了一些挑战。市场的波动性使得企业不得不面临风险。碳交易市场的价格会随着供需关系的变化而不断波动，这给企业的决策带来了很大的不确定性。此外，政策的变化也可能对碳交易市场产生重大影响。政府的政策和法规可能会对市场的供需关系产生重大影响，进而影响企业的决策。总体来说，碳交易市场是一种具有深远影响的减排机制，它为各大企业提供了一个灵活、有效的平台，通过在市场中进行碳排放权的买卖，企业可以实现对碳排放的权衡和优化。

（7）培养低碳意识

为了实现绿色发展，企业不仅要关注生产过程的环保措施，还要重视员工低碳意识的培训与教育。通过培养员工养成良好的低碳习惯，企业能够推动整个供应链的绿色化，降低碳排放。多种方式可以帮助企业加强员工低碳意识的培训和教育。首先，开展节能减排知识宣传是一种有效手段，通过内部宣传栏、员工手册、电子邮件等方式向员工传递节能减排的重要性及具体实施方法。同时，邀请专业人士讲解低碳经济和绿色发展的理念，能提高员工的环保意识。其次，组织低碳实践活动可以帮助员工深入理解低碳经济和绿色发展的内涵。企业可以开展能源节约比赛、低碳创意征集、环保公益活动等活动，让员工在实践中养成节约能源、减少排放的良好习惯。这些活动不仅能提高员工的环保意识和责任感，还有助于增强员工的团队协作能力和创新思维能力。同时，企业还可以通过培训和教育的形式，加强对员工低碳意识的培养。最后，建立健全的低碳管理制度也是培养员

（4）鼓励绿色创新

绿色发展离不开创新的推动，我们应该大力鼓励绿色科技创新和环保产业的发展，积极培育新的绿色增长点。同时，加大对绿色技术的研发与推广力度，为绿色产业提供强有力的支持，共同推动绿色发展。

（5）绿色经济转型

绿色经济转型是实现绿色发展的必然选择，必须采取措施促进产业结构调整，发展低碳经济，培育新的经济增长点。具体而言，我们可以从以下几个方面入手：首先，推进循环经济。循环经济是一种以资源的高效利用为核心，以“减量化、再利用、资源化”为原则，以低消耗、低排放、高效率为基本特征的经济增长模式。通过推广循环经济，可以促进资源的再生利用，减少浪费，降低对环境的破坏。其次，加快传统产业升级。传统产业是经济发展的重要支柱，但往往存在高能耗、高污染等问题。因此，我们需要通过技术改造和设备更新，提高传统产业的能源利用效率和环保水平，降低对环境的影响。最后，大力发展新兴绿色产业。新兴绿色产业具有低能耗、低污染、高附加值等特点，是绿色经济发展的重要方向。我们可以从节能环保、新能源、新材料等领域入手，培育新的经济增长点，推动绿色经济的发展。总之，实现绿色发展需要全社会的共同努力。只有通过推进循环经济、加快传统产业升级和大力发展新兴绿色产业等措施，才能实现绿色发展的目标，创造一个更加美好的环境。

（6）绿色消费观念

绿色消费观念是推动绿色发展的关键因素。它能够激励消费者选择环保产品，减少资源浪费，为地球环境保护贡献一份力量。为了弘扬环保精神，我们应当采取多种措施来提高公众的环保意识，积极推广绿色生活方式。环保宣传教育是其中必不可少的一环，它能让我们更加了解环境保护的重要性，从而自觉地加入绿色消费的行列中来。

绿色发展，它不仅仅是一个概念，而是我们为了人与自然和谐共处，共同构建美好家园的综合性实践。在这场实践中，我们需要从多个方面入手，以生态环境保护为出发点，以资源高效利用为手段，以可持续发展为目标，鼓励绿色创新，推动绿色经济转型，培养绿色消费观念，从而推动绿色发展目标的实现。

1.2.2 企业绿色文化

随着可持续发展理念的提出与践行，越来越多的企业开始关注绿色发展，积极推动绿色文化的建设。本节将从企业绿色生产、绿色营销、绿色技术创新、绿色金融四个方面，探讨企业绿色文化，如图 1.3 所示。

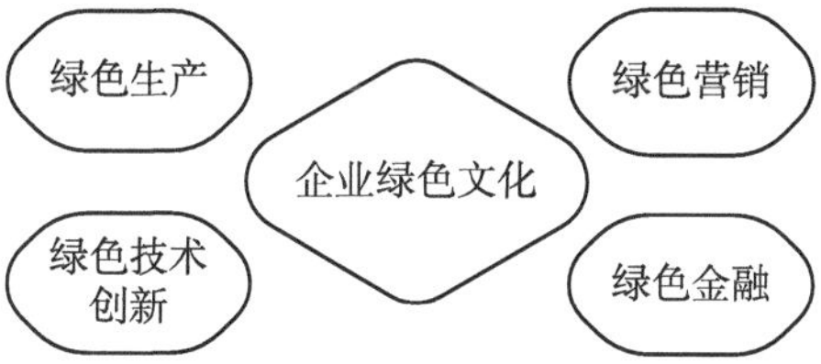

图 1.3 企业绿色文化

（1）绿色生产

绿色生产是实现企业可持续发展的关键。企业应该采用环保的生产方式，关注节能减排和资源循环利用。在生产过程中，企业需要严格控制废弃物的产生，并采取有效的措施进行治理。同时，企业还需要关注产品的质量和安全，以满足消费者的需求。

（2）绿色营销

绿色营销是一种能辨识、预期及符合消费的社会需求，并且可带来利润及永续经营的管理过程。它以满足消费者和经营者的共同利益为目的，注重生态环境保护，促进经济与生态环境协调发展，以实现企业利益、消费者利益、社会利益及生态环境利益的协调统一。

（3）绿色技术创新

绿色技术创新是企业实现可持续发展的关键。企业应该关注技术创新和管理创新，积极推动绿色技术的研发和应用。在产品设计和生产中，企业应该注重资源的节约和循环利用，提高产品的能源效率。此外，企业还

1.3.3 依法推动绿色经济与绿色发展的进程

如今，绿色经济与绿色发展的理念已经超越了学术界的范畴，成为一种全新的思想理论，并且逐步成为全面依法治国执政理念、发展道路与发展战略。绿色发展首次被写入党的十八大报告，这标志着绿色发展成为具有普遍合法性的中国特色社会主义生态文明发展道路的绿色政治表达。这一举措也标志着中国在实现中华民族伟大复兴的中国梦过程中，开辟了一条具有中国特色的社会主义生态文明建设道路，即绿色发展与绿色崛起的科学发展道路。这条道路的理论体系就是“中国智慧”所创立的绿色经济理论与绿色发展学说。这一学说既适应了世界文明的发展和进步，也适应了中国特色社会主义文明的发展和进步需要。可以说，这是一种划时代的全新科学发展学说，对于全球可持续发展产生了深远的影响。学界和政界的马克思主义学者，自主创立了绿色经济理论与绿色发展学说，这不是从西方引进的经济发展思想，而是中国本土的创新和发展。这个新学说立足于中国，放眼世界，预示着未来的发展方向。它指引着中国特色社会主义沿着绿色发展与绿色崛起的道路不断前进，为全球生态文明的建设提供了“中国智慧”。绿色经济理论揭示了绿色经济的根本属性与本质内涵，它作为生态文明的经济范畴，具有可持续性、和谐性和公平性的特点。绿色发展学说则从绿色发展的根本属性与本质内涵出发，界定了绿色发展是生态文明的发展范畴，它强调了可持续性、创新性和共享性的发展理念。党的十九大报告为我国全面实现现代化勾勒了清晰的蓝图。全文十三个部分中，有三个部分论述了“绿色发展”有关内容。报告全面阐述了绿色发展的时代背景、现状、理念、建设重点和目标等，成为我国未来一段时期绿色发展的行动指南。党的二十大报告中指出，推动绿色发展，促进人与自然和谐共生。尊重自然、顺应自然、保护自然，是全面建设社会主义现代化国家的内在要求。加快推动产业结构、能源结构、交通运输结构等调整优化，必须牢固树立和践行绿水青山就是金山银山的理念，站在人与自然和谐共生的高度谋划发展。

这一科学发展新学说，是马克思主义在中国发展和创新的体现，它为我们理解和实现绿色发展、推进生态文明建设提供了强有力的理论指导。在未来的发展中，让我们一起践行绿色发展理念，推动全球生态文明建设迈向新的高度。追求生态和谐，是我们在经济发展中必须坚守的价值取向。我们以生态承载力为基础，致力于维护自然生态和人体生态的健康，将其作为终极目标。我们努力实现人与自然、人与社会、人与自身以及人与人之间的和谐发展，这是我们的根本宗旨。我们将绿色创新作为主要驱动力，通过绿色实践，推动经济社会各个领域和全过程的全面生态化，实现代价最小、成就最大的生态经济社会有机整体全面和谐协调可持续发展。这样，人类文明进步和经济社会发展将更加符合自然生态规律、社会经济规律和人自身的规律，即支配人本身的肉体存在和精神存在的规律。同时，我们也相信绿色发展将使我们更加符合三大规律内在统一的“自然、人、社会有机整体和谐协调发展的客观规律”。从学术角度来说，绿色发展的理念是追求“生态、经济、社会”三者的和谐统一以及持续发展。其核心思想是实现人类与自然的和谐共生，以保护生态环境为基础，促进经济的持续发展，同时关注社会的公平与稳定。在实践中，绿色发展的主旨则着重于构建一个生态友好、经济繁荣、社会公正的社会形态。因此，绿色发展被视为永恒的经济社会发展主题。这是经过实践检验的客观真理。

1.3.4 绿色发展学说的基本理论观点与现实问题

绿色发展的经济学内涵，实际上就是绿色经济与绿色发展的完美结合，即发展绿色经济。早在2002年，《发展绿色经济的理论与实践探索》这篇学术报告就首次提出了绿色经济发展的新理念，并构建了绿色经济发展理论的基本框架。这篇报告明确指出：“发展绿色经济是建设生态文明的基石和关键所在，绿色经济的发展是人类文明从工业文明时代迈向生态文明时代的必然进程。要想推动现代经济的‘绿色转型’，我们必须走出一条具有中国特色的绿色经济建设之路。”此外，报告还着重强调：“唯有建立生态市场经济制度，我们才能真正探索出一条中国特色的绿色经济发展道路。”因此，面向21世纪的中国，其绿色发展道路在经济领域内，必定是一条以绿色经济发展为主导的道路。这是中国特色社会主义经济发展道路在未来发展的必经之路。

回顾20世纪的人类历程，我们不难发现工业文明的黑色发展是一种常态。因此，工业文明也被称为“黑色文明”，其发展过程被称为“黑色发展”。尽管工业文明带来了光辉的成就，但这些成就的背后却是以牺牲自然生态、社会生态和人体生态为代价的。生态马克思主义经济学哲学得出一个令人深思的结论：工业文明是黑色发展时代，而生态文明则是绿色发展时代。“中国智慧”对于从工业文明黑色发展向生态文明绿色发展的认识，是21世纪中华文明发展最重要的发现之一，也是科学的最大贡献之一。这场变革是从工业文明黑色发展走向生态文明绿色发展的转变，是生态经济社会有机整体的全方位生态变革与全面绿色创新转变。其关键在于实现工业文明黑色发展道路向生态文明绿色发展道路的彻底转轨。只有实现“两个根本转变”，人类文明形态演进和经济社会形态演进才能真正迈向生态文明与绿色经济发展新时代。这是一个伟大而深刻的生态经济社会革命，也是人类历史上最伟大的转变之一。我们期待着这个美好的未来，期待着生态文明和绿色经济发展的新时代的到来。

绿色发展是生态文明建设的核心，它强调人类文明与自然环境的和谐共生。只有在生态马克思主义经济学哲学的指导下，我们才能真正理解人类文明的本质，以及经济与社会发展的核心价值。在《生态马克思主义经济学原理》一书中，作者详细阐述了狭义与广义的生态和谐论，强调了人与自然、人与人、人与社会以及个人身心的全面和谐发展。这“四大生态和谐”构成了生态文明的基础，也是绿色发展的根本属性与本质特征。为了推进生态文明建设和绿色发展，我们需要将绿色发展的理念贯穿于中国生态经济社会有机整体发展的全过程和各个领域。我们要不断追求和递进实现“四大生态关系”的全面和谐发展，这是绿色发展的真谛所在。只有这样，我们才能实现经济、社会和环境的可持续发展，构建一个和谐、繁荣、可持续的未来。

全面生态化或绿色化已成为绿色发展的核心，也是实现可持续发展的必经之路。2011 年夏天，中国绿色发展战略研究组课题组所撰写的《关于全面实施绿色发展战略向十八大报告的几点建议》一书中明确指出：按照马克思主义生态文明世界观和方法论，生态化应被写入党代会报告，使中国特色社会主义旗帜上彰显着社会主义现代文明的生态化发展理念。生态化发展理念是绿色发展理念的具体表现与形象概括。这个概念源于苏联学者首创的现代生态学观念。早在 1973 年，B. A. 罗西在《哲学问题》杂志上发表的《论现代科学的“生态学化”》一文中，将生态化称为“生态学化”，其本质含义是“人类实践活动及经济社会运行与发展反映现代生态学真理”。从这个观念来看，生态化主要是指运用现代生态学的世界观和方法论，从自然、人、社会复合生态系统的整体性观点去考察和理解现实世界，用人与自然和谐协调发展的观点去思考和认识人类社会的全部实践活动。它要求我们最优地处理人与自然的自然生态关系、人与人的经济生态关系、人与社会的社会生态关系和人与自身的人体生态关系，最终实现生态经济社会有机整体全面和谐协调可持续的绿色发展。在这个过程中，“绿色发展”与“生态化”是相辅相成的两个概念。绿色发展（包括循环发展和低碳发展）是生态文明建设的基本途径，而生态化发展则是生态文明建设的内在机制和基本内容与途径。生态文明建设的理论本质是以生态为本，即主要是要以增强提高自然生态系统适应现代经济社会发展的生态供给能力（包括资源环境供给能力）为出发点和落脚点，既要构建优化自然生态系统，又要推进社会经济运行与发展的全面生态化，建立起具有生态合理性的绿色创新经济社会发展模式。因此，生态文明建设的实践指向，是谋求生态建设、经济建设、政治建设、文化建设与社会建设相互关联、相互促进、相得益彰、不可分割的统一整体文明建设，用生态理性绿化整个社会文明建设结构，实现物质文明建设、政治文明建设、精神文明建设、和谐社会建设的生态化发展。这是中国特色社会主义生态文明建设的真谛。

（5）优化供应链

绿色发展可以优化企业的供应链。企业在采购、生产、物流等环节中采取环保措施，可以提高资源利用效率，减少对环境的负面影响。同时，通过与供应商建立绿色合作伙伴关系，推动供应链的绿色化，企业可以提高整体竞争力，实现可持续发展。

（6）提高市场竞争力

绿色发展可以提高企业的市场竞争力。随着消费者对环保和健康的关注度不断提高，绿色产品越来越受到市场的青睐。通过绿色发展，企业可以提供满足消费者需求的产品，扩大市场份额，获得更多的收益和商业价值。

（7）履行社会责任

绿色发展有助于企业履行社会责任。企业家越来越重视环保和社会责任，将环保和社会责任纳入企业的发展战略。通过绿色发展，企业可以向社会展示其环保和社会责任意识，提高企业的社会形象和市场影响力。同时，履行社会责任也有助于企业在竞争激烈的市场中获得差异化优势。

企业绿色发展的意义体现在多个方面。通过提升企业形象、降低运营成本、促进创新能力提升、避免法规风险、优化供应链、提高市场竞争力和履行社会责任，企业可以适应市场需求的变化，实现可持续发展，并为社会的可持续发展作出贡献。为了实现绿色发展，企业需要积极引进先进的环保技术和管理经验，加强内部管理，提高环保意识，以实现经济效益和环境效益的“双赢”。

1.5 绿色发展趋势与政策推动

1.5.1 绿色发展的当前趋势

绿色发展的趋势，主要从环保意识提升、绿色能源推广、循环经济发展、低碳出行普及、绿色建筑兴起、生态农业发展、环保技术创新、绿色消费倡导、生态旅游发展以及全球合作加强等方面展开叙述。

（1）环保意识提升

随着环境问题的日益严重，环保意识在全球范围内不断提升。人们越来越关注环境保护，积极参与各种环保活动，提倡绿色生活方式，推动绿色发展成为全球的共识。

（2）绿色能源推广

绿色能源的推广应用已经成为全球范围内的热点。太阳能、风能、水力等可再生能源得到了越来越广泛的应用。这些清洁能源不仅能够减少对环境的污染，还能带动相关产业的发展，为绿色发展注入强大的动力。

（3）循环经济发展

循环经济理念已经逐渐普及，成为绿色发展的重要组成部分。废旧物品的再利用、废弃物的资源化等方面取得了较大的进展。同时，循环经济的广泛应用也为企业带来了新的发展机遇，推动着绿色技术的不断创新。

（4）环保技术创新

环保技术不断取得突破，为绿色发展提供了重要的技术支持。例如，人工湿地、垃圾分类、智慧型环保等技术的应用，为保护环境、推动绿色发展提供了强有力的支持。

（5）绿色消费倡导

绿色消费理念逐渐普及，消费者越来越关注产品的环保性、可持续使用和绿色包装等方面。这也推动了企业不断改进生产工艺、选择环保材料，促进绿色产业的发展，为实现绿色消费提供了重要的推动力。

（6）全球合作加强

随着全球环境问题变得越来越严峻，全球合作加强已经成为共同应对气候变化、生物多样性丧失等环保问题的必要手段。国际组织和各国政府积极推动各种形式的国际合作，共同研究和应对环境问题，为绿色发展注入了强大的动力。

当前，绿色发展的趋势已经日益明显，环保意识提升、绿色能源推广、循环经济发展、低碳出行普及、绿色建筑兴起、生态农业发展、环保技术创新、绿色消费倡导、生态旅游发展以及全球合作加强等方面构成了绿色发展的主要趋势。这些趋势表明，全球正致力于实现可持续发展和建设美好环境的目标，我们每个人都应该积极参与到这个进程中来，为推动绿色发展作出自己的贡献。

1.5.2 政府对绿色发展的政策支持

政府对绿色发展的政策支持是推动可持续发展的重要举措之一。随着环保意识的日益增强，政府认识到保护环境和促进经济可持续发展同样重要。为了实现这一目标，政府制定了一系列支持绿色发展的政策，包括提供财政资金支持、税收优惠、技术研发资助等。这些政策的实施有助于降低环境污染，提高资源利用效率，推动经济转型升级，实现可持续发展。同时，政府还通过加大监管和执法力度，确保绿色发展政策的落实和执行效果。这些举措将有助于促进可持续发展，为人类创造更加美好的未来。

（1）财政支持

政府通过实施一系列政策措施，积极鼓励企业投资绿色产业。为了促进可持续发展，政府加大了对绿色项目的投入，为企业提供优惠贷款和补贴。这些政策措施可以包括低息贷款、担保、税收减免等，以降低企业的经营成本，提高企业的积极性。通过这些政策措施的实施，政府不仅推动了绿色产业的发展，也为企业带来了更多的商机和经济效益。同时，政府也积极引导企业采用清洁能源和环保技术，以减少对环境的影响，实现可持续发展。

（2）税收优惠

政府实施绿色税收制度，为绿色产业和环保企业提供税收优惠政策，降低企业税收负担，这将成为促进经济发展的重要举措。通过鼓励企业采取环保措施，绿色税收制度不仅能促进环境保护，还能提高企业的盈利能力，激发企业的活力。在实施绿色税收制度的过程中，政府需要充分考虑企业的实际情况，确保政策的合理性和公平性。此外，政府还需要加强对企业的监管，确保税收优惠政策得到合理利用。通过绿色税收制度的实施，将有助于推动绿色产业和环保企业的发展，促进经济的可持续发展。同时，这也有助于提高公众对环保的认识和意识，促进社会共同参与环保事业。

（3）技术研发资助

政府高度重视绿色技术的研发，投入大量资金支持，鼓励绿色技术的创新和应用。这种举措有助于提高企业的技术水平和核心竞争力，帮助企业在激烈的市场竞争中脱颖而出。同时，绿色技术的应用也将促进资源的有效利用和环境保护，推动经济可持续发展。政府应继续加大对绿色技术研发和应用的支持力度，促进绿色技术的成果转化和应用，为推动经济发展和保护环境贡献力量。

（4）加大监管和执法力度

政府加强对绿色发展的监管和执法力度，是推动绿色发展的重要保障。这不仅有助于确保绿色发展政策的落实和执行效果，还可以保障企业的合法利益，维护社会的公平正义。在当今社会，绿色发展已成为推动经济发展的重要力量，政府加大对绿色发展的监管和执法力度，也是适应时代发展的必然要求。通过加大对绿色发展的监管和执法力度，可以促进企业的绿色转型和升级，提高企业的市场竞争力，同时也可以推动社会公平正义的实现，促进社会的和谐稳定。

（5）培育绿色文化

政府不断加大对绿色文化的宣传力度，通过各种渠道向公众传播环保意识和绿色生活观念。这不仅有助于提高人们的环保意识，还能引导企业和社会公众自觉地参与到绿色发展事业中来。在政府的支持下，企业和社会各界纷纷投身于绿色发展事业，为可持续发展提供了坚实的文化基础。绿色文化的普及不仅有助于保护环境，还能促进经济的可持续发展，为人类创造更加美好的未来。

（6）增加绿化覆盖

政府加大对城市绿化工作的投入，鼓励并支持城市绿化项目，以提升城市的绿化覆盖率。这一举措不仅有助于降低城市“热岛效应”，改善城市气候环境，而且还能减少扬尘污染，提高空气质量。更重要的是，为居民提供了更加舒适、健康的生活环境，让人们在绿意盎然中享受生活的美好。

（7）环境保护

为了保护地球家园，政府近年来采取了多项措施来治理环境污染。为了确保环境污染得到有效控制，政府加强了环境监测，及时发现并解决环境污染问题。此外，政府还实施了一系列环保工程，重点治理大气的污染、水污染等问题，提高环境质量。为了减少对环境的破坏，政府还推广绿色能源，鼓励使用清洁能源代替传统能源。这些措施的实施，将有助于改善环境质量，让我们的地球家园变得更加美好。

（8）能源节约

在当今社会，能源问题日益严峻。政府积极鼓励企业和个人采取节能措施，以减少对环境的影响。为了推广可再生能源的应用，政府大力支持太阳能和风能等绿色能源的发展。此外，政府还制定了相关政策，对使用清洁能源的企业和个人给予一定的补贴和税收优惠。通过这些措施，政府希望能够促进可再生能源的发展，减少化石能源的消耗，从而保护环境、减缓资源枯竭的压力。同时，政府还通过宣传教育等手段，提高公众对节能和环保的认识，鼓励更多的人参与到节能减排的行动中来。

（9）科技创新

科技创新一直以来都是国家发展的重要驱动力。在政府的支持下，企业和个人纷纷投身于科技创新，推动绿色技术不断发展和应用。政府出台了一系列政策，为科技创新提供了资金支持、税收优惠等便利条件。同时，企业也积极探索科技创新，不断推出新的产品和服务。这些创新不仅有利于国家的经济发展，更有助于提高人民的生活质量。在未来的发展中，科技创新将继续发挥重要作用，推动国家不断向前发展。

1.5.3 企业对绿色发展的积极响应

随着环保意识的日益觉醒，绿色发展已成为国家战略的关键一环。在这个背景下，企业积极响应绿色发展的号召，致力于环保事业，勇担社会责任，不断探索创新，致力于生产环保产品，推动可持续发展。通过这些举措，企业不仅提升了自身的形象和声誉，更为社会的可持续发展作出了卓越的贡献。

同时，企业积极开展绿色公益活动，提高公众的环保意识，增强环保行动力。它们通过各种形式的宣传和教育活动，引导公众树立绿色消费观念，倡导低碳生活方式。这些活动不仅有助于提高公众的环保意识，还为企业的可持续发展提供了有力的支持。企业深知只有通过合作与创新，才能实现人类与自然的和谐共生。在这个背景下，企业积极投入资源，培养环保人才，研发先进的环保技术，提供绿色解决方案，助力国家绿色发展战略的实施。环境保护是每个人的责任，也是人类社会可持续发展的必然选择。通过培养绿色人才，企业可以为绿色发展事业注入更多的力量，推动环保事业的持续发展。同时，研发先进的绿色技术也是关键，可以帮助企业更好地解决环保问题，提高环保效率。提供绿色解决方案是这些企业的另一个重要举措。它们利用先进的环保技术，结合实际情况，为不同的领域提供定制化的绿色解决方案。这些方案可以帮助企业更好地实现可持续发展目标，同时也可以提高企业的环保意识和责任感。

在国家绿色发展战略的实施过程中，这些企业扮演着重要的角色。它们通过自身的行动和努力，为国家的绿色发展作出贡献。同时，它们也积极响应国家的号召积极参与各种环保活动共同推动国家绿色发展的进程。为了响应全球环保趋势企业积极采取措施提高自身的绿色竞争力。通过不断优化生产流程减少能源消耗减轻废弃物排放提升资源利用率企业在努力实现生产环境的持续改善。此外，企业还大力推广绿色供应链管理确保产品从原材料的选择到废物处理的整个过程都符合环保要求提高供应链的可持续性。这些举措不仅有助于企业降低成本、提高效率，还可以为保护地球环境作出贡献。

在推动绿色发展的道路上，企业扮演着至关重要的角色。它们不仅注重环保产品的研发与生产，还致力于提高公众的环保意识。为了达成这个目标，企业采取了多种策略。首先，它们积极举办各类环保公益活动，如植树造林、环保宣传和志愿者活动等，以唤醒公众对环保的关注和参与。其次，企业采用绿色营销策略，通过宣传绿色理念、推广环保产品引导消费者选择低碳、环保的生活方式。此外，许多企业还倡导低碳生活，以身作则向公众展示如何在日常生活中实践绿色生活。这些企业的努力让越来越多的人意识到环保的重要性，并积极参与到绿色发展的实践中。在这个过程中，企业与政府、社会携手合作，共同为地球的可持续发展贡献力量。

未来企业将继续坚持绿色发展的理念，落实绿色发展的价值观，以实现环保和可持续发展为目标。我们将继续加强环保意识的普及和环保措施的落实，以推动企业的绿色发展。同时我们也将积极参与到环保公益事业中，为保护环境、促进可持续发展做出更大的贡献。我们相信在全社会的共同努力下，绿色发展将成为国家战略的核心理念，引领我们走向更加美好的未来。

第 2 章

企业绿色发展的策略与框架

2.1 企业绿色发展策略

企业应当根据自身的特色和需求，量身定制绿色发展策略。这个策略应该涵盖绿色生产、绿色营销、绿色技术创新以及绿色金融等多个方面。这些方面相互促进，共同推动企业的绿色发展，形成一条完整的绿色发展链。通过实施这一策略，企业能够更好地适应环保趋势，提高品牌形象，增强竞争力，实现可持续发展。

2.1.1 绿色生产

绿色生产是企业持续发展的新航向，也是我们面临严峻环境问题时所需要的解决方案。它通过环保技术和设备，减少能源消耗和污染排放，实现资源的高效利用，加大环境保护的力度。面对全球环境问题日益严峻的现实，绿色生产已成为企业长远发展的必然选择。绿色生产既注重生产效率，又关注环境保护，是企业实现经济与环境“双赢”的重要手段。企业应当积极引进并推广绿色生产技术，提高生产效率，降低生产成本，同时保证产品的质量和性能。这样，不仅企业的竞争力能够得到提升，更重要的是，我们为保护地球环境作出了一份重要的贡献。让我们共同推动绿色生产的发展，为地球的未来贡献力量。

2.1.2 绿色营销

绿色营销是一种以环保为核心的市场营销方式，它不仅注重企业的经济效益，更关注整个社会的可持续发展。通过将环保理念融入产品设计和生产中，企业能够为消费者带来更加环保、健康的产品，同时也能够树立起自身良好的社会形象。在绿色营销的推广过程中，企业需要注重各个环节的环保问题，积极采用环保材料和节能技术，确保产品的质量和安全。此外，通过多种渠道宣传绿色环保理念和产品信息，企业能够更好地引导消费者购买环保产品，提高消费者的环保意识。同时，企业积极参与环保公益活动，也能够提高企业的知名度和美誉度，进一步增强企业的市场竞争力和品牌影响力。在绿色营销的推广下，消费者也能够更好地认识到环保的重要性，从而促进整个社会的可持续发展。

2.1.3 绿色技术创新

绿色技术创新是一种积极引进环保技术、不断进行产品创新和工艺升级的过程。它旨在提升环保产品和技术的水平，满足消费者日益增长的环保需求。在这个过程中，企业需要注重技术研发和人才培养，增强自身的技术实力和创新能力。同时，企业还应当积极与科研机构和高校展开合作，利用这些机构的研发优势和人才资源，共同开发具有市场竞争力的绿色技术，提高企业的技术水平和市场竞争力。只有持续进行绿色技术创新，才能使企业在激烈的市场竞争中保持领先地位。

2.1.4 绿色金融

绿色金融，旨在引领金融资本向环保项目和绿色产业流动，推动经济的可持续发展。对于企业而言，关注环保和绿色发展不仅是社会责任的体现，更是金融资本的未来趋势。这股强大的金融潮流将带您走进新的商业领域，拓展更多的市场机会。通过与金融机构的深度合作，企业可以不断探索新的绿色金融产品和服务，将自身的金融需求与环保投资有机结合。这不仅可以拓宽企业的融资渠道，提高融资效率，更能实现经济效益和社会责任的双重目标。在这个过程中，企业需要积极了解金融市场的最新动态和政策导向，以便更好地把握绿色金融的发展机遇。同时，金融机构也需要不断完善绿色金融产品的设计和风险评估方法，以更好地满足企业的实际需求。

2.2　企业绿色发展框架

企业绿色发展框架是一个涵盖众多方面的系统性概念，它的核心理念在于推动企业在经济发展中实现可持续发展。这个框架包括五个关键要素，正是这五个要素的相互协调，助力企业在环保与经济效益之间找到最佳平衡点，如图2.1所示。

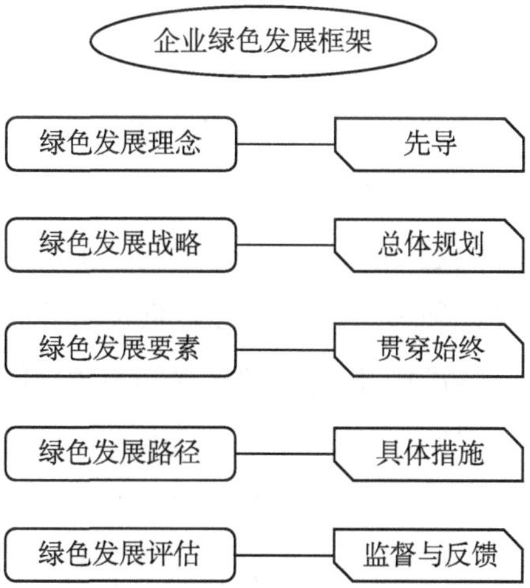

图2.1　企业绿色发展框架

绿色发展理念是企业绿色发展的先导。它强调企业对环保责任的担当，要求企业从自身长远发展的角度出发，注重环境保护、节能减排，形成绿色思维，实践绿色行为。绿色发展战略是企业实现绿色发展的总体规划。它以可持续发展为目标，将绿色理念贯穿于企业的各个业务领域和环节，制定出符合企业实际情况的绿色发展目标、方案和实施计划。绿色发展要素涵盖企业绿色发展的各个方面。从产品研发、生产制造、供应链管理，到生产废弃物处理、能源利用、环境监测，企业需要关注每一个环节的绿色化，确保企业在整个价值链中实现环保与经济效益的统一。绿色发展路径是企业实现绿色发展的具体措施。它要求企业根据自身的实际情况，因地制宜地采取适当的绿色技术、绿色管理手段和绿色营销策略，推动企业向绿色发展方向迈进。绿色发展评估是对企业绿色发展成果的监督与反馈。通过对企业在绿色发展过程中的表现进行评估，可以发现企业在实施绿色发展过程中的不足之处，进而提出改进建议，推动企业持续改进、不断完善。

2.2.1 绿色发展理念

绿色发展理念，简单来说，就是将环保和可持续发展置于企业发展的核心位置。它的目标不仅是追求经济的快速增长，更重要的是实现企业与环境、社会的和谐共存。这种发展理念注重在发展过程中对环境的保护和资源的可持续利用，希望达到经济、社会和环境的协同发展。秉持绿色发展理念的企业，会采取各种环保措施，如降低废弃物排放、优化能源结构、使用可再生资源等。这些措施不仅有助于企业实现可持续发展，提高社会形象和公众认可度，更有助于推动整个社会的环保意识的提高。当然，要实现绿色发展，需要企业投入大量的精力和时间。企业可以引进先进的环保技术和管理经验，加强内部环保培训和教育，提高员工的环保意识和责任感。同时，政府的支持和引导也是实现绿色发展的重要保障。政府可以出台相关政策和法规，鼓励企业采取环保措施，提供环保技术和资金支持。

绿色发展理念的实施将带来多方面的积极影响。首先，企业通过采取环保措施和优化资源利用，可以减少对环境的负面影响，保护生态环境和自然资源；其次，企业的可持续发展将有助于提高社会形象和公众认可度，增加商业机会和市场竞争力；最后，绿色发展还将有助于推动经济结构的优化升级，促进新兴绿色产业的发展，提高经济增长的质量和效益。总之，绿色发展理念是一种科学的发展观，是企业和整个社会实现可持续发展的重要指导思想。只有坚持这一理念并积极采取措施，才能实现企业与环境、社会的和谐共存，推动经济、社会和环境的协同发展。

2.2.2　绿色发展战略

绿色发展是当今社会的热门话题，也是企业实现可持续发展的必经之路。为了提升企业形象和品牌价值，企业需要紧跟国家政策导向，积极承担社会责任，将绿色发展融入整体战略规划中。为此，企业需要充分了解自身实际情况和市场环境，明确绿色发展的目标、任务和实施路径。在具体操作层面，企业可以探索新的商业模式，将绿色发展与业务创新相结合，提高企业的综合竞争力。例如，企业可以引入环保科技和绿色生产工艺，开发新型绿色产品，拓展市场份额；还可以通过开展绿色营销和品牌推广，提高企业的知名度和美誉度。总之，绿色发展战略是企业实现可持续发展和提升综合竞争力的关键所在。

2.2.3　绿色发展要素

绿色发展是企业未来发展的必由之路，其中涉及的要素包括资源、能源、技术、人才等。企业需要深入挖掘这些要素的潜力，通过优化资源配置、提高利用效率等方式实现绿色生产。在资源方面，企业应该注重资源的可持续利用和节约利用。例如，通过循环利用和回收利用等措施，减少对自然资源的开采和消耗。此外，积极探索新的资源利用方式，如利用可再生能源、发展生物科技等，能够进一步提高资源的利用价值。在能源方面，企业应该追求清洁、高效利用。采用绿色能源，如太阳能、风能等可再生能源，可以减少对传统化石能源的依赖。同时，采用高效的能源利用技术，如节能减排、能源回收等，能够提高能源利用效率，降低能源消耗。技术对于企业的绿色发展至关重要。企业应该积极研发和应用绿色技术，如环保技术、节能技术等，以推动企业的绿色发展。同时，引进先进的绿色技术，如智能制造技术、信息化技术等，能够提高企业的生产效率和产品质量。人才是企业实现绿色发展的关键因素之一。企业应该积极招聘和培养具备绿色发展理念的人才，为企业的绿色发展提供强有力的人才保障。同时，加强人才的培训和学习，不断提高他们的素质和能力，以适应不断变化的市场需求和绿色发展趋势。总之，企业需要深入研究绿色发展要素之间的关系，通过优化资源配置和提高资源利用效率等措施实现绿色生产。同时，注重人才的引进和培养以及技术的创新和引进等方面的工作，能够推动企业的绿色发展和可持续发展。

2.2.4 绿色发展路径

绿色发展路径是指企业在实施绿色发展战略时，采取的具有针对性、实效性和可操作性的措施和方法。这些路径不仅涵盖了优化产品设计、改进生产工艺、引进先进技术、加强内部管理等方面，还涉及提高环保意识、加强环保管理、推动环保公益等方面的努力。企业需要结合自身实际情况和特点，选择最适合自己的绿色发展路径，逐步推动绿色发展。这不仅有助于提高企业的经济效益和社会效益，还有助于实现可持续发展的目标。例如，对于生产过程中产生大量废气废水的企业，需要采取更加严格的环保措施，如可以引进先进的废弃物处理技术、建立废水处理设施等。对于产品本身对环境造成污染的企业，需要优化产品设计，采用更加环保的材料和生产工艺。此外，企业还需要提高员工的环保意识，加强环保管理。例如，可以定期开展环保培训，提高员工的环保意识和技能水平；建立完善的环保管理制度和责任制度，确保环保工作得到有效执行；与政府部门、行业协会等合作，共同推动环保公益事业的发展。总之，绿色发展路径是企业在实施绿色发展战略时必须采取的重要措施和方法。只有选择最适合自己的绿色发展路径，并逐步推进绿色发展，才能实现可持续发展的目标，为经济和社会的发展做出更大的贡献。

2.2.5 绿色发展评估

绿色发展评估在企业发展中扮演着举足轻重的角色。它不仅是对企业绿色发展成果的客观展示，更是为企业提供持续发展动力的关键反馈机制。通过定性和定量评估，绿色发展评估能够全方位展现企业的绿色发展状况，使企业明确自身的优势和不足，以及待提升的空间。在评估过程中，我们会制订一系列全面且严谨的指标，这些指标不仅涉及环境保护和资源利用，还涵盖企业的社会责任和经济效益。通过评估这些指标，我们可以清晰地看到企业在绿色发展方面的努力和成果，以及下一步需要改进的方向。此外，绿色发展评估的结果不仅为企业提供了战略规划的重要参考，还能够帮助企业更好地调整和完善战略规划，推动绿色发展的深入实施。这种实施不仅有助于企业的可持续发展，更对整个社会和环境有着积极的影响。另外，绿色发展评估还可以为企业提供可量化的绿色发展成效。这些成效不仅包括企业在环保方面的贡献，也包括企业的经济效益和社会责任。这些数据不仅为企业提供了有力的数据支持，也为社会的可持续发展提供了重要的参考。总的来说，绿色发展评估在企业发展中扮演着举足轻重的角色。它不仅能够推动企业的绿色发展，更能够推动整个社会的可持续发展。

第 3 章

绿色生产

3.1 绿色生产的概述

自 21 世纪以来，人类社会面临着前所未有的挑战。在与自然的关系中，我们逐渐认识到生态文明的至关重要性，开始积极探索可持续发展和循环经济的路径。这一转变在经济领域的表现就是绿色经济发展战略的推进实施。其中，绿色生产作为实现绿色经济目标的关键环节，对于当今市场条件下的经济运行机制有着重要的影响。深入剖析绿色生产的内涵及其在市场条件下的运行机制，对于实现人与自然和谐共处的目标具有重要的理论与现实意义。

3.1.1 绿色经济与绿色生产

绿色经济是以可持续发展为核心的经济模式，通过资源高效利用、环境友好生产和消费等方式，实现经济增长与环境保护的双重目标。因此，我们的研究将从绿色经济的定义出发，逐步揭示绿色生产的本质与特点。

（1）绿色经济的内涵

绿色经济，作为生态文明与可持续经济发展的一种独特结合，它的内在本质包含深深的人文关怀与自然关怀。这种人文关怀体现在人与人之间的和谐共处，而自然关怀则强调对生态环境的保护与尊重。同时，绿色经济也必须满足经济学的基本原则——收益大于成本。在实践过程中，绿色经济不仅体现了对自然的尊重与保护，更体现了对人与自然和谐共处的追求。它告诉我们，经济的发展不能忽视对自然的呵护，也不能缺少对人文的关怀。只有当这两者完美结合，我们才能实现真正的绿色经济，走向可持续发展的美好未来。

工业革命以来的几百年间，生态环境遭受了严重破坏，绿色经济的实施不仅需要避免进一步破坏环境，还要求能够改善环境状况。为了实现这一目标，在再生产的各个环节都需要采用符合生态环境要求的生产方式。在生产领域，我们需要实施能够有效保护并改善生态环境的生产方式。这意味着要采用清洁能源、减少废弃物排放、推广循环经济等措施，以减少对环境的负面影响。同时，我们还需要加强环境管理，确保企业在生产过程中遵守环境法规和标准。在分配领域，实现相对公平的分配是保护生态环境最有效的手段。由于生态环境具有公共性质，如果分配存在较大的差距甚至极端的两极分化，就会存在人们利用公共性生态环境来谋取个人利益的机会。因此，只有实现相对公平的收入分配，才能真正有效地保护生态环境。在消费领域，我们需要改变人们的消费观念。从追求无限物质满足转变为平衡物质消费、精神消费和生态消费的满足。这意味着我们应该注重产品的环境友好性和可持续性，选择符合环保标准的产品，减少浪费和过度消费。

绿色经济是强调人文关怀的一种经济形式，它关注资源的持续利用和生态环境的平衡，旨在实现可持续发展。它注重人与自然的和谐共生，推动经济社会的可持续发展。绿色经济需要每个人的共同努力，只有确保公平，尤其是在机会和产品分配方面，才能实现真正的同舟共济。否则，如果存在不公平，部分人可能会选择不合作甚至破坏，导致全体遭受覆灭。因此，在再生产的各个环节中充分体现人文关怀，是实现绿色经济目标的重要保证。同时，绿色经济也需要特别注重效率，这是它在与其他经济组织竞争时必须展现的一个重要方面。绿色经济是一种优化资源配置、高效利用资源的方式，贯穿于再生产的各个环节。它不仅关乎生产与流通的组织形式，也涉及产品的分配和消费方式。在绿色经济的理念下，有效的生产组织、流通安排和消费方式，都是为了实现资源的合理配置和有效利用。这种经济模式，既关注经济效益，也注重生态效益，是推动人类社会可持续发展的重要途径。绿色经济强调自然关怀和人文关怀，追求人与自然和谐共处，善于利用各种资源以满足人们的各种合理需求。绿色经济是生态文明与可持续经济发展的完美结合，也是未来世界经济发展的必然趋势。

显然，这里对绿色经济的定义，更偏向于一种"深绿色"的经济，它涵盖了生态环境保护、可持续经济、生态经济等多个方面。我们知道，在众多关于"绿色经济"的定义中，有些仅指在再生产过程中能够保护生态环境并且对人体健康有益的经济活动。这种定义相对较为狭窄，可以称为"浅绿色经济"。两者的差异主要反映了人们对生态文明内涵的不同理解。生态文明，作为我国的基本国策，倡导的是经济增长与环境保护的协调发展。然而，遗憾的是，人们对生态文明的解读仍然相对狭隘，大多只关注人与自然的和谐共生，而忽略了人与人之间的和谐关系。这与生态经济学与可持续经济学对生态文明的理解存在一定的差异。"生态"一词的本义，指的是自然界中的能量转换关系，反映物种间的依存和制约关系。在社会科学领域，其含义已转化为系统内各部分之间的协调与和谐共生，核心是系统内各部分的和谐。具体来说，主要包括两个方面的内容：一是人与自然的和谐关系，二是人与人之间的和谐关系。这两者在实际当中是相互依存和制约的。例如，当人与自然的关系处于紧张对立的状态时，人们可能会为了争夺有限的生存空间而发生激烈的内部斗争；相反，如果同类之间都难以友善相处，那么社会对"异类"的自然也必然难以友善。因此，人与自然和人与人之间的关系是同一事物的两个方面。与此相对应，"生态文明"反映的是人类在自然关怀与人文关怀伦理的指导下，通过体现这种思想的制度安排，合理利用生态环境来满足自身需求的能力。[23]正因为如此，我们将反映生态文明与可持续经济要求的绿色经济理解为包含人文关怀与自然关怀相统一的深绿色经济。

（2）绿色生产

绿色生产作为绿色经济的核心，充分展现了生态文明与可持续经济的人文关怀与自然关怀相统一的本质内涵。它以高效的生产组织方式，推动绿色发展，为我们的未来创造更美好的明天。

绿色生产是自然关怀的生动实践。在推进过程中，我们始终将生态环境的保护放在首位。从工艺技术的挑选，到生产流程的安排，再到原材料的筛选、废弃物的排放，我们都以环境的承受能力为尺度，严格避免污染和破坏。我们的目标，是逆转已遭受严重破坏的生态环境，用绿色生产的力量让人们享受到健康无害的产品，同时满足人们对产品消费后的废弃物循环再利用的需求，确保在人与自然和谐共生的道路上不断前行。

绿色生产是一种人文关怀的实现形式，它不仅关注生产过程，更注重文明生产。在组织过程中，企业应该为劳动者提供足够的劳动保护，确保生产过程不会严重损害劳动者的身心健康。同时，劳动者也应该能够分享企业的发展成果，获得合理的劳动报酬。对于有一定劳动能力的伤残人员，企业应该提供就业机会并给予合理的劳动报酬。此外，所有员工都应该得到必要的培训，以适应不断变化的劳动市场，实现人与人之间的和谐。

绿色生产作为经济活动的核心，必须具备高效率。若无法在实践中有效实施，绿色生产就无法真正落地。在工业革命前，以农耕为主的东方社会生产方式，虽然以绿色生产为主，但在技术与制度竞争中，却难以与以石化投入品为主的灰色生产方式匹敌。因此，绿色经济要在市场中取得一席之地，必须在效率上超越以石化能源为代表的灰色生产方式。要实现这一目标，不仅需要绿色技术的重大突破，还需要社会伦理、制度以及反映这些要求的市场价值标准发生重大变革。例如，环境的价值在核算体系中应得到充分体现，对不同生产方式的产品价值的评价标准应能反映生态文明与可持续发展的要求等。值得欣喜的是，这种价值标准正在发生重大变化。在评价一定生产活动的价值时，人们不仅会考虑其中的环境代价和对健康是否有害，还会考虑其整个生产方式是否符合反映生态文明与可持续发展要求的社会伦理，如是否使用了童工、劳动条件是否恶劣等。人们也更愿意为符合生态文明要求的绿色产品支付更高的价格。

绿色生产，它涵盖了人文关怀与自然关怀，是人与自然和谐统一的最佳生产方式。它以最有效的方式组织生产过程，以实现社会、环境与经济的最佳效益。虽然社会上大部分有关绿色生产的定义都侧重于环境的保护，但我们的定义与之有所不同。例如，百度上搜索到的具有代表性的定义是“绿色生产（Green Production）是指以节能、降耗、减污为目标，以管理和技术为手段，实施工业生产全过程污染控制，使污染物的产生量最小化的一种综合措施。”这种性质的绿色生产只能算是“浅绿色生产”，实际上也就是所谓的“清洁生产”或“无公害生产”。这种理解也与人们将“生态文明”理解为“单纯的人与自然的关系”是一脉相承的。然而，只有理解绿色生产背后所蕴含的深层含义，才能真正体会到绿色生产的精神内核，才能更好地实现绿色生产的价值。

（3）生产与绿色生产

生产，顾名思义，是人类借助工具对劳动对象进行改造或加工，使其满足社会需求的一种过程或活动。从这个角度来讲，绿色生产不过是普遍生产的一种特殊表现形式。这表明，人类社会的生产具有多种形式。正如我们将工业革命以来以石化投入为主要原料并导致生态环境遭受严重破坏以及人际关系紧张的生产方式称为灰色生产一样，我们也把工业革命以前的生产方式称为传统生产方式。

绿色生产，作为一般生产的特殊形态，与其他生产方式相比，有着独特的伦理基础——生态文明。它注重对自然的关怀与对人的关怀，以实现人类社会的持续发展为目标。以传统的生产方式和工业革命为代表的生产方式，或是缺乏这些方面的内容，或是薄弱。例如，传统的生产方式受人口流动性弱的限制，比较强调对生存环境的保护，但却缺乏人文关怀的内容。而以文艺复兴为起点的资本主义批判了传统封建社会，却走上了破坏生态环境的道路。同时，由于制度的缺乏，以人文关怀为起点的制度建设最终带来了日益严重的两极分化等一系列社会弊端，遭到空想社会主义思想的强烈批评。绿色经济与绿色生产，是在对以往社会进行深刻反思与合理摒弃的基础上产生的，体现了生态文明伦理精神。它实现了自然关怀与人文关怀的统一，是一种与以往生产方式不同的新的生产方式。

（4）现代绿色生产与传统绿色生产

从狭义的角度看，绿色生产往往被理解为人类与自然之间的和谐关系。以东方农耕为代表的传统生产方式，其投入来源于自然，如种子、人畜排放的有机废弃物等，在今天看来，这种生产方式不仅过程绿色有机，产品也符合绿色标准。然而，这种生产方式并不能完全等同于今天的绿色生产。虽然它能够提供具有稀缺价值的绿色产品，但由于效率低下，无法满足现代社会的需求。于是，这种生产方式逐渐被以石化产品投入为基础的资本主义“灰色生产方式”所取代。相比之下，现代意义上的绿色生产更注重人类活动范围的扩展和人文关怀的融入。它以高效的投入产出比为基础，同时关注环境保护和社会可持续发展。在当今社会，越来越多的人开始关注绿色生产方式，愿意为绿色产品买单。这不仅体现了人们环保意识的提高，也反映了人们对健康生活方式的追求。因此，绿色生产不仅是一种环保理念，更是未来可持续发展的必然趋势。

如今的绿色生产，已经不再局限于传统的农业生产领域，而是拓展到了各个领域的生产活动中。它不仅利用现代技术进行高效率生产，满足社会日益增长的合理需求，还充分体现出对自然和人文的关怀，以促进社会共同富裕为目标。只有当社会共同富裕成为现实，生态环境的保护才能真正得以实现。因此，现代的绿色经济是比传统绿色经济更为高级的存在，是对传统绿色经济的合理摒弃和升级。绿色生产在本质上代表着生态文明社会的生产方式，是生态文明社会中绿色生产方式的常态。

3.1.2 现代绿色生产的社会条件

从历史长河中，我们可以观察到各种生产方式都有其短暂性。每一种生产方式的转变，都是因为其在原有基础上无法再继续发展。绿色经济与绿色生产之所以成为当今社会的热切期望，是因为传统的以石化能源为基础的“灰色生产方式”已经无法应对现实的可持续发展需求。

自资本主义诞生以来，社会生产力得到了极大的提高，物质财富如海市蜃楼般涌现。然而，我们在享受工业革命带来的丰裕物质生活的同时，却也给生态环境带来了无法弥补的创伤，如水土流失日益严重，水源污染泛滥，空气质量每况愈下。尽管科技发展日新月异，人均寿命也创历史新高，我们却面临着日益严峻的生存问题。因为生态环境破坏就像一颗定时炸弹，随时可能引爆，威胁着我们的生命之网。因此，当今人类面临的最大威胁并非原子弹等大规模杀伤性武器，而是生态环境破坏导致的生命之网瓦解的可能。

人类在生命的舞台上，尽管我们拥有智慧和技能，但生存能力却显得相对薄弱。近几十年来，随着生活方式的转变和化工产品的广泛应用，在人类数量激增的同时，我们的持续生存能力却每况愈下。与此同时，人类社会内部的矛盾也在不断加剧。无论是国与国之间、社会各阶层之间，还是城乡之间，差距和两极分化都日益明显。社会竞争日益激烈，生活节奏愈发紧张，使得无论是富国还是穷国，富人还是穷人，都生活在焦虑的环境中。患上精神疾病的人口比例不断增加，自杀率也呈现出上升趋势。社会分裂现象日益明显，并引发了普遍且不断加剧的社会不稳定。面对这些挑战，我们需要重新审视我们的生活方式和价值观，寻找更好的方式来维护我们的生存和发展。只有当我们意识到生命的宝贵和脆弱，才能真正地珍惜和保护我们的生命。

各国顶尖的生产力既可以为人类创造福祉，也可能成为杀戮的利器，成为摧毁人类文明的“双刃剑”。这些严峻的事实让我们明白，社会生产力的高速发展以及物质财富的日益丰富，并不一定能够为我们带来憧憬的理想未来。正是因为这样的矛盾与冲突，我们不断地进行深思与反省，追求实现一种人文关怀与自然关怀相融合的绿色生产方式。

绿色生产是在对工业文明黑色生产方式深刻反思的基础上产生的。它的出现，不仅是对传统生产方式的变革，更是人类文明史的又一次伟大进步。绿色生产得以实现的条件包括以下几点：首先，社会伦理的变革是绿色生产产生的关键。社会伦理是构成社会的基础与归宿，也是一切社会科学的起点与归宿。绿色经济与绿色生产的伦理，是人文关怀与自然关怀相统一的，以实现人类持续发展和最大福利的新兴伦理。这种伦理将指导社会经济活动的每一个方面，为绿色生产的实现提供指引。其次，将生态伦理加以实施的制度变革是绿色生产实现的保障。没有制度的实施，社会伦理难以从意识形态上升为整个社会的行动指南。个人的行为是由体现一定社会伦理价值的制度安排决定的。因为制度确定了什么样的行为可以得到社会的褒奖或惩罚，所以制度是保证伦理得以实现的手段。绿色生产的实现需要现存的工业文明，包括以后工业文明的社会制度的变革为前提条件。再次，评价一定生产活动效率的价值指标体系的改变是绿色生产实现的必要条件。在当今利益社会中，人们的行为是追求利益的，在市场经济中，利益是受一定的价值标准支配的。只有当反映绿色经济利益诉求的价值标准取代传统那种建立在人与自然对抗基础上的价值标准时，绿色经济与绿色生产才能真正建立起来。最后，绿色生产技术取得重大进展，使其在与其他生产方式的竞争中能够立于不败之地。随着生态环境恶化与劳动保护要求程度的提高，近几十年来，满足绿色生产的技术取得长足进步，如太阳能与风能的利用已具有一定的竞争能力，许多领域的循环经济生产方式比传统的生产方式有更高的效果等。此外，人们意识观念的转变、传统资源日益严峻的约束等，也是绿色生产产生的必要条件。综上所述，绿色生产的实现需要社会各方面的共同努力和配合。只有当社会伦理、制度变革、价值指标体系的改变以及绿色生产技术取得重大进展等多方面条件都得到满足时，绿色生产才能真正得以实现，为人类创造更加美好的生态环境和可持续发展的未来。

3.1.3 绿色生产的主要内容

绿色生产，是生态文明与可持续发展在生产过程中的具体表现形式，涵盖了丰富多样的内容。

（1）以新伦理的价值标准为资源配置的准则

价值标准在资源配置中发挥着重要的引导作用，它与生产方式息息相关。传统的生产方式所追求的目标是单一的经济效益，而如今我们倡导的绿色生产则更加注重人与自然、人与人的和谐相处。为了实现这个目标，我们需要一种全新的价值标准来衡量资源配置的效益。

绿色生产的价值标准应该充分体现人文关怀与自然关怀的伦理取向，将生态、社会与经济效益相统一的价值取向体现在衡量资源配置效益好坏的价值标准上。这种价值标准不再建立在人与自然的对立基础上，而是建立在人与自然和人与人之间相互和谐的基础上的。

（2）根据特定的分配和消费目标，对资源进行合理配置

从根本目的来看，社会生产的过程都取决于社会的需求，而这种需求最显著地体现在消费上。当然，在我们的“文明”社会里，这种消费带有鲜明的阶级性。在市场经济的大背景下，获取利润成为消费的隐性目标，但只有满足（符合主导阶级利益的）消费目标才能获得相应的利润。因此，不论其表现形式如何，消费始终是社会生产的终极目标。

在阶级社会中，消费的实现首先是通过一定的分配方式来实现的。在市场经济环境下，社会分配关系不仅由对生产要素的占有以及市场的供求关系决定，而且还受到一定的社会分配政策的影响。而这种分配政策又反映了统治阶级的利益诉求以及由相应的制度政策所决定的社会伦理观念。因此，我们假设在绿色经济社会占据主导地位的统治阶级具备现代生态伦理意识，并且能够在制度政策层面确保绿色经济的有效实现。

市场经济中，分配关系与消费关系的差异值得特别关注。这种差异的产生，主要是因为市场经济条件下，生产的主要目的并非为了消费，而是为了追求利润。资本家关注的并非生产出的产品本身，而是其中所包含的剩余价值或利润。而利润的最终使用目的，也仅是为了获得更多的利润，也就是进行资本积累。值得注意的是，资本积累在本质上意味着其价值或对应的社会产品是由被资本利用的人消费的。通俗地说，资本积累就是资本家将获得的利润用于增加工人的消费。因此，在市场经济中，分配关系

与消费关系之间存在巨大的差异。在绿色经济社会中，我们不仅要通过收入分配的公平化政策来缩小人们之间的收入差距，更应该考虑制订合理的资本积累政策与消费政策等，以缩小不同收入人群之间的消费差异。只有这样才能更好地实现经济、社会和环境的可持续发展。

绿色生产是一种注重平衡的再生产过程，与传统的生产方式不同。传统生产只关注物质消费和部分精神文化消费，而忽视了生态消费。绿色生产则是从人的需求出发，将物质、精神和生态消费三者统一起来，确保三种消费之间的平衡。因此，在资源配置中，需要在三种产品的生产中做到合理配置。生产、分配和消费之间的这种关系表明，对绿色生产的研究不能孤立进行，必须结合整个再生产过程，从系统的角度来进行研究。

（3）绿色生产过程

在明确了价值取向和目标之后，如何实现高效、环保的生产成为重中之重。绿色生产作为自然关怀在生产领域的具体体现，应该采用最环保、高效的生产技术和流程，确保不对生态环境造成长期不良影响，同时不断进行技术创新和生态创新，以提高生产效率。作为人文关怀在生产领域的实践，绿色生产过程应该以最人道的方式进行，即采用能够保护劳动者身心健康的工艺流程，创造有利于劳动者发挥创造力的环境，并提供全面的技能培训，使劳动者成为绿色生产的主人。

绿色生产，作为新时代引领未来的重要力量，必须注重效率，而且这种效率要通过市场来实现。因为市场经济以其独特的资源配置方式，被证实为人类历史上最高效的资源配置手段，所以绿色生产要想展现其有效性，必须借助市场机制来推动。当然，与绿色生产方式相对应的市场经济，绝非传统的市场经济，而是一种发生了深刻转变的新型市场经济——生态市场经济。如前所述，价值标准发生了颠覆性变化，引导的资源配置结果自然与传统市场经济有显著差异。如同马歇尔所言，历史是渐进的，传统市场经济向生态市场经济的转变也是一个渐进的过程。因此，在实践中，价值衡量标准的变化也是一个循序渐进的过程。这也就是为什么我们在技术进步中看到，尽管几乎所有产品在生产过程中都能实现"零排放"，但却没有一种产品的生产已经完全达到"零"排放。其原因就在于现有的价值标准无法满足效率要求。然而，随着技术的不断进步和社会伦理的"生态化"发展，以及制度的不断演进，这种情况将逐步得到改善。生态市场经济将会逐步完善，绿色生产方式也将逐渐展现其强大的力量。

3.1.4 绿色生产的作用

绿色生产，作为生态伦理在市场经济中的一种独特表现形式，旨在促进人与自然以及人与人之间的和谐统一。在当代社会，绿色生产的重要性不言而喻，它从多个方面影响着我们的生活。

首先，绿色生产是社会伦理变革的产物，同时也能推动社会伦理的进一步变革。为了实施绿色生产，我们需要对现有的伦理、制度和政策进行深入的变革，以便更好地体现生态文明的理念。这种变革不仅会促进社会伦理的进步，也会推动制度等方面的转变，使其更加符合生态文明的发展方向。

其次，绿色生产能够有效保护并改善生态环境，实现人与自然的和谐共生。当前，人类面临的最大威胁是生态环境的破坏，而这种破坏主要是由于传统的灰色生产方式。为了改变这种状况，绿色生产的目标是实现生态环境的不断改善，从而让人与自然的关系变得更加和谐。

再次，绿色生产还能促进人与人之间的和谐。人与自然之间的关系和人与人之间的关系是同一事物的两个方面。因此，要促进人与自然的和谐共生，人与人之间的和谐共处是不可或缺的。这种和谐共处不仅体现在生产过程中的协作共进，更体现在社会生活的每一个方面。只有全体人民齐心协力，我们才能顺利地到达彼岸。

最后，绿色生产能实现人们消费福利的不断深化。人是一个社会、生态和物质的有机统一体，要实现人的最大利益，我们必须满足人的这三个方面的需求。然而，目前的现实是三种消费严重失衡，即物质消费被过度满足，而精神消费和生态消费则严重不足。绿色生产的实施旨在改变这种失衡状况，实现三种消费的均衡满足，从而推动人的利益达到最大化。

3.2 绿色生产的实现方式

要实现绿色生产的目标，必须借助一定的方式或组织形式，以及工具来进行。下面就来深入剖析这些内容。

3.2.1 绿色生产与生态市场经济

市场经济的组织方式是迄今为止在资源配置方面最有效率的。因此，绿色生产若要实现其目标，必须借助市场经济这一途径。

（1）市场经济与生态市场经济

当前社会正处于一个变革的时代，其中最引人注目的变化是由市场经济向生态市场的转变。这一转变不仅深刻地反映了人类对经济发展与环境保护之间平衡的重视，更在某种程度上引领了未来经济发展的新趋势。生态市场经济的兴起，既体现了人类对可持续发展的追求，也预示着一种全新的经济发展模式的诞生。

①市场经济的本质内容

市场经济，是整个社会资源配置的核心，它以市场交易为媒介，实现生产、交换、分配和消费的全面运行。无论是要素还是产品，都以商品的形式发挥自己的功能，实现社会再生产的循环往复。在市场经济中，生产是通过要素的有机结合来实现的，而这种结合方式恰恰是市场经济与传统经济方式的最显著区别。市场经济作为一种资源配置方式，实际上是一种文化体现。它强调机会公平的文化价值，表现在以下方面：在市场上，人们或供求双方以平等的地位出现，无论是作为要素提供者还是消费者，双方都能在市场上公平地达成交易；人们的行为特征具有普遍性的行为模式，追求具有同一性的货币，或者说在市场经济中，货币成为具有普遍性的商品，一切经济活动只需追求货币，从而将不同的行为特征协调成具有普遍性的行为模式；不同性质的资源该如何配置，是以货币衡量的价格高低来决定的，从而使市场经济中的一切活动都服从于成本与效益的比较，并以取得最大的净效益为标准；资源配置效率的衡量标准是统一和公平的，也是各自获得利润的大小或利润率的高低，这有效地解决了资源该如何配置的问题。市场经济同时也是一种经济体制，它确定了参与市场过程的行为主体的资格（即能够承担自身行为后果的独立法人）、交易过程的行为规范、市场组织方式等。

②生态市场经济

生态市场经济，实质上就是绿色市场经济。虽然有人认为“生态”的内涵比“绿色”更丰富，但两者在本质上其实是相通的。在可持续发展经济学与生态经济学领域，很多人都认为“生态”等同于“绿色”。本质上，生态市场经济也是市场经济，不过它是一种特殊形式的市场经济，更准确地说，是一种受到人类特定意识形态和法律制度影响的市场经济。然而，由于它被赋予了特定的前缀，因而这种市场经济并非完全的自发市场，而是带有特定的内容，在本质和运作机制上都具有一定的特殊性。从理论上看，生态市场经济的核心内涵主要包括两个方面：在生态文明思想指导下形成的一种经济组织形式；在整个再生产过程中，它必须遵循生态学的基本要求。作为生态文明指导下的市场经济，首先要遵循生态文明的价值伦理或世界观。由于人类只是生态系统中的一个有机组成部分，其生存和发展都依赖于生态系统的完整性。因此，在利用自然造福自身的过程中，人类必须充分敬畏自然、尊重自然、关爱自然，平等对待所有生命形态；在处理人与人之间的关系时，必须树立地球之舟的观念，彼此之间相互尊重、协作与友爱。更重要的是，这些观念必须贯穿在市场经济组织的各个方面，每一种资源的价值量都必须充分反映它们在生态系统中的功能。

要在实践中实现生态文明，必须通过一定的制度来保证。作为生态文明的经济组织形式，生态市场经济的制度必须充分体现生态文明的制度要求，如通过一定的制度安排，使人们在生产过程中以保护生态环境获得的利益大于损害生态环境的利益，同时通过制度来保证社会共同富裕的实现等。生态市场经济同样需要满足人的需求，并且需要在限制自然资源的数量利用和有效保护生态环境的基础上实现经济增长。与以往那种以不断扩大对资源消耗和环境破坏来追求增长的生产方式不同，生态市场经济必须在严格限制对自然资源利用并使生态环境不断改善的基础上实现经济增长。为了实现这一目标，必须不断地提高资源利用效率的技术进步速度，同时通过生态创新的方式来提高可再生资源的能源转化效率，以使在生态环境允许的最优生产边界内的物质产品总量最大化。此外，通过调整生产与消费结构，如由以当前的物质生产与消费为主的经济转换为以生态产品与精神文化产品生产与消费为主的经济体系，这样不仅能够做到资源的有效配置，而且能够保证经济的无限增长。更主要的是，这能够给人类带来更大的福利满足。

生态市场经济，顾名思义，是生态与经济相结合的产物。既然如此，它便需要遵循生态学的基本准则。所谓的生态学原理，就是人类在生产过程中必须遵循食物链的依存与转化规律。这意味着我们消耗的资源不能超越自然的更新速度和技术替代的限制，排放的废弃物不能超出自然的净化能力，同时也要确保生命之网的完整性不被破坏。当这些生态学原理渗透到市场经济中时，人类在再生产过程中就必须将人口数量控制在生态系统可承受的范围内，确保生态环境和自然资源的价值得到充分体现，以确保资源环境的可持续性。

从理论上看，生态市场经济是生态经济在现有制度下的具体表现形式。我们所说的“生态经济”，其实是指整个国民经济的生态化。国民经济的生态化，它以生态学和经济学的基本原理来主导经济活动，为了达到最优的资源配置。这个定义虽然简洁，但却包含丰富的内涵。首先，人类作为食物链的一环，对于我们所获取的食物以及各种自然资源，我们必须保持在一个适当的范围内。因此，人口数量必须严格控制在自然界的容量限值内，否则最终会遭到自然界的严厉报复。其次，在组织经济活动中，我们必须像生态系统的物质循环那样，做到资源的充分利用。在自然生态系统中，没有废弃物，各种资源都可以循环利用，而不会对自然界造成损害。如果可能的话，我们还应该努力改善已经被人类严重破坏的生态系统。最后，所有的经济活动必须满足人类经济利益的需求，也就是所进行的经济活动必须能够增加人类的利益。就像所有的生物一样，人类进行的一切有目的的活动，其最终目的是满足自己的利益需求。这种利益需求的满足程度，在当今社会是通过货币计量的成本与收益来表现的。只有当收益大于成本时，人类才能从中得到一定的利益；如果收益小于成本，那么这种行为就是得不偿失的。与传统经济不同，生态经济是利用生态学原理来组织的生产活动，而且自然界没有废弃物。因此，生态经济必然是最有效率的经济组织方式。在生态经济中，其价值理论是生态经济价值理论或可持续发展价值理论。这种价值理论的特点是：一是将整个自然界或生态系统纳入价值计量和核算体系中，也就是说，一切能够增进人类利益的来源或源泉都具有价值，因此自然资源和生态系统必然是有价值的；二是它不是从个人利益的角度来看待价值的，而是从人类作为一个整体的利益来看待价值的。那些可以增进个人利益但会损害整体经济的行为，不仅不被看作是增加价值的活动，反而被认为是一种减少社会价值的活动。

③市场经济向生态市场经济的转型，无疑是当代社会变革的重要标志。值得注意的是，生态市场经济并非遥不可及的理论蓝图，亦不是虚无缥缈的海市蜃楼。实际上，它早已存在并不断深化，潜移默化地影响着我们每一个人，改变着整个世界。生态市场经济对市场经济的取代，更确切地说，是市场经济向生态市场经济的转变，已经成为当代世界变革最显而易见的标志之一。

自 20 世纪中叶以来，一系列人文关怀和自然关怀的伦理观念，如劳工保护、种族和性别平等、消费者权益、环境保护、动物权益、企业社会责任、可持续发展、绿色生产与消费、低碳经济等，如春潮涌动，形成了一场全球性的社会变革浪潮。尤其是 20 世纪 80 年代兴起的可持续发展运动和近年来的“低碳经济”行动，更是产生了深远的影响。这些运动不仅仅是思想潮流，而是切切实实地影响了社会政治经济。它们需要实践的舞台，也就是通过具体的资源配置来实现。在当今社会，市场经济是主导的资源配置方式，这是经过人类社会长期实践证明最有效的资源配置方式。尚无其他有效的资源配置方式能替代它。因此，这些体现生态文明和社会文明内容的各种运动，只能通过市场经济来实现自己的目标。无论哪种反映人文关怀与自然关怀的行动，都必须以市场经济作为自己实践的手段，而要通过市场经济来达到自己的目标，那么它们就必然将自己的意志（通过制度安排等方式）施加于市场经济中，使它的资源配置向着自己特定的目标前进，市场经济也就在此过程中发生蜕变而逐渐转化为生态市场经济。

市场经济在不断进化的过程中，逐渐向着生态市场经济蜕变。如今，保护生态环境、保障劳工和残障人员的合法权益、节约资源、人文关怀与自然关怀等社会责任，已成为整个社会共同的行为规范。对于生产者来说，是否具备这样的意识并付诸行动，已成为进入市场的基本条件。对于涉及环境保护、人身安全、社会公共道德等方面的再生产过程，我们也进行了严格的规定。绝大部分这些制度安排都通过市场机制得到体现，如主体与产品的准入制度及其标准必须符合共同的价值标准。这种价值标准在市场需求方面得到确认，如那些符合生产标准的商品会更受消费者青睐，消费者也愿意支付更高的价格，而对于违反标准的产品则给予抵制。同时，无论是生产者还是消费者，尤其是大企业被要求承担起利他的环境保护和社会公益等方面的社会责任。

市场经济在转变过程中，其对社会经济环境的作用逐渐凸显。作为一种资源配置的手段，市场经济本身对环境和社会的影响是中性的，但具体作用结果取决于社会所赋予的伦理标准和制度安排。传统市场经济之所以给社会和生态环境带来负面影响，源于传统的伦理和制度安排。例如，传统伦理认为世界万物只为人类所用，生态环境和公共资源没有价值，市场规则是丛林法则在人类社会的体现。这些观念导致了严重的生态破坏、资源枯竭、两极分化等社会和生态灾难。然而，正是这些灾难促使社会进行深刻反思，从而引发了20世纪中叶以来包括伦理、制度在内的社会变革。这促使传统市场经济向当前的生态市场经济转变。当社会将反映人与人和人与自然和谐的伦理与制度应用于市场经济时，它自然会朝着人文关怀与自然关怀的方向发展。因此，我们特别强调社会伦理价值及反映其要求的制度安排的重要性。

（2）绿色生产必须利用市场经济

既然市场经济的调节作用是十分强大的，那么在向生态市场经济转变的过程中，绿色生产若想达到其目标，就必须善于利用市场经济。社会选择是特定历史时期社会主要矛盾和客观社会需要的产物，而市场经济的资源配置则只是反映这种需要。当社会需要发生变化时，市场经济也会对此做出积极的响应，商品供给量与个人和社会从中获得的满足程度或效用是密切相关的，随着供给的增加，该商品给个人和社会带来的满足或效用也会随之增加。在物质需求得到日益满足的同时，生态环境的恶化导致生态产品供给日益短缺，而生活水平的提高更是加剧了这种短缺状况。由此，生态产品的市场价格不断上升，物质产品与生态产品之间存在的不均衡变化必然会对市场经济的资源配置产生影响。因此，绿色生产必须充分利用市场机制的功能，通过调整不同产品的价格参数或产品的供求状况，来调整不同商品的市场供求状况。例如，通过税收等手段提高对生态环境造成损害的产品价格，或者降低符合绿色经济要求的产品价格，以扩大市场需求或提高生产者的效益等。在调节方面，应以市场机制调节为主，数量调节为辅，尽量避免使用数量调节手段，同时避免或减少使用价格保护政策。因为实践证明这些手段的效果并不理想，有时甚至会适得其反。因此，在利用市场方面，必须充分发挥市场机制的作用。

在众多领域中，市场机制通常能够巧妙地解决供求平衡问题。无数实践证明，凡是受市场机制调节的资源，都不存在绝对意义上的短缺。试想一下，世界上那些紧缺的资源，是不是因为它们不受市场调节或市场调节能力较弱呢？以我国的水资源为例，为了满足绿色生产的特定目标，政府需要适当干预资源价格，如通过提高能源效率标准或增加使用成本等手段。

这些措施的实施，有助于推动企业和个人更加珍惜资源、提高利用效率，从而促进可持续发展。

为了推动绿色生产的进步，明晰的产权界定堪称最为有效的手段之一。在改革开放前后，我国的山地林权改革之前，这些权益都是集体或国家的，然而利用这些权益所获得的利益却往往被私人所拥有，因此导致了严重的生态环境破坏。在这种情况下，原本满是森林的山地在我国“大跃进”前遭到了毁灭性的破坏，森林覆盖率和森林质量不断下降。然而，改革开放后，随着制度的变革，林地产权被转移到了个人名下，我国的森林覆盖率也因此不断上升。这种现象显然是市场经济和产权明确作用下的绿色经济成果。

这说明，要让市场经济成为推动绿色生产的有力武器，就必须建立起产权清晰、利益明确、职责分明的所有制制度、产品分配制度等。要使市场机制能够有效地促进绿色生产的发展，就需要对那些能够明确产权的自然资源和生态环境的产权进行清晰化。例如，我国的草地、林地、耕地的产权可以直接分配到户，一些矿藏资源也可以通过拍卖的方式将产权售给个人或企业。由于个人或小团体与产权的利益关系更为紧密，产权应尽量落实到与利益关系更密切的利益主体。例如，矿藏资源由国家统一所有，不如由矿藏所在地政府所有，这样更能提高矿藏资源的利用效率。目前各地政府纵容人们从事小矿产的开采，原因在于矿藏本身不是地方政府所有，但采矿所产生的利益却主要归地方所有，由此遭受的损失则由国家承担。如果矿藏所有权归所在地政府，相信它们绝对不会允许这种没有规划和组织的采矿行为发生。在产权明确的前提下，市场经济将成为实施绿色经济的有效武器。要确保绿色生产在市场经济条件下得到有效实施，不仅需要产权明确，而且需要产权规模达到一定程度，否则仍难以实现资源的优化配置。只有规模达到一定程度，才能做到外部影响内部化，从而促使生产者在生产过程中采用绿色环保生产方式。我国绿色生产目前尚不深入的原因之一，是我国厂商的生产规模普遍较小。除了土地产权不明确（经营权实际上也不稳定）外，产权或经营权规模小更是主要的原因。因为在这种小规模产权基础上，人们保护生态环境的努力是得不到补偿的。虽然这并不是说产权规模越大越好，但在资源优化配置方面，任何产权都有其合理界限，较大程度地偏离这个界限则会降低资源配置的效果。

将市场经济与绿色生态生产相融合，生态市场经济推动的技术进步是实现这一目标的重要途径。它不断改变绿色生产的条件和范围，使得原来的黑色生产逐渐转化为绿色生产。以水泥生产为例，过去会产生大量的粉尘排放，对生态环境和人体健康造成严重危害，导致企业与周围各利益主体的严重冲突。然而，随着粉尘回收技术的不断进步，粉尘回收的效益远远超过回收成本，这样的冲突也就缓和下来。随着技术进步和市场价格的提高，一些原来排放有毒、含重金属污染的企业通过回收利用，不仅做到了外部不经济的内部化，还成为所在企业提高效益的明显手段。这充分证明了生态市场经济推动的技术进步对于促进绿色生产和保护生态环境的重要作用。

市场经济的魔力之处，就在于它拥有源源不断的动力，推动着技术不断进步。随着科技的日新月异，生产过程中的成本收益比也将发生翻天覆地的变化。那些曾经在外围看似不经济的生产方式，可能会逐渐变为高效益的内部生产方式；一些原本看似内部不经济的生产方式，也有可能转化为内外兼具经济效益的生产方式，如植树造林等绿色生产活动。当然，科技进步难免带来一些副作用，但人类社会前进的脚步中遇到的种种挑战，最终还是需要生态文明和可持续发展指引下的技术进步来化解。而在这其中，最能促进技术进步的神奇力量，便是市场经济。传统经济发展模式中的种种问题，诸如资源利用效率低下、环境污染等，最终还是要依靠市场经济中的技术进步机制来一一解决。因此，市场经济与和谐生态经济之间，有着水到渠成、浑然天成的一面。正是在市场机制的推动下，近几十年来，各种提高资源利用效率、环境保护、绿色生产的技术如雨后春笋般涌现，并以越来越快的速度发展壮大。

市场经济在促进绿色生产方面发挥了独特的作用。它能够根据社会意识和需求的变化，灵活地调整价格关系，使整个社会的资源配置重心不断向符合生态需要和绿色生产的方向发展。就像前面提到的，随着生态意识和绿色消费观念的不断加强，市场已经及时地调整了物质产品与生态产品、传统产品与绿色产品的价格关系，使利益分配的重心日益向后者倾斜。这种调整有效地引导了整个社会的资源配置重心向绿色生产和绿色消费的方向发展，激发了人们对环保和可持续生产的需求。没有市场经济对这种利益关系的及时调整，绿色生产和绿色消费的热潮不会如此蓬勃发展。利益调节的杠杆作用，要比其他手段更加有效。

总之，要实现绿色生产的目标，必须将生态文明意识融入市场经济中，也就是将生态伦理和绿色经济的要求，通过制度、政策与舆论等手段，融入市场机制中，形成真正的生态市场经济体制。同时，也要充分发挥生态市场经济的作用，通过这种包含生态伦理和绿色经济内涵的市场机制，对资源配置的方方面面进行有效的调节，才能实现绿色生产的目标。

3.2.2 绿色生产与技术进步

如前所述，绿色生产不仅要注重人文关怀与自然环境的和谐，还要确保高效运作。为了实现这一目标，我们需要充分利用并发展各种技术，推动绿色生产效率的提升。因此，技术进步在推动绿色生产发展方面具有举足轻重的地位。

（1）技术进步性质

技术，是人类利用与改造自然与自身的一种利器，也是人类在智力与体力上放大自己能力的一种有效途径。正是这种选择，使得人类最终从动物界中脱颖而出，成为地球的主宰。然而，如同任何事物都有两面性一样，技术及其进步也不例外。

纵观历史，自市场经济与资本诞生以来，人类在辉煌的科技进步与生产力发展的同时，也给生态环境带来了严重的破坏，使得自然资源逐渐枯竭。这其中，技术进步无疑扮演了关键角色。它如同一把“双刃剑”，既让人类在改造自然方面取得了巨大的成就，助推了社会的繁荣与进步，也带来了诸多棘手的挑战。这些挑战远比生态环境恶化为人类生存带来的威胁更为严重。科技进步让大规模杀伤性武器层出不穷，科技使用的不可预测性时刻威胁着人类的生存。有人甚至预测，毁灭人类的最大可能并非来自外部的敌人，而是我们自己的“手”。具有讽刺意味的是，人类最顶尖的科技成果往往最先被考虑用来消灭自身。当然，我们不能简单地将这些消极后果归咎于市场经济、资本或科技进步本身，因为它们只是制度安排的产物。这些问题的产生，同样反映了制度安排的缺陷。面对这样的现实，我们需要深刻反思并积极寻找解决之道，确保科技与人类的和谐共存与发展。

科学技术作为人类改造自然与自身的工具，其影响取决于人类如何利用。虽然利用中可能带来比解决的问题更多的问题，但最终还是需要科技进步来解决。因此，我们应该加强对科学技术开发与应用的有效管理，将生态伦理贯穿整个过程，并实施严格的监管。

（2）绿色生产中的技术进步

绿色生产中的技术进步，不仅是传统意义上的技术进步，更强调那些能够保护生态环境、改善环境质量，同时实现资源可持续利用的技术进步。这样的技术进步，才是真正符合绿色生产要求的进步。

绿色生产科技，融合了自然科学、社会科学和管理科学等多学科的智慧，旨在推动人类社会的可持续发展。在当下，虽然表面上看似自然科学技术的落后，但实际上，社会科学及其应用领域的不足也是关键因素。因为自然科学是中性的，它代表了人类在探索自然和利用自然方面的进步，但如何利用这些技术，对人类社会是具有两面性的。例如原子技术，既可以造福人类，也可以带来灾难甚至毁灭。而这一切，取决于人类对它的利用方式和社会科学在政策制定中的具体应用。社会科学在促进人类进步和可持续发展方面的作用，丝毫不逊于自然科学。自然科学需要社会科学来引导和控制，其发展状况取决于社会科学进步的程度。在科技投入、组织、推广等方面，社会科学的落后会直接导致自然科学技术的滞后。历史上的英国和美国，都曾因为社会科学领域的落后，导致自然科学技术的暂时落后。这也说明了，自然科学技术的发展往往依赖于社会科学技术的进步。改革开放以来，我国通过社会意识和组织的变革，推动了生产力的飞速发展，自然科学技术也取得了巨大的进步。在这个过程中，社会科学的作用不可忽视。它确保了自然科学的进步及其利用能满足可持续经济发展的需求，尽可能减少可能对人类和经济发展造成的不利影响。同时，社会科学也在不断推动社会制度、生产方式和消费方式的创新，促进生产关系和分配关系的完善。因此，在可持续经济发展的过程中，自然科学与社会科学是相辅相成的。只有当两者协调发展，才能真正推动人类社会的持续进步和繁荣。

社会科学和管理科学的重要性，不仅在于为自然科学技术的发展及其利用创造有利条件并规范和控制其利用，而且它们本身也会直接推动生产力的进步。从劳动生产率的角度来看，经济的发展不仅归功于自然科学技术创新带来的产品更新或者提高资源利用效率，还要归功于社会科学在组织创新以及对生产方式、交换方式更合理安排的推动。因为社会生产过程的组织主要是由社会科学来实现的，所以它进行的组织创新能有效地提高全要素的生产率。在许多方面，如金融保险生产组织和流通方式等，我国与发达国家的差距并非在于技术方面，而是在管理方面。管理水平的落后，使我国的生产力或生产要素无法得到有效的发挥。20 世纪 50 年代初期，我国与日本的经济规模大致相当，但由于我国的社会科学落后，到改革开放时，日本已成为世界经济强国，而我国却仍在为温饱而努力。这充分说明了社会科学的重要性。我国近代以来社会经济发展的落后，主要原因之一就是社会科学技术的落后。然而，重视自然科学技术与忽视社会科学技术的状况，至今仍然没有得到根本的改变。因此，改变观念、加强社会科学技术的研究与应用，是我国实现强国之梦和绿色经济目标的必然选择。

绿色生产的技术进步，涵盖了自然科学技术与社会科学技术，旨在满足绿色生产的迫切需求。具体而言，这一技术进步不仅着眼于自然资源永续利用的层面，还考虑到了生态环境不断改善或生态资本积累不断增加的需求。同时，它致力于提高生产效益，促进人民福祉的不断增长，并确保技术进步特别是其利用方式不会给人类带来重大危害。此外，它还关注如何让生态环境朝着有利于人类发展的方向运动。因此，绿色生产的技术进步不仅具有深远的现实意义，也具有极高的理论价值。

（3）绿色生产需要不断的技术创新与生态创新

从根本上讲，当今所面临的种种环境问题、资源问题以及社会经济问题，都是由于科技落后所导致的。然而，这些问题的存在又成为推动科技进步的主要动力。正如历史上众多重大发明创造一样，社会需求是激发创新和创造的最佳源泉。人类社会就是在不断应对和解决这些问题的过程中前进的。绿色生产中的技术进步，旨在让科技进步的速度能够及时地解决这些问题，避免它们积累到威胁经济发展和人类福祉的程度。

绿色生产是一种可持续的生产方式，旨在实现高效率的同时，减少对环境的影响。为了实现绿色生产的目标，技术研发和合理利用都至关重要。只有不断加强技术研发，提高技术水平，才能更好地应对其他生产方式的竞争，确保绿色生产在市场上占据优势地位。与传统绿色农业生产不同，现代绿色生产更加注重科学技术的利用和开发。在绿色生产的背景下，科学技术的利用必须符合生态伦理的规范要求，体现人文关怀与自然关怀精神。这意味着在实施绿色生产时，必须选择符合生态伦理要求的科学技术，以实现绿色生产的高效性和可持续性。政府或国家作为绿色生产的社会主体，应该加强对科学技术利用的监管和管理，确保绿色生产的实施符合生态文明的要求。政府应该制订相应的制度和政策，鼓励和支持绿色生产的推广和应用，同时建立相应的调节机制，确保绿色生产的可持续发展。总之，绿色生产是一种具有高度责任感和使命感的生产方式，能够实现生产与环境的和谐共存，为人类创造更加美好的未来。

在技术应用过程中，我们时常会陷入一个困境。那就是，一项技术对人类社会和生态环境的影响往往需要经过相当长的时间才能显现出来。而我们的现代社会又是如此急功近利，这就带来了巨大的技术应用风险。就拿农药的发明和利用来说，它们曾经被认为能为人类带来巨大的利益，因此广受社会好评。然而，事实却证明，它们给人类和环境带来了灾难，因此在许多国家被禁止使用。类似的情况在科学技术的利用中屡见不鲜。这就告诉我们，在利用技术进步来推动绿色生产方面，我们必须特别谨慎，并保持足够的耐心。

虽然技术的运用存在一定的风险，但我们不能因噎废食。为了推动绿色生产，必须加大力度进行符合绿色经济要求的技术创新与生态创新。

技术创新不仅仅局限于技术的层面，更是一种生产方式的全方位创新。将科技成果转化为现实生产力，不仅是技术系统的变革，更是生产要素的重新组合和商品化过程。从经济学的角度来看，技术创新的主要目标是追求经济利润，尤其是超额利润。因此，技术创新不仅是科技与经济的有效结合，更是两者协调发展的必然要求。科技进步只是技术创新的一部分，生产组织或要素组织方式的创新、商品营销方式的创新等同样重要。这表明，技术创新不仅是生产力不断变革的过程，也是社会生产关系和生产方式不断演变的过程，甚至涉及了部分上层建筑的内容。要推动一个社会的技术创新，不仅需要在科学技术方面不断取得进步和投入大量资金，还需要对生产关系、生产方式和政治体制进行不断变革。虽然科学技术进步会推动这些方面的变革，但科学技术本身的发展也需要这些方面的变革作为前提条件或动力。

技术创新在绿色生产中扮演着至关重要的角色。它以无与伦比的方式渗透到各个要素中，改变了它们的本质属性，同时变革了生产工艺过程和生产组织方式，提高了各要素以及它们之间的综合生产力。此外，技术创新还为新产品的开发提供了源源不断的动力，不断创造出新的社会需求，从而推动经济的蓬勃发展。同时，技术创新也是推动制度创新和生态创新的重要力量和技术保障。

当科技与自然融为一体，为我们的生活环境注入活力，生态创新便应运而生。它是一个社会为改善生态环境，满足人类持续发展的需求，而通过创新手段进行的过程。在这个过程中，我们尊重并认识自然生态规律，建立起人与自然和谐相处的新型关系，不断提升生态系统的生态产品生产能力。同时，生态创新也关注人类社会经济发展与生态环境和生态资本的相互促进。从理论上说，生态创新是生态文明中一个社会满足人民群众对生态需要能力的体现或组成部分。由于这种能力不仅与生态技术有关，而且与制度安排和思想观念等也密切相关，因此从某种意义上可以说，生态创新也是生态文明的重塑过程或深化提高过程，从而可以将它视为生态文明本身。从这个角度看，生态创新体系包括人类社会的生态文化创新、生态制度创新、生态组织创新、生态科技创新、生态系统创新、生态产业创新、生态资本创新、生态经济创新、生态社会创新等，是它们的有机统一。

生态文化创新，它以生态学理念为基石，可持续发展为导向，重塑人类社会对人与自然、人与人之间关系的认识。它尊重自然，遵循自然规律，转变过去人与自然、人与人之间对立的观念，建立人与自然和谐共存、相互依存的观念。它强调所有人的生存都取决于与他人的相互合作、与自然的和谐相处。观念决定着生态文明的发展阶段和方向，因此生态文化的创新是整个生态创新体系的基础。

生态制度是为了满足社会生态需求和可持续发展要求而制定的各种安排，包括保护野生动植物、减少大气与水污染、清洁生产的法律、制度和社会规范等。因此，生态制度创新是将生态学与可持续发展的原理与要求相结合，并渗透到与人类生态需求满足和绿色经济有关的制度和文化中。任何与生态学和绿色经济要求不相符合的制度都需要进行改革。生态制度创新是生态创新的核心内容，也是实现生态创新的根本保证。这是因为人的行为，特别是在市场经济条件下，是由一定的制度安排决定的。良好的生态制度安排可以促使人们的行为符合生态经济的要求，而与之相悖的制度安排则可能导致人们的行为违反生态经济的要求。

生态组织涵盖了生产生态产品和致力于环境保护的各种机构，诸如企业、科研教育机构以及生态管理部门等。为了加强生态创新并提高社会对生态产品的生产能力，这些组织在组织结构、文化以及管理方式等方面进行了一系列创新活动，即生态组织创新。

生态科技创新，它涵盖了生态科学与生态技术创新的深度融合。生态科学，这是人类对生态环境、生物、动物等研究对象及其内在规律的一次全新认知与发现。而生态科学创新，就是人类在不断探索中，对自然生态规律的理解不断深化，从而更新既有的科学知识的过程。从理论上看，生态技术是将生态科学应用于生态经济的实践环节。因此，生态技术创新便是在将生态科学创新的内容持续转化为社会再生产的实践过程中。不过，与单纯地将生态科学创新应用于社会再生产不同，技术创新还包含生产经营系统与组织的创新、新市场的开拓、新产品的推出、金融创新等多个层面，这是一个更为复杂的过程。生态科技创新，是生态科学创新与生态技术创新的完美结合。它是实现生态创新目标的重要手段，同时也为生态文化创新和生态制度创新提供了坚实基础。只有当我们对生态系统和自然规律的认知得到深化后，我们才能更准确地理解人与自然的关系，从而建立起科学的世界观。只有当我们在生态技术方面取得重大进展时，相应的制度安排才可能得以出现并得到有效执行。因此，生态科技创新是保障生态创新实现的关键途径。

生态系统创新，以生态学原理为指导，借助生态科技创新手段，改造生态系统，使其更加健康、与人类关系更加协调、生产力更高，以满足可持续发展和人类对不断增加的生态产品的需求。为何要进行生态系统创新呢？因为单纯的自然生产过程无法满足人类日益增长的生态产品需求。实际上，自人类步入文明社会以来，一直在不断进行生态系统创新，农业与畜牧业的革命与进化就是其典型代表。然而，值得注意的是，生态系统创新虽然可以满足人类在一定时间内增长的生态需求，但其对生态环境及人类社会产生的具体影响，却难以预测。

生态产业，本质上等同于绿色产业，但在我国的定义中，它主要集中在环保产业，涵盖了环保科技的研发、环保设备的生产制造，以及利用这些设备与技术进行环境污染控制、处理与服务的产业。这种定义相对较为狭隘。从理论上看，生态产业是与生产生态产品和生态环境及自然资源保护有关的所有生产活动，包括各种狭义的生态产品产业部门，如植树造林、旅游服务等，以及从事环境保护的部门，如环保科研与生产部门等。生态产业创新是这些生态产业部门逐步向更加符合生态学和生态经济要求、提高生态产品生产效率的方向转变的过程。其创新内容不仅涵盖了生态产业部门中的各种技术，同时也包括生态生产观念、制度等各方面的创新，是一切有关生态产品生产与生态环境保护等内容的创新，向加强人与自然和谐相处和提高生态系统生产能力方向转变和深化的统一过程。

虽然资本作为一种价值形态，仅具有量的差异而没有质的变化，但生态资本却具有质的特征，这是因为生态资本能与一定的生态财富或生态要素相结合。正如经济资本对应于不同技术水平的生产资料时具有不同质的特征，生态资本也具有不同的生产与盈利能力。因此，要提高社会在生态产品上的生产能力，必须不断改进生态资本的质量和组织，这也是生态资本创新的过程。具体来说，生态资本的创新是通过引进新的生态科技、新的生态产品组织方式、新的生态观念、新的生态制度等，在加强生态资本积累的同时，不断提升其质量和资源配置效率，达到改善生态环境和提高生态产品生产能力的目的。

生态经济，不仅局限于狭义的生态产业活动，更是关乎整个国民经济的生态化进程。通过生态文明创新，使整个社会再生产过程都符合生态学和生态经济的要求，从而实现可持续发展的宏伟目标。这里的生态经济创新，涵盖了更为广义的概念，它涉及用生态学原理和可持续发展的要求对整个经济进行改造，不断提高资源配置效率，确保人类三种需要之间的均衡增长，进而实现人类最大的经济福利。同生态产业的创新一样，生态经济的创新也是一个涵盖了文化观念、制度、技术等方面的创新内容的统一过程。从经济学的角度出发，上述所有创新内容及其效果都要体现在生态经济创新之中。只有当生态经济创新取得了实质性的成果，如生态文化创新、生态制度创新、生态科技创新、生态产业创新、生态资本创新等才能得以实现并具有实际意义。生态社会创新是将生态观念、生态经济思想、可持续发展要求等思想和文化渗透到人类社会的各个组织和一切活动中，通过不断改变社会组织和文化，使其向符合生态学和可持续发展的方向发展，最终实现人与自然和谐相处、人与人之间和谐相处的目标，以实现人类最大的福利目标的过程。从理论上讲，生态社会创新是生态创新的最高层次。正如生态经济创新是其他所有创新归结的最终目标一样，生态社会创新也是其他所有生态创新的最终归结点。只有实现了生态社会创新，其他各个方面的生态创新才算得到实现并且有保证。因此，推进生态社会创新是实现生态创新的重中之重。

生态创新系统中的各个组成部分相互交织，相互重叠，只有通过有机协调，才能实现生态创新的目标。一旦系统的平衡被打破，整个生态创新目标将无法正常实现。因此，为了确保生态创新的成功，必须对系统中的各个部分进行有机协调，使它们相互适应。

生态创新的真谛在于，通过技术的进步，不断打破原有生态系统的平衡状态，提升生产力以满足人类持续发展的需求。在生态系统中，平衡状态下的生产力难以满足人类的日益增长需求，而随着经济的发展，人类对生态产品的需求也在不断增长。显然，平衡系统的生态环境已经无法满足这种需求，因此为了满足人类不断增长的需求，必须对生态系统进行创新。自然，这种创新需要推动生态环境不断进化，使其在动态过程中实现相对稳定。我们知道，自生态系统诞生以来，它就处于不平衡的状态，但也在不断地变化和进化。人类自身也是这种进化的产物。近几百年以来，人类对生态环境的影响日益显著，但这种影响往往导致生态环境的退化。例如，生态环境质量近几百年来一直在不断恶化。人类在获取更多物质产品的同时，也面临着前所未有的生态危机。生态创新就是要改变这种状况。通过创新，我们能够提供数量不断增加、质量不断改善的生态产品，同时保障生态环境向进化的方向发展，使生命支持系统不断加强和完善，以实现人类持续发展的目标。作为物种，人类的最大福利就是种族的繁衍和发展。而这一福利的实现依赖于生态系统的状况和其他物种的生存和发展状况。因此，要实现人类的最大福利，就必须不断对生态系统进行创新，使其更符合人类的利益需求。这说明，生态创新的核心内容是彻底改变传统上人与自然的对抗关系，建立人与自然和谐相处的新型关系和相应的伦理价值，使环境支持系统或生命支持系统向良性的方向发展，实现人类社会的最大福利。

尽管从某些特定的经济视角来看，生态环境似乎是可持续发展体系中的一个组成部分，然而在本质上，人类社会这个可持续发展体系又依赖于生态环境。生态环境系统不仅作为可持续发展系统的组成部分，同时也是这个系统的载体。它的状态和变化对可持续经济发展的走向起着决定性的影响。生态创新的核心内容，就是确保生态系统能够持久地支撑经济的可持续发展。这其中最关键的是要能够承受并净化人类社会不断向生态系统排放的各种废弃物，确保生命支持系统不会退化。这样，在确保人类能够永续生存的同时，我们还能满足可持续经济发展对各种生态资源和自然资源的需求，满足人类对经济福利不断增长的需求。从这个角度来看，生态创新实际上就是绿色生产的实践过程。因此，我们应持续推动以生态创新为主要内容的技术创新，因为这种创新在本质上就是绿色科技，是推动绿色生产最有力的保障。

3.2.3 绿色生产与循环经济

绿色生产的最佳实践方式之一就是在生产过程中贯彻循环经济。循环经济不仅能够确保资源的最大化利用，还能显著保护生态环境。因此，强化生产过程中的循环经济，是绿色生产最直观的体现。

（1）循环经济的不同含义

对于循环经济的含义，工程学和经济学的理解略有差异。从工程技术的角度来看，循环经济强调资源的循环利用，以最大化利用资源效率并减少对环境的损害。简单来说，循环经济是一种在生产过程中利用生态经济原理的生产方式，它让上一生产过程或工序产生的废弃物变成下一生产过程或工序的投入品，使资源得到更充分的利用，同时尽可能减少对环境有害的废弃物产生。以工业生产中的水利用为例，当水在生产过程中被污染后，通过特殊工艺处理，可以将化学产品和重金属分离出来。这样不仅可以让水变得洁净并重新使用，还可以回收具有重要经济价值的化学产品和重金属。在这个例子中，资源的循环利用是核心。这种循环经济的理念不仅有助于提高资源利用效率，还可以减少对环境的损害，实现可持续发展。

从经济学视角来看，“循环经济”意味着在满足成本效益原则的基础上，借助生态学原理，对经济活动中的有限资源进行持续的循环利用，从而实现高效或零浪费的资源使用。虽然循环经济的核心内容是资源的循环利用，但其真正的本质在于经济性。也就是说，资源的循环利用必须符合“收益大于成本”的经济性原则。否则，资源的循环利用就无法实现。

我们知道，以现在的技术水平，几乎所有的有形资源都可以回收利用，因此有人说，“只有放错地方的资源，而没有绝对的废弃物”。从技术条件说，完全可以将含硫废气进行处理，实现硫的零排放，但是，无论技术多么发达的国家，其实际排放都没有做到这点，原因在于“零排放的技术使用不能满足人类社会的‘经济性’要求”。各种废弃物的回收在达到一定程度后存在极其明显的成本递增倾向。例如，将煤炭燃烧排放气体的脱硫率由90%提高到95%，成本将上升一倍以上；在此基础上再提高两个百分点，成本又需要增加一倍；而要达到100%的脱硫，成本会成为任何社会都无法承受的天文数字。在我国，有许多达不到一定规模的造纸厂、电镀厂等被大量关闭，不是因为缺乏相应的污染治理技术，而是因为这些技术的利用无法满足经济性或规模经济的要求。如果要求各种排放物达标，那么这些企业将出现严重亏损，甚至投入企业的全部收入也满足不了治理污染的要求。这说明循环经济并不是单纯的技术上的资源循环，而是符合经济要求的资源循环。如果不能满足这种条件，那么无论技术水平达到何种程度，这些“被放错地方的资源”就只能成为污染环境的废弃物。其原因就是人类社会的资源配置不是完全由技术决定，而是由经济原则支配。无论是各种废弃物的排放或保护环境的标准，还是各种资源的循环利用等，都是如此。因此，那些被利用过的资源或废弃物是否能够被重新利用，从而资源循环是否能够实现，取决于它们的回收与使用成本是否小于新资源的获得与使用成本、是否在社会的承受能力范围之内。否则，循环经济不仅不能实现，甚至原有的循环经济也会因此而转变为非循环经济。例如，东方的传统农业就是一种典型的循环经济，几乎没有任何废弃物的产生（秸秆作为牲畜的饲料，牲畜的排泄物又作为农田的肥料；由人消费而产生的各种排泄物也通过同样的方式循环等），但它们最终却被非循环的石化农业所取代。其原因就是各种废弃物的循环利用成本及其效益低于资源非循环利用的石化农业，以致原来作为农业肥料和有机物投入的各种废弃物成为污染环境的元凶（在我国许多地区，原来被农民作为重要资源的“秸秆”，由于劳动力成本提高等原因而造成处置成本的增加，因此收获后大多被一焚了之，结果不仅造成严重的环境污染，而且在许多地区还影响客机航班的起降）。这种情况，显然从技术方面得不到合理解释。由此说明，循环经济的核心是经济利益，而不是单纯的技术问题。资源循环的技术，只有在它能够带来比非资源循环技术更大的经济效益时，才会被采用。现在一些地区正由石化农业向生态农业回归，就是社会经济条件的变化使得后者在经济上更有竞争力的结果。

循环利用资源不仅取决于经济原则，而且社会在制订各种废弃物的排放标准时，也是根据排放一定量废弃物所产生的各种社会成本与社会为减少这些废弃物排放量所承担成本之间的关系来确定。由于实际中污染所产生的各种成本难以准确计量，因此损失的计量具有很强的规范性。只有当后者小于前者时，社会才会提高废弃物排放的社会标准，由此减少废弃物的排放。这也意味着，各国的排放标准都是根据各自在这方面成本收益情况的变化而不断调整的。这表明，循环经济与非循环经济的界限并不是固定不变的，而是随着社会经济条件的变化而改变。

自然，强调“循环经济”的经济核心本质，并非完全否定技术的重要性，而是强调在市场经济社会中，技术应服务于经济的需要。这一现象不仅存在于循环经济中，也普遍存在于其他领域。例如，许多看似技术领先的生产方式，如“铁星移动通讯”等，由于经济性不佳，无法适应市场需求，最终被更具适应性的技术所取代。由此可见，只有当先进技术在经济上具备优于传统技术的优势时，它才可能在社会实践中取而代之。因此，很多更先进的技术要经过相当长的时间才能成为社会的“主流”技术，而那些无法满足这一要求的技术则会被淘汰（在人类发明的各种新技术中，大部分因未达到这个要求而被淘汰，真正能够被有效利用的仅占少数）。

（2）循环经济的实施条件及演进过程

循环经济的理念，本质上是一种高度追求资源效率和环保的经济发展模式。在生产过程中，采用循环经济的原则，能够显著提升资源的利用效率，最大限度地降低环境污染。

循环经济，它以系统理论和生态经济理论为基石，是一种独特而高效的生产方式。从系统论的角度来看，人类社会是自然系统的子系统，我们的生存和发展都依赖于与系统内其他部分的物质、能量和信息循环。例如，人类所需的各种物质、能量和信息都来源于自然系统。同时，在再生产过程中产生的各种废弃物也由自然系统吸收。通过生态系统的循环运动，这些废弃物最终会反馈到人类社会中。因此，人类的社会生产不仅是自身的生产过程，也是整个生态系统的循环过程。为了延长自然系统对人类社会的资源供给时间，减少向自然系统的废弃物排放量，实现人类社会的可持续发展目标，我们必须加强资源的循环利用。这不仅是一种责任，也是对未来的承诺。

实施循环经济，我们必须遵循大系统分析的指导原则，全面考虑人口、资源、环境、生态、经济、社会和科技等多元因素，进行统筹规划，以实现最符合可持续发展要求的综合效益，包括经济效益、生态效益和社会效益的完美统一。在此过程中，我们必须将包括生态环境成本在内的所有成本与效益因素纳入整个系统的评估中，充分考量它们对人类利益的真正价值。我们知道，长期忽视生态环境的价值是导致它们遭受严重破坏的主要原因。为了扭转这一局面，我们必须通过法律等途径，使生态环境的价值得到充分的体现和保护。只有这样，我们才能确保生态环境和自然资源的可持续发展。

实现循环经济，必须在再生产过程中贯彻产品再使用和废弃物再循环的原则。产品再使用原则是指产品在确保品质的前提下，能够在尽可能多的场合和尽可能长的时间内得到有效利用。废弃物再循环原则是指在材料选取、产品设计、工艺流程、产品使用、废弃物处理等全过程实行清洁生产，最大限度地减少废弃物的排放，并实现资源的再循环利用。在技术条件允许的情况下，我们应该尽量利用可再生资源，以替代不可再生资源。由于不可再生资源的有限性，即使不断提高其利用效率和加强循环使用，在追求经济增长的动力驱使下，它们也有被耗竭的一天。只有可再生资源才可能保证人类持续发展的目标，因此我们必须加强可再生资源的有限利用，以实现可持续发展的目标。在这方面，利用人类生活中产生的有机废弃物制造肥料是一个很好的例子。这不仅可以节约大量能源，减少环境污染，而且可以实现农业的可持续发展。传统农业就是一种利用可再生资源的循环农业，只是自工业革命以来，石化农业逐渐取代了传统农业，导致农村生态环境严重恶化。为了实现农业的可持续发展，我们必须借助高技术支持，回归到生态农业的发展模式。这种情况同样适用于其他产业和整个社会。

循环经济，本质上是一种清洁生产方式，它以最大限度地利用废弃物、最小限度地损害环境为宗旨。在循环经济的生产方式中，各种有害物质的排放被严格控制，工作环境中达到生态保护的各种需要，确保工作人员的人身安全。这不仅是对环境的保护，也是对人类的关怀。清洁生产方式已成为全球的共同目标，对于绿色商品生产和国际贸易具有越来越重要的影响力。

正如前面所提到的，循环经济的实施需要满足一系列的条件。如果这些条件无法得到满足，循环经济就无法实现，甚至原有的循环经济也会逐渐演变为非循环经济。例如，传统农业被石化农业所取代，就说明了这一点。因此，在实施循环经济时，必须充分考虑其所需的条件，并采取相应的措施来确保其顺利实施。

实施循环经济，需要满足一系列的条件。首先，技术的成熟度和适应性至关重要，确保循环过程能够顺利进行。其次，资源供给的数量约束程度也需考虑，以避免资源短缺对循环过程产生影响。再次，资源的市场价格也是影响循环经济实施的重要因素。对于企业而言，生产规模的大小也会影响其是否适合实施循环经济。产业的聚集程度以及社会化的资源统筹利用方式也是循环经济实施的重要条件。最后，国家对环境保护的规制也是不容忽视的。这些条件在实际过程中会随着经济发展而不断变化和成熟，并通过以下几种方式得到实现。

①技术进步中的循环经济

虽然市场经济要求任何技术的使用都要满足收益大于成本的要求，但技术进步在不断改变再生产过程中的成本收益关系，使得一些原本无法满足循环经济的生产方式得以转化为循环经济。例如，技术进步使得许多原本无法利用的废弃物成为宝贵的资源，如原本严重污染环境的煤焦油，因技术进步而成为重要资源；许多原来严重污染环境的产业，如造纸业等，因技术进步不仅实现了资源的循环利用，而且做到了有害废弃物的零排放等。可以说，资源的循环利用和生态环境的保护，只有通过技术的不断进步才能够不断完善，从而一个社会的循环经济必然是随着技术的进步而不断演进的，由此也使得许多非循环经济的产业，如水资源、造纸行业、钢铁行业等，都在技术进步中逐渐转变成循环经济。显然，任何社会的技术进步都是一个渐进的过程（对单个企业或行业来说，可能存在技术上的突变），因此循环经济也是一个渐进的过程。这是因为，资源供给由丰裕到短缺的过程是一个渐进的过程，所以克服资源短缺或者说实现资源循环利用的过程也是一个渐进的过程，资源再利用的经济效益也是一个逐渐显现的过程，由经济利益关系决定的循环经济技术进步也必然是一个渐进的过程。在市场经济中，决定资源利用方式的是利益关系。在资源供给相对丰裕从而价格低廉的时期，这方面循环经济技术投入的产出效率是很低下的，所以技术的进步速度必然缓慢。如果石油资源的供给像20世纪50~60年代那样丰裕而廉价，那么提高能源利用效率和发展替代能源的动力就小，各种可循环利用能源，如太阳能、核能、风能等的技术进步速度也就较慢，因为它们竞争不过非循环经济生产方式：只有在能源价格较高且供给紧张的社会条件下，循环经济技术进步及其应用的效益明显，这方面的技术进步速度才会加快，同时也只有在这种条件下新技术的运用才具有经济竞争力而得到推广。正是这种机制，决定了稀缺程度不同资源利用方面技术进步速度的不同，即各资源循环利用的技术进步程度是与该资源的短缺程度及相应的市场价格高低成正比的。由于任何资源的短缺程度与市场价格都是随着经济发展程度的提高而加强的，因此决定了各种资源利用技术的进步程度也必然是不断加快的。

近几十年来，随着石油、煤炭、水等资源短缺程度的加强，这方面的技术进步速度也是不断加快的，因此使得这些资源的利用效率不断提高。在市场竞争过程中，只要资源的短缺能够通过市场价格得到反映，追求资源利用（或是提高资源的利用效率或是寻找新的替代资源）上的技术进步就会成为各国政府或各厂商之间身不由己的内在动力，与外在压力技术进步就会成为一种自然的过程。技术进步是一个渐进的过程，各产业之间也是相互关联的。技术进步又是一个相互促进而又制约的关系，如某个产业的技术进步或突破会使得相关产业的其他技术变得落后，因而会促进其发展。这正如工业革命中的纺纱技术的突破，使得织布技术变得相对落后，因此会促使后者进行技术变革。在后者的技术变革取得突破前，纺纱技术将停滞在原有的水平上而难以继续改进。由于各产业之间的协调需要时间，因此整个社会的技术进步虽然会有起伏变化但整体而言是渐进的。与此相适应，循环经济的演进必然也是渐进的。随着经济增长过程中资源短缺程度的不断提高和环境保护意识的加强，以提高资源利用效率和保护生态环境为主要内容的技术进步速度会不断加快，由技术决定的循环经济的演进过程也会加强。正是伴随技术的不断进步，循环经济才得以不断地扩大（工业革命以来循环经济经历了一个"U"形过程）。可以预料的是，伴随着经济发展过程中资源的日益短缺和社会保护环境意识的加强，这方面的技术进步会不断加强，如今的环境保护技术不仅扩大到如何回收有用的资源和保护环境，而且已延伸到产品的设计过程中。不仅做到生产过程不浪费资源和污染环境，保证产品使用清洁高效，而且做到产品使用寿终后废弃物的有效回收和循环利用等，所以在此过程中循环经济的深度与广度都会得到极大的加强。

②规模经济演进中的循环经济

要做到资源的循环利用，不仅需要相应的技术，而且需要生产和资源利用的单位规模达到一定的要求。规模与技术之间存在正比关系，即生产单位资源利用的生产规模越大，循环经济的实施效果越好。这是因为，在现代生产方式条件下，任何资源的循环利用都需要一定的物质技术条件和工艺流程，从而需要相应的成本投入。如果企业的生产规模或资源再利用的规模太小，就无法承担所需的成本费用。这正如我国目前被大量清理整顿的“五小”企业，并不是缺乏相关的治理技术，而是因为它们的生产规模太小，承担不了相关的治理费用，所以不得不被政府强令关闭或迁移。同时，一些有用资源的再利用也需要达到一定的规模，如发电厂余热炼油厂废气、造纸厂废碱等的回收利用，都要求企业生产规模达到相当程度后才可实施。著名的杜邦化学公司创造“3R 制造法”不仅要求企业的生产规模达到相当程度，而且要求整个生产的产业链足够长。这说明，只有企业或资源利用的规模达到一定程度时，循环经济生产方式才有可能得到有效实施。在一些污染行业，各国政府确定的起始规模，往往也就是满足污染治理所需的经济规模。自然，如果单个企业自身的规模满足不了循环经济的规模要求，那么将这些达不到循环经济规模要求的企业在区域上集中起来，进行统一的污染治理或资源再利用，也能够满足循环经济的规模要求。这也就是说，要做到循环经济，就要求资源的利用和再利用必须达到一定的规模要求，这种规模要求可以是单一的生产单位也可以是众多生产单位在空间上的集合或聚集。由于任何社会单位生产及其聚集的规模都是随着社会经济的发展而逐渐演进的，因此决定了一个社会的循环经济也必然是随着社会经济规模的扩大而不断深化的。受生产技术资金和市场等方面的限制，在经济发展水平较低的阶段企业的生产规模必然是较小的。同时受技术资源价格等方面的影响，除了传统产业外，整个现代经济的循环经济水平必然是较低的，因为在这样的小生产规模条件下，单个企业所产生的可再生资源废弃物的排放量必然是较小的，不仅回收的经济意义不大，而且回收的成本将非常高。再加上受到循环经济技术不足影响，当社会经济条件在经济发展水平较低时，资源环境的社会评价值低社会对实施循环经济的要求不高，循环经济的规模必然是较小的水平，大多局限在一些具有较高经济价值而技术要求不高的资源回收利用上，但是这种情况会随着社会经济的发展而改变。因为在市场经济优胜劣汰和技术进步所产生的规模经济作用机制下，一方面，企业的规模会不断扩大，由此产生的具有经济价值的废弃物的规模会扩大，当它们达到一定程度时，废弃物的回收将变得有利可图；另一方面，在经济发展过程中实施循环经济的社会条件会不断改变，如不仅资源的市场价值会不断提高，而且环境的社会价值也会不断提高，社会对生态环境的保护力度会不断加大，以资源再利用和环境保护为目标的循环经济会逐渐成为一项有利可图的事业，这方面的产业会不断地从原有的产业中分离出来并不断壮大。

循环经济在扩大规模经济的过程中发展，既包括废弃资源排放单位生产规模扩大所产生的大规模资源再利用，如钢铁厂的废钢渣和废热再利用、牲畜集中屠宰中的废弃物利用等。同时，某些废弃物的排放规模达到一定程度，使得通过社会化的专业回收或处理变得经济有利或社会能够承受。另外，将那些产生严重资源浪费和污染环境而又无力进行循环经济生产方式的中小企业在空间上的集中或聚集达到一定程度，从而使得废弃物的处理和资源的循环使用能够达到循环经济的起始规模要求。总之，循环经济的技术经济条件要求，无论是资源的回收、处理和再利用等，都需要以一定的规模为基础，由此我们看到各行业中规模不等的企业之间的循环经济程度往往也是不同的，一般地说，两者间具有明显的正比关系。随着一个社会的生产单位，尤其是中上游物质生产单位的规模在市场竞争和经济发展中不断扩大，社会的循环经济也逐渐加强。

③产业聚集演进中的循环经济

显然，要求所有会产生各种有用废弃物和污染环境的企业都达到循环经济的规模要求并不现实。由于生产方式和市场需求等多种因素的影响，部分企业的规模经济程度较低，甚至受到高度限制。因此，并非所有生产企业都能达到循环经济的规模经济要求。但这并不意味着这些企业无法实施循环经济生产。为解决这一问题，可以将这类分散的企业在区域或空间上集中起来，建立专业化的废弃物回收和污染物治理组织，以实现区域性的循环经济生产。这种循环经济又称为产业聚集中的循环经济。通过这种方式，我们可以促进资源的有效利用，降低环境污染，实现经济发展与环境保护的双重目标。

产业集聚的循环经济有两种主要形式。一种是多个小型生产商，因规模限制无法独立实现循环经济，在空间上集中起来。它们共同配置专业的废弃物利用单位或污染物治理单位，以实现区域内的循环经济和清洁生产。例如，我国很多地区近年来将区域内的“五小”工业企业迁移到专门的工业园区，进行统一的废弃物和污染物的回收治理，成功实现了区域内生产的循环经济。这种集聚效应使得资源得到更合理配置，减少了环境污染，实现了经济与环境的“双赢”。

产业集聚是循环经济的另一种表现形式，它巧妙地将各生产环节的废弃物排放单位与再利用单位在地理空间上集中起来，旨在实现资源的可持续利用。循环经济的核心理念，即将原本被视为废弃物并可能对环境造成污染的排放物转化为可再利用的资源，这显然超出了单个企业的能力范围，或者至少需要企业在规模上无限扩大，以覆盖所有废料和副产品的回收及利用。然而，这将导致生产链冗长，违背了专业化分工的原则。解决这一矛盾的有效途径之一，就是在特定区域内建立资源再利用体系，即将废弃物的排放单位与利用单位在地理空间上有效集中，形成产业集聚。例如，发电厂的余热要想得到有效利用，就需要将那些能够利用余热的单位安排在电厂附近。就像著名的丹麦卡伦堡生态工业园区中的发电厂、炼油厂、制药厂和石膏制板厂之间，通过贸易方式把其他企业的废弃物或副产品作为本企业的生产原料，建立起工业共生和代谢生态链关系，使各种废弃物都得到有效利用，从而节约了资源，保护了环境，提高了企业效益。这种情况说明，产业的地理集中是实施循环经济的最基本要求。只有这样，才能降低资源再利用过程中的成本，使得循环经济方式变得有竞争力而得以生存。

显然，当各产业在空间上紧密集聚时，产业链会变得更长，这不仅有助于降低大量的商品交易成本，而且废弃物的再利用在经济上更具效益，被利用的比例也会相应提高。这样，循环经济的程度也会随之加深。不同产业的集聚程度与循环经济发展水平之间存在明显的正比关系。我们可以观察到，区域经济或城市规模越大，资源的再利用率就越高，污染物的治理率自然也会更高。然而，一些小城镇和乡村集镇的情况却截然不同。除了极少数的资源如饭店的废水等能够得到部分再利用外，各种废弃物和污染物都基本未经处理就直接排放。在我国，乡镇的环境污染程度与城市规模成反比的现象十分普遍。因此，我们应该重视产业集聚和循环经济发展的关系，通过优化产业布局和结构，提高资源利用效率，推动经济持续健康发展。

随着社会经济的发展，各地区产业的集聚程度和内部产业链的完整性也在不断提高。这也意味着，循环经济的程度也会随之不断提高。因此，要想提高一个社会的循环经济程度和生态环境质量，我们应该重点发展大中城市和高度集聚的经济区域，避免小城镇的无序建设。

④分工协作演进中的循环经济

要想在实施循环经济方面实现规模经济和延长产业链，单个企业无法完全满足循环经济的规模要求和产业链要求。因为受到技术、成本等方面的限制，任何生产都会产生程度不同的外部影响。同时，在生产社会化的条件下，不仅生产过程会产生一系列对生态环境不利的外部影响，而且产品的使用也会产生这种影响。例如，塑料包装物造成的白色污染就是这方面最典型的例子。要解决这些问题，就需要通过建立废弃物回收与加工利用体系来实现。这需要建立起覆盖全社会，甚至国际性的专业化的分工协作体系，如德国的双轨制回收系统（DSD）等。这样的资源循环利用的社会化分工协作，可以帮助企业或区域经济做到更高程度的资源循环利用。例如，企业自身消除其产品使用过程中对环境造成的不利影响，或者是回收使用后的废旧产品及其包装废弃物，其成本是任何企业都无法承受的。而依靠社会化的专业分工协作，才有可能做到。专业化分工越细，整个社会生产单位商品的劳动生产率也就越高。同样地，社会化的循环经济也需要更精细的分工协作。受废弃资源的量和技术等方面的限制，一些企业和区域经济体无法对自身产生的废弃物进行有效的再利用。而通过社会化、国际化的分工协作，可以大规模地提高资源再利用的劳动生产率，进而提高资源循环利用的程度。例如，中国作为初级制造业中心，是世界上大部分废旧钢铁、塑料和纸张的再处理中心；法国则是世界上核废料的处理中心之一等。因此，一个社会的专业化分工协作程度越高，该社会的循环经济程度也就越高。例如，在我国改革开放以来的经济发展过程中，随着社会分工协作程度的加强，废弃物的回收利用已经成为一个十分庞大的产业，吸收了上千万的劳动力。

⑤社会进步中的循环经济

社会的循环经济，不仅是在产业发展的进程中逐渐深化的，更是在社会进步的步伐中不断生长的。循环经济事业若能得到社会各界的支持，才有实现的可能。就像之前提到的，能否实施循环经济，取决于它与非循环经济之间的成本收益关系，哪种生产方式能够为厂商或消费者带来更大的经济利益。这种竞争力，不仅取决于市场机制的自发调节成本与收益关系，还取决于人类社会对这方面的认识及采取的相应对策。例如，社会的环境保护意识越强烈，越会加大对环境保护的力度，对那些采用外部不经济生产方式的处罚力度也会增加，或者通过财政和金融手段奖励和扶持循环经济及清洁生产方式，从而增强循环经济生产方式的竞争能力。如果像我国目前这样为稳定物价而人为地抑制石油产品价格，可能会导致石油资源的低效率使用，同时也会打击新兴和可再生资源的利用及其技术开发等，从而阻碍循环经济生产方式的发展。

社会的环境意识无疑是决定循环经济生产方式能否成功实施的关键因素。这一点不仅因为社会政策决策在很大程度上受到社会环境意识的支配，更因为人们的消费选择同样受此影响。如果社会普遍具备资源和环境保护的意识，人们自然会选择那些在循环经济方式下生产的产品，而排斥那些破坏生态环境和浪费资源生产方式下生产的产品。正因为如此，如今的企业，尤其是环保意识日益高涨的西方发达国家的企业，都非常注重自身的环境社会形象，因为这直接决定着它们产品的市场和利润。

显然，随着社会经济的发展，企业的规模、区域经济的集聚程度和社会的分工协作程度等都在不断提高。同样，一个社会在资源利用和环境保护方面的意识和政策也在不断进化。这是因为资源的稀缺程度、生态环境的社会评价值以及人们的资源与环境保护意识等，都随着社会经济发展程度的提高而不断加强。改革开放初期，我国人民的生活极度贫困，同时环境质量也相对较好。那时，人们认为以牺牲生态环境来换取货币性经济发展是一种极其自然的事情，说明我国人民当时的环保意识极其淡薄，环境价值概念被排除在理论分析和政治决策之外。然而，随着经济发展达到一定程度，温饱问题得到解决，人们开始注重生活质量。这时，整个社会才开始关注生存环境问题，逐渐转变以生态环境换取货币性经济增长的意识和做法，甚至愿意以牺牲部分经济发展来换取生态环境的改善。不过，由于发展水平的限制，我国与西方发达国家在生态环境和资源保护的社会意识和政策力度方面还存在着巨大差距。正是这种差距，使西方发达国家得以将受严格限制的污染产业和资源高消耗产业向我国转移。而我国东部又将一些原有的污染和资源消耗更严重的产业向西部地区以及比我国落后的周边国家转移。这种情况说明，工业革命以来的循环经济的发展条件是随着社会经济的发展而不断完善的。由此整个社会经济就是一个循环经济程度不断加强的过程。

在实施循环经济中，国家或政府对资源利用和环境保护的政策无疑居于核心地位。这是因为，无论是企业还是区域与社会，其实施循环经济的成本与收益都在不同程度上受到国家在这些方面政策和法律的影响。例如，国家对资源利用和环境保护的要求程度提高，就会明显增加循环经济中的成本；而国家如果增加对某些资源使用中的政策补贴，如我国对农药和化肥的财政补贴，将降低循环经济中的收益。因此，国家政策对各经济主体是否实施循环经济及其程度起着支配性的作用。为了有效地实施循环经济，政府需要在资源利用与环境保护方面制定相应的政策。在成本方面，政府必须大力降低企业与区域实施循环经济的成本，如通过财政或金融支持，鼓励循环经济的技术创新，对实施循环经济的投资及其运行成本进行补贴或减免税收等；在收益方面，可通过提高各种资源的价格，尤其是公共产品性资源，如水、电、燃料等的价格，以改善实施循环经济生产方式厂商的收益。提高污染物的排放标准或者是较大幅度地提高排污费等措施也是必不可少的。

上述内容说明，循环经济的实施不仅仅是一个技术选择的问题，也不仅仅是微观主体愿意付出努力就能实现的目标，而是需要一系列必要条件的满足。这些条件随着产业的整体演进而逐渐实现。如果这些条件无法得到满足，循环经济就不可能实现。同时也要注意到，在不同的范围内，循环经济的主体对象及其成本效益的内容也会有所不同。当循环经济由厂商完成时（请注意，这并不一定是微观的，如区域和社会范围内由厂商以分工协作所完成的以废弃物排放与利用之间的循环经济，就具有明显的区域与宏观性质），其成本与收益通常以财务现金的形式来表示。然而，当循环经济由政府完成时，其区域和社会范围的成本与收益则不完全表现为财务收支，而是有一部分表现为非财务的，如区域内生态环境质量的改善等。这是因为政府与企业各自承担的社会职责不同，所以循环经济的侧重点也会有所不同。在循环经济的分析中，我们必须将非财务的效益转化为现金流，以便更准确地评估循环经济的价值。这需要我们对不同类型的循环经济进行深入了解和分析，从而为不同类型的循环经济选择合适的实施方式和政策支持。

（3）加强绿色生产中的循环经济

循环经济，作为绿色生产的“尖兵”，在追求可持续发展的时代，其重要性不言而喻。若想实现绿色生产的目标，我们就得充分挖掘循环经济的潜力，发挥其最大的效益。就像之前提及的，循环经济的实施并非一帆风顺，它需要满足一系列的前提条件。并且，不同主体所需的基础条件也各有差异。因此，要推动循环经济在社会中的广泛实施，我们就需要根据不同的主体，采取相应的对策。

对企业而言，循环经济的推行依赖于两大要素：技术和资源价格。技术是企业可以努力突破的要点，然而需要社会化的技术支援。因此，政府应当加强对企业在循环经济技术研发方面的资金与技术支援，并鼓励社会各界的协作。在技术确定的情况下，循环经济的实施效果则取决于资源价格。这既受到资源供求关系的影响，也与政府的调节息息相关。因此，政府应当运用税收等手段来调节资源价格，使企业实施循环经济能够更具效益。

在强化规模经济中的循环经济方面，政府应积极推动企业兼并重组，特别是要通过各类政策激励企业将外部影响进行内部消化，以延伸产业链条，循环经济的实力得以加强。产业在空间上的集聚是循环经济实施的重要条件。在此方面，政府可通过产业园区等形式强化或促进产业间的集群，尤其是那些不具备独立治污能力的中小企业在空间上的集聚，以及存在投入产出关系的企业在空间上的集聚。加强资源回收利用方面的分工协作程度，是更高层次的循环经济形式。这是因为资源的循环利用是一个极其复杂的系统工程，任何单一企业或产业园区都无法独立完成较复杂的资源循环利用，需要整个社会的分工协作。因此，强化循环经济中的分工协作程度对提升循环经济的程度与广度具有重要意义。最后，应特别加强有关循环经济的制度政策建设，强化循环经济的舆论引导，并增强经济杠杆的作用，以推动循环经济的实施。

3.2.4 绿色生产与低碳经济

低碳经济，本质上是一种重要的绿色生产方式，对促进绿色生产具有积极的意义。通过加强低碳经济的实践，我们可以推动绿色生产的发展，为实现可持续发展的目标作出贡献。

（1）低碳经济的含义

随着20世纪90年代中后期，越来越多的人开始关注环境保护和气候变化问题。在这种背景下，低碳经济应运而生，成为一种全球性的运动。其核心理念是减少人类活动中二氧化碳的排放，以减缓全球气温的持续升高。低碳经济不仅是一种能源选择方式，更是一种生活态度和价值观。它强调在经济发展过程中，尽可能地减少含碳能源的使用，提高能源利用效率，同时多使用非含碳能源，以减少二氧化碳的排放。这种理念的实践将带来多方面的益处。首先，它有利于保护生态环境，减缓全球气候变化的速度；其次，发展低碳经济可以促进技术创新和产业升级，推动经济发展方式的转型；最后，发展低碳经济可以提升人民的生活质量，实现可持续发展。在实施低碳经济的过程中，政府、企业和个人都应该承担起自己的责任。政府需要制订相关政策和法规，推动低碳经济的发展；企业需要积极采取措施，降低碳排放；个人也需要从自身做起，减少能源消耗和浪费。总之，低碳经济是一种可持续发展的经济模式，是我们应对全球气候变化的重要途径。

就像在循环经济中工程学与经济学之间存在理解上的差异一样，低碳经济也是如此。从工程技术角度来看，低碳经济意味着减少碳能源的使用量（包括提高碳能源的使用效率），以无碳或低碳能源来替代碳能源。然而，从经济学的角度来看，低碳经济这个过程还需要满足经济学上的收益大于成本的原则。否则，低碳经济在现实中将无法实现，就像提出低碳经济以来，全球的碳能源消耗仍然在增加一样。其原因在于大部分低碳能源仍然无法在经济性上与碳能源相竞争。因此，经济学的低碳经济不仅仅是一种少使用碳能源的能源使用方式，更是一种满足经济性的能源使用方式。如何理解低碳经济也是一个值得考虑的问题。如果我们认为提高碳燃料效率或降低定产出基础上碳排放的行为称为“低碳经济”，那么这个过程其实早就存在了。自工业革命以来，在市场竞争的压力下，提高石化能源利用效率的努力就一直在进行。自20世纪70年代的石油危机以来，这方面的进程更是得到了明显的加强，石化能源的利用效率以极快的速度提高。正是在这种机制的作用下，加上政府和社会公众对环境保护的关注和督促，使得西方发达国家的企业占据了减排技术的制高点，成为他们在当今世界为维持自身利益而要挟发展中国家的利器。对于发展中国家来说，虽然与发达国家相比，单位产出的碳排放量还很高，但在纵向方面，碳燃料利用效率的提高速度还是非常快的。

如果以碳能源在能源总量中的占比下降作为低碳经济的标志，那么这个进程早已拉开了序幕。核能、太阳能等非碳能源在能源结构中的比例正稳步上升。更重要的是，从长期角度来看，石化能源作为不可再生资源，其储量逐渐减少是不可避免的趋势。在市场机制的作用下，石化能源价格上升的趋势也是板上钉钉的事。因此，提高能源利用效率、以非碳能源逐步取代碳能源是大势所趋。由此可以得出，低碳经济是一种自然而然的经济形态，是社会发展的必然过程。要理解低碳经济的真实含义，我们必须回溯到20世纪90年代中后期，当时低碳经济这一概念开始流行。然而，如何解读这一概念呢？其实，低碳经济强调的是通过技术创新、制度创新、产业转型等手段，降低能源消耗和碳排放，从而实现可持续发展。它着眼于长远发展，而非短期利益。低碳经济注重与环境和谐共处，致力于保护地球这个共同的家园。因此，低碳经济不仅是一种经济形态，更是一种生活态度和价值观念。它要求我们在日常生活中注重节能减排、保护环境，为子孙后代留下一个更加美好的家园。

（2）低碳经济与绿色生产

使用碳能源固然能满足我们的能源需求，但同时也会排放大量二氧化碳，可能导致温室效应，对生态环境产生负面影响。从经济角度来看，碳能源的使用成本也相对较高。如果在生产过程中能够减少对碳能源的依赖，既能够降低生产成本，又能够保护生态环境，这正是绿色生产的理念所在。因此，我们应该积极推动低碳经济的发展。然而，就像循环经济需要满足一系列条件才能成功实施一样，低碳经济要在市场经济中得到有效推广，也需要满足一系列重要条件。其中最关键的是，现有的各种低碳经济方式选择必须具有强大的市场竞争力，同时也要确保生态安全和社会稳定。然而，从目前来看，符合这些条件的选择并不多见。

碳排放的减少，是当下社会关注的焦点，为了实现这一目标，有两种主要方式可供选择：一是提高单位碳能源的利用效率；二是用其他非碳能源替代碳能源。这两种方法都可以减少单位产出二氧化碳的排放，但无论哪种方式在现有技术条件下都并不一定经济或环保。首先，提高单位碳能源的利用效率在经济上可能是非常昂贵的。虽然发达国家拥有先进的碳能源利用技术，但这些技术大部分被发达国家所垄断，即使他们自己使用这些技术来提高石化能源的利用效率，在现有的能源价格体系下也是非常昂贵的。而对于需要向发达国家支付高昂代价的发展中国家来说，利用这些技术来减排的成本也就更加高昂。此外，《京都议定书》签署以来，发达国家并未落实协议向发展中国家转让相关的减排技术，这也进一步说明了提高能源利用效率的方式在经济上的不可行性。同时，这种方式在实施过程中是否环保也是存疑的。为了提高能量利用效率而增加减少能量损耗的各种装置，它们的生产和实施过程可能会产生一系列不利于环境的后果。因此，从环保的角度来看，这种方式也并非最佳选择。

综上所述，用其他非碳能源替代碳能源是更为可行且环保的方式。然而，实现这一目标需要付出巨大的努力和成本，需要政府、企业和个人的共同努力和支持。

对于发展绿色生产而言，低碳经济虽然是一种技术经济的选择，但在目前的情况下，它在经济上并不高效，环保上也不一定可靠。因此，我们应该根据自身需求来合理选择低碳能源的使用方式，否则可能会走向事物的反面。太阳能和风能等非碳能源在现有条件下并不具备经济竞争力，而且其供给受气象条件影响不稳定。虽然核电具有经济性和广阔的前景，但其潜在威胁太大，因此各国态度发生了重大变化。水电作为一种“清洁”能源，也并不一定环保，因为电站的建设和河流拦截会产生严重的后果。因此，许多发达国家已经停止建设大型水电站，甚至拆除已建的大坝。从理论上说，太阳能是能够替代碳能源且具有安全性的能源，但目前缺乏经济竞争力和环保性可疑。各国政府需要对此进行巨额补贴，而且多晶硅的生产严重污染环境。因此，在发展绿色生产方面，我们应该根据自身需求来合理地选择低碳能源的使用方式，否则就可能走向事物的反面。

(3) 慎重对待低碳经济

前面的分析让我们了解到，低碳经济仅仅是一种能源选择方式，虽然它是人类社会的发展趋势，但其作用却被一部分人过分夸大。在我国的理论研究和舆论宣传中，不少人将低碳经济等同于绿色生产，认为它是“在经济发展过程中（通过各种手段）尽可能地降低排放，以保护生态环境的生产方式”，或者是“以低能耗、低污染与低排放为基础的经济模式”[24]。有人甚至认为“低碳经济是在人类社会发展过程中，人类自身对经济增长与福利改进、经济发展与环境保护关系的一种理性权衡；是对人与自然、人与社会、人与人和谐关系的一种理性认知；是一种低能耗、低物耗、低污染、低排放、高效能、高效率、高效益的绿色可持续经济”[25]，甚至还有人认为低碳经济是一种新的生产方式。然而，这些理解并不完全正确。低碳经济并不是我们传统理解的形成经济基础的特定形式的生产方式，更不是包括社会制度的经济模式。它只是在现有社会经济技术条件下为减少温室效应做出的技术选择，同时也不是人们想象的那样是一种清洁环保和高效率的生产方式。因此，在低碳经济方面，有几个问题值得我们认真思考。首先，我们需要明确低碳经济的核心是减少温室效应，而实现这一目标需要的是技术进步和政策引导，而不是简单的生产方式或经济模式的改变。其次，低碳经济的发展需要与我们的社会制度、文化传统相适应，不能将其简单地视为一种独立于社会制度之外的经济模式。最后，我们需要认识到低碳经济的发展是一个长期的过程，需要各部门的共同努力和配合。在低碳经济领域，有以下几个问题，希望大家能深入思考。

①“低碳经济”的科学性

降低碳排放或实行“低碳经济”的主要依据是，碳排放会导致大气层二氧化碳浓度升高，进而引发全球平均气温上升，给人类带来严重的负面影响。因此，为了保护我们的环境和地球的未来，我们需要采取行动，降低碳排放并实现“低碳经济”。

不过，正如我们所知，这些所谓的逻辑关系并不是经过严格科学验证的结论，而只是基于近期二氧化碳浓度与气温之间关系的猜测。以如此短暂的时期来确定气温的变化趋势，在科学上是极为不严谨的，有些科学家甚至篡改气象资料来达到目的，这种行为更让人不齿。

尽管数据揭示了二氧化碳浓度与气温上升之间的正相关关系，但要深究是二氧化碳浓度的增加引起了气温上升，还是气温上升导致了二氧化碳浓度的增加，却仍未有明确的定论。气温上升会导致海洋和地表中的碳储存量增加，进而推动大气中二氧化碳浓度的增加。我们也知道，地球的历史气温是不断变迁的。例如，在两极地区，地下蕴藏着丰富的煤炭和油气资源，表明早期的地球平均温度要比现在高出许多。相比之下，现在的气温可能无法维持体型庞大的恐龙生存。因此，地球气温的变化有其自身的规律，人类是否有能力改变气候变化的趋势仍值得怀疑。如果我们将视线投向近代，会发现平均气温的上升并不是一个新近的现象，而是始于大约1万年前。除了500年前的一次小寒潮期外，到工业革命前，人类活动对碳排放的贡献并没有明显增加。然而，平均气温却在稳步上升。这说明气温的上升与人类活动并没有直接的联系。

尽管有人假设碳排放的增加引起了气温的升高，但将这个问题归罪于人类活动未免过于牵强。事实上，通过碳燃料排放的二氧化碳在整体碳排放中占比非常低，只占约4%。这一点足以说明，人类活动在二氧化碳排放中的影响是微不足道的。此外，卫星监测结果显示，碳排放的主要来源并不是预料中的工业发达区域，如西欧、俄亥俄谷或像中国这样的人口稠密地区。相反，二氧化碳来源地竟然是像亚马孙河流域、东南亚和非洲热带地区这样的地方，并不是人类大量排放二氧化碳的地方。这说明，即使碳排放增加是引起气温升高的原因，也是自然界自身活动的结果。同时，人类社会以如此之低的排放比例，却能够非常明显地影响平均气温，显然是缺乏说服力的。这一点在2008年哥本哈根全球气候大会期间揭露的部分科学家篡改和隐瞒气候资料的丑闻中得到了最好的诠释。因此，我们应该理性看待这个问题，不能简单地将责任归咎于人类活动。

退一步说，即使我们暂时认可二氧化碳排放增加会使得平均气温上升这一观点，但其影响速度并不剧烈，我们也要质疑它对人类是否真的会有不利影响，像有些人担心的那样。当然，气温上升确实会带来一些负面影响，如冰川融化、海平面上升，甚至一些地区可能会被淹没，极端气候也会增加。但同时，它也带来了许多积极的影响。例如，气温上升可以提高作物的光合效率，进而增加全球的粮食产量；此外，它还能减少我们在冬季需要用来保温的碳排放。据报道，美国科学家已经就气温上升对美国的影响进行过评估，结果发现带来的利益远大于可能带来的弊端；俄罗斯和加拿大等国的研究结论也同样如此。

对于地球目前变暖还是变冷的问题，科学家们莫衷一是。但如果两种趋势皆有可能，哪一种对人类更为危害呢？无疑是气候变冷。尽管科技高度发达，人类仍然高度依赖自然界的光合作用来维持基本的食物来源。生态学能量转化定律指出，自然界能够承载的人口数量与绿色植物的产出量密切相关，而植物的产出量在很大程度上取决于气温和二氧化碳浓度。曾有历史记载，约500年前的小寒潮时期或"迷你冰河时期"导致人口数量锐减，我国明王朝的覆灭也与之紧密相关。相反，温暖的中世纪带来了欧洲的繁荣。如今，人口数量的持续增长与气温的持续上升密不可分。在人口如此繁多的今天，人类最应担忧的是气温下降。一旦气温转降，人口数量的锐减将无法避免，由此引发的社会政治经济危机更是难以承受。如果气候确实向冷的方向转变，人类虽无法扭转趋势，但增加温室气体的排放或许能减缓趋势的力量。

显然，如果能保持现有的平均气温持续稳定，那自然是最理想的状态。然而，气候史告诉我们，地球的平均气温并不是一成不变的，而是不断转换的。相对于短暂的寒冷冰期，温暖的间冰期占据了地球的大部分历史。在亚间冰期，气候比现代还要温暖，北极的气候甚至比现代高出10摄氏度以上，低纬度地区的气温也高出5.5摄氏度左右。这个时期也是植被茂盛、动物分布范围最广泛的时期。这表明，当代气候的变化仍在地球气候变化的正常范围内，因此我们不必对气温上升的后果过于担忧。

虽然气候变暖的后果可能并没有那么令人绝望，同时人类活动对气候变化的影响也有限，但我们并不反对实行低碳经济来保护环境和实现资源的可持续利用。然而，对于那些为了达到不可告人的目的而制造缺乏科学依据的耸人听闻的说法的行为，我们感到不齿。

②“低碳经济”的目的性

从表面上来看，低碳经济的推动是为了保护环境、减少温室气体排放，但如前所述，这种科学性的存疑以及在此基础上建立的目的性值得我们深入思考。尤其是考虑到这个概念提出的时代背景和针对的对象时，更是如此。有人甚至直接指出，这是发达国家针对后进国家的一种阴谋[26]。

英国率先提出了低碳经济的概念，并在政策上付诸实践，这一举措迅速得到了西欧各国的响应，并逐渐在全球范围内推广。这个阶段，温室效应日益明显，这也是西欧等发达国家经济相对下滑，而新兴国家尤其是“金砖国家”经济迅速增长的时期。对于已经完成工业化和城市化任务的英国等发达国家来说，它们的经济结构逐渐转向以第三产业为主的非物质生产，对碳燃料的需求逐渐减少。在这个相对国力不断衰落和对碳燃料需求持续减少的背景下，如何维护自身的经济利益，同时符合“道德”要求，将碳排放与“温室效应”联系起来，成为它们追求的符合要求的工具，即减排或“低碳经济”。然而，这种看似道德的举措其实并不真正道德。这是因为，即使我们假设碳排放与温室效应存在明显的对应关系，但今天这种结果主要是发达国家在大量使用低廉碳燃料基础上长期发展积累的结果。在当今社会，虽然各种非碳燃料技术有所发展，但碳燃料仍然是最主要的能源供给。历史上还没有哪个国家能够在非碳燃料基础上实现从传统社会向现代社会转换的先例。在人类社会中，虽然先进国家有维护自身相对优势地位的愿望，但追求与发达国家在各方面的平等同样是后进国家的一种权利。如果发达国家不希望降低自己的生活水平，使自己较接近后进国家人民的生活水平，那么有什么权利在自身对全球环境造成严重破坏后却要求不发达国家的人民来承担损失呢？更主要的是，发达国家在自身对环境造成严重破坏而要求发展中国家减少二氧化碳排放的同时，在减排技术转让等方面却对后者设置各种障碍，《气候变化框架公约》和《京都议定书》都强调发达国家有向发展中国家转让相应的先进技术的义务，并且发展中国家每次气候峰会都要求发达国家切实履行协议可至今也没有实质进展。太阳能利用是一种较理想的非碳能源，但当前太阳能发电主要原料的多晶硅生产却会产生严重污染环境的有毒废弃物四氯化硅，这方面先进的治理技术却被垄断在西方少数厂商手中而不愿向太阳能电池最主要生产地的我国企业转让，由此造成我国这方面极大的环境代价，同时他们还利用各种手段对我国的太阳能企业进行限制。

虽然气候环境是全人类的共同财富，需要各国人民共同守护，但我们也应该意识到，对于不同经济水平的人来说，相同的环境价值却有着截然不同的意义。通常来说，环境价值的定量评估是随着人们富裕程度的提高而增加的。举个例子，20 世纪 90 年代，当发达国家的科学家对每公顷亚马孙热带雨林进行价值评估时，得出的价值高达 100 万美元，而当地居民却认为这个价值远低于他们砍伐雨林后种植庄稼的收益，这是他们对雨林的估值。权利与义务的对应关系意味着，那些发展水平较高并对当前环境问题负有主要责任的发达国家，应当承担与他们的发展水平相对应的责任。他们不仅需要努力减少温室气体的排放，更应该帮助发展中国家提高发展水平。只有当发展中国家的经济发展到一定程度，对环境的价值评估得到大幅提升后，他们才会有保护环境的意识和动力。在一个贫富差距巨大的世界里，生态环境是不可能得到真正有效的保护的。因为贫困国家和人民为了生存和发展，必然会采取以牺牲环境换取发展的策略（所有发达国家在发展过程中都曾采取过相同的策略），而生态环境的公共性质决定了全球性环境保护的不可能性。也就是说，不发展才是全球环境的最大威胁。虽然发展中国家在发展过程中可能会增加碳排放量等而损害环境，但这种损害可以通过发展得到弥补，就像发达国家在发展过程中经历的库兹涅茨倒"U"形曲线过程一样。而贫困导致的环境损害则是不可逆转的。因此，只有实现了共同富裕，全球性的环境问题才可能真正得到解决。

虽然现实与理想的差距令人感到遗憾，但我们仍需正视。尽管发达国家的产业结构已经逐渐转向以服务业为主的第三产业，而大部分的耗能型产业也已经转移到新兴工业化国家，如"金砖国家"等，但是，这些发达国家的人均碳排放量仍然是这些新兴工业化国家的数倍，更别提广大发展中国家的碳排放量了。它们的主要能源消耗往往不是用于生产，而是用于维持舒适生活的消费。这其中最具讽刺意味的是，当美国前副总统戈尔在倡导防止温室效应时，他的住宅每月的电费和燃气费高达3万美元，由此产生的碳排放量是美国普通家庭的15~20倍，更是贫困国家家庭的数百倍。如果发达国家的人民能够像发展中国家的人民那样，通过增减衣物来调节体温（就像他们在历史上所做的那样），那么当今世界的碳排放量最起码可以减少约1/3。然而，他们会选择采取这种生活方式来减少温室效应吗？这仍是一个有待观察的问题。

现在，许多发达国家对中国、印度等新兴国家的快速发展感到担忧，他们担心这些国家的消费方式会引发资源枯竭和温室效应等问题。因此，他们试图让这些国家改变生活方式和追求目标，甚至有人提出要限制其发展。然而，这些发达国家并没有正视问题的根源，所以他们的努力注定不会达到预期的目标。实际上，这个问题的根源在于当今世界的两极分化。古人曾说："不患寡而患不均"，这句话至今仍然具有深远的启示意义。在一个存在巨大差异的社会里，低层次的人常常以高层次人的消费方式为追求目标，而高层次的人则会竭力维持这种差异。只要这种差异存在，每个人就会为了实现自己的利益目标而不停地努力。为了消除这种状况，我们必须努力实现相对公平。

③"低碳经济"排放标准的公正性

尽管发展仍是发展中国家面临的首要任务，且碳排放与气温之间的确切关系尚不明确，但为了保护我们共同的家园，防止可能出现的不良后果，发展中国家显然需要承担相应的责任。如同任何责任都与权利相对应一样，发达国家和发展中国家应根据自身在温室效应中的历史责任以及经济发展水平，来确定各自应承担的责任和应享受的权利。

对于不同发展水平的国家在减排中的权利与义务，来自发展中国家的学者和政府代表们，他们主张的观点是什么呢？他们认为，温室效应是发达国家在长期发展过程中大量消耗廉价石化能源的后果，因此发达国家对降低气温效应强度负有历史责任。同时，发展水平较高的国家对生态环境的要求更高，承担能力也更强，因此具有减少温室效应程度的道义责任。然而，发展中国家虽然也负有减排的责任，但不应阻碍经济发展和提高人民生活水平的任务。这些主张显然是合理的，但却又是不完全的。

前面我们得知以西欧为主的发达国家在提出碳减排任务时，其产业结构重心已经转向了非物质生产领域。然而，这并不意味着他们会减少物质产品的消费水平。实际上，这些国家将一些产业转移到了较后进的国家，并从这些国家进口相应的产品来满足自身的需求。现如今，国际分工已经不再仅仅是基于产业，而是基于产业链和价值链的分工。虽然大部分物质产品的生产已经转移到了新兴工业化国家，但其中大部分的价值却被发达国家所占据。以“苹果”IT 产品和耐克鞋为例，这些产品的设计、营销和品牌等高端价值部分都是在发达国家完成的，而低端的生产则由新兴工业化国家完成。尽管如此，这些国家所分享的价值甚至不到 10%，获得的利润份额则更低。从碳消耗或碳排放的角度来看，大部分碳燃料消耗和排放都发生在生产领域，而这些产品的主要消费者却是发达国家的人民。因此，这就产生了一个非常不合理的问题：这些产品产生的碳排放主要发生在发展中国家，尤其是新兴工业化国家；然而，这些产品的主要消费地却在发达国家。在计算碳排放量和进行所谓的碳交易时，却是以碳排放的地域为对象，并以此为依据计算各国碳排放基数和排放总量等。这种做法显然是不合理的，需要我们重新审视和调整。

我国与发达国家之间的碳排放关系在这方面具有典型意义。我国如今被誉为世界工厂，这便意味着我国承担了全球大部分物质产品，尤其是工业品的生产。发达国家将绝大部分日用品的生产转移到了像我国这样的新兴工业化国家。之前美国曾做过一个“离开中国产品是否能够正常生活”的实验，就充分证明了这一点。这也形成了所谓的“中国生产”而“美国消费”的现象。作为加工型“世界工厂”，我国是一个“大进大出”的经济体系。这意味着我国从国外进口原材料和石化能源，然后出口制成品。这种地位决定了我国是全球碳排放量最高的国家之一，但并不是这些产品的最终消费国。由于这种性质的产业转移仍在继续，而且大部分是重化工业（轻纺工业开始由我国逐渐向越南等次新兴工业化国家转移），同时大部分产品属于中低级产品，因此决定了我国的碳排放量还会有较大增长。但需要清楚的是，其中相当部分是由发达国家转移过来的，我国只是“代人作嫁”。如果在碳排放的计算中要体现公平与公正，那么碳排放的计算就不应以地域的排放量为对象，而应该以产品的最终消费地为对象，从产业链的整个过程来计算。这种性质的计算在技术上已经不是问题。

显然，如果以消费地作为碳排放计算的对象，那么各国的碳排放基数会发生重大变化。新兴工业化国家的碳排放基数会大幅下降，而发达国家的碳排放基数则会大幅增加。因此，在推行低碳经济时，必须坚持受益与责任的原则。不仅需要根据历史责任、经济发展水平、市场责任、生态保护道义责任等原则来确定责任，还需要考虑碳排放最终受益的责任。只有这样，才能真正体现利益与义务相适应的公平原则。我国在实施政策时需要特别慎重，必须根据我国的社会经济发展目标来制订合理的减排计划，确保在国际碳博弈中实现利益与义务的平衡。

（4）大力推进绿色生产中的低碳经济发展

尽管我们对低碳经济存在一些质疑，但我们不仅不应该反对，反而应该积极加强其发展。不论当前的政策是否推行低碳经济，从长远来看，低碳经济都是我们不可避免的选择。这个过程可能已经开始了，如水电、核能、太阳能发电等非碳能源的开发已经有了数十年的历史。最终，人类社会将走向“无碳经济”。自资本主义以来，每次重大的技术变革都是以能源形态的变革为开端的，如从早期的水能到煤炭再到石油和核能。为了在下一轮能源革命中占据有利地位，我们必须加强这方面的努力。另外，我国是一个人均碳能源资源短缺的社会，从国家安全和有效利用资源的角度考虑，实施低碳经济政策也是必要的。即使没有充分的数据来证实人类碳排放与气温升高之间的必然联系，作为一个负责任的地球成员，从谨慎的角度来看，我国也应该承担起相应的减排责任。低碳经济在一定程度上符合绿色生产的要求，或者说与绿色生产是一致的。因此，为了加强我国的国家利益，各方面都需要我们积极实施低碳经济。

在众多低碳经济的方式中，有一些因为技术条件的限制而难以满足绿色生产的需求，如大型水坝的建设。还有一些方式存在潜在的风险，如核能。另外，一些方式在目前市场上缺乏明显的竞争力。因此，在使用低碳经济来满足绿色生产时，必须格外谨慎，否则可能会事与愿违。

显然，目前最有效降低碳能源消耗的方法是提高碳能源利用效率，这不仅符合绿色生产的要求，还保持上升趋势。因此，加大这方面的技术研发投入是绿色生产的重要方面。同时，我们还要加强碳能源利用中的节约，这将成为降低碳能源消耗的重要途径。例如，通过增减衣物来调节体温，就能减少碳能源的消耗，对绿色生产和低碳经济产生巨大贡献。因此，我们应该从多个方面入手，共同推进绿色生产和低碳经济的发展。核能，理论上是一种极具潜力的低碳能源，具有替代碳能源的可能性和经济性。然而，福岛核事故的警示让我们明白，核能利用需要谨慎行事，除了加强安全方面的研发外，安全管理与社会监督也至关重要。与此同时，太阳能作为最具发展潜力的能源，虽然前景广阔，但在降低生产成本、解决生产过程中的污染问题以及保证能量稳定供应等方面，仍需我们付出巨大的努力。在利用水能方面，如何平衡环境保护与获取能源的需求，一直考验着人类的智慧。从我国目前情况来看，水能源开发过程中对生态环境保护的忽视已经非常严重，因此加强水资源利用中的生态环境保护，是绿色生产在利用低碳经济方面一个值得特别重视的方面。

3.3 绿色生产与其他因素的关系

绿色生产的顺利进行离不开系统整体的协助，更离不开其他子系统的鼎力相助。研究这个系统整体以及各子系统与绿色生产之间的关系，对于绿色生产的正常进行至关重要。而在我们利用水能的过程中，如何巧妙地平衡环境保护与获取能源的需求，无时无刻不考验着人类的智慧。就我国目前的状况而言，水能源开发过程中对生态环境保护的忽视已经非常严重。

因此，加强水资源利用中的生态环境保护，成为绿色生产在利用低碳经济方面一个必须重视的方面。

3.3.1 绿色生产与消费的关系

我们首先探讨消费与绿色生产之间的联系，是因为消费是生产的终极目标，它主导了生产什么以及如何生产。当消费者倾向于绿色产品时，必然会驱使厂商转变生产方向，朝绿色生产发展；相反，当消费者过分注重人情往来的社会形式时，过度包装则成为必然趋势，而由此产生的废弃物也会大幅增加。因此，要成功推进绿色生产模式，就必须有与之相匹配的绿色消费观念。

（1）绿色消费模式

消费模式，在某种程度上，是人们消费行为的规范和准则，它不仅受到生产力水平和生产关系的制约，也受到社会价值观的引导和影响。它涵盖了消费领域的多个方面，如消费水平、消费结构、消费方式等。这些方面相互关联、相互影响，构成了消费模式的有机整体。消费模式不仅反映了消费行为的量的规定性，更体现了消费领域的质的规定性。它是对消费行为进行社会价值判断的重要依据，同时也是国家对消费行为进行正确引导和调节的重要手段[27]。因此，消费模式不仅应该符合客观规律，也应该体现国家对消费的基本政策和指导方针。这样才能够更好地引导和调节人们的消费行为，促进社会的可持续发展。

绿色消费模式是一种以可持续发展理念为核心，以实现人类长远利益为目标的消费方式。在确保生产力持续发展的基础上，我们应该合理调配资源，寻求生态产品与生态资本的最大产出和投入效益。同时，我们需要调整生产关系，使其适应生态消费或绿色消费的需求。在社会的倡导和政策的引领下，我们应该使消费活动的各个方面，如消费行为的程序、规范和特质等，都符合生态消费的要求。绿色消费模式涵盖了反映人类对社会伦理决定消费行为、消费倾向、消费结构、消费品选择和消费方式的认识。

人的消费行为及其实践，受到伦理观的深刻影响，因此才导致了不同文化伦理社会之间人们在消费选择上的巨大差异。对于绿色经济来说，消费伦理主要包括人们对自身与生态环境之间关系的认识、人与人之间消费关系的认识、消费与储蓄关系的认识以及消费支出结构的认识等内容。对于人与环境关系的认识，是绿色经济消费模式的核心。传统伦理观将人视为自然的征服者，在消费中必然追求不断增加那些会消耗大量资源和破坏环境的物质产品，最终导致经济发展的不可持续性。而绿色伦理观则将人视为自然界的一分子，促使人们保护环境、节约资源，在消费中选择那些符合环保要求的产品等。绿色伦理的产生，其中一个重要原因就是在生态环境变化的压力下，人类伦理和行为发生改变的结果。当然，一定的伦理观念，尤其是消费伦理及其行为，既是环境变化的产物，也是消费水平变化的产物。随着生活水平的提高，原来片面的消费需求会趋向全面，因而原来被忽视的生态需求会重视起来，同时也会重视自身的生存发展，促使人们重视生态环境保护。正由于一定的消费伦理与发展水平和消费水平有关，因而才会产生发展程度不同的国家之间在对待自身与环境关系上认识的差异。

消费伦理在消费模式中占据着核心地位，它涵盖了人与人之间的消费关系，对社会公平观念及实践有着决定性影响，同时也决定了人们在实际过程中的消费取向与消费支出等内容。如果消费伦理倡导人们之间的消费应相对平等，那么高收入者的消费倾向就会比低收入者低，两者在消费结构等方面也会比较接近；如果认为消费应该与个人的收入或能力一致，那么消费倾向就会一致，但消费行为与消费结构的差异则很大。因此，正确处理人与自然及其自身内部的关系，保护好生存的摇篮，建立起符合公平要求的消费方式绿色消费行为，就是人们的一切消费活动，即消费者的行为方式、方法、行为过程及其变化等都受生态意识的支配。

所谓生态意识，苏联学者 B. 基鲁索夫在《生态意识是社会和自然最优相互作用的条件》一文中，提出生态意识是根据社会和自然的具体可能性，最优地解决社会和自然关系的观点、理论和感情的总和。生态意识的形成，来源于人们对以往人类活动中违反生态规律带来的严重后果的反省，来源于对现存严重的生态危机的觉醒，来源于对人类未来发展的关注及对后代的责任感，来源于对地球生态系统整体性的认识等。生态意识具有这些特点："全球意识"或"地球村"意识，它提醒人们，全世界各国人民是生活在同一个地球上的公民，生态保护是全人类的共同利益，同时地球上的所有生命形式都是人类的伙伴和朋友，它们的生存应该受到人类的尊重等。生态意识的主体是人和社会，它的客体是人与自然的关系，它所反映的是对象的整体性和综合性，所强调的不是单个自然现象的联系，而是各种自然现象以及作为"人—社会—自然"复合生态系统的相互联系与相互作用，并充分考虑该系统的多样性和差异性。它关注长期性的生态意义，更着重于未来，即它在反映人与自然的关系时，要求不仅注意自然界变化以及人与自然变化的最近结果，而且特别注意这种变化的长远结果。从它反映社会存在的方式来看，生态意识的产生不受过去理论结构的限制，它是人类在人与自然关系上认识的重大突破。从它反映的目的来看，生态意识有更鲜明的意识形态特点，如传统意识形态强调人对自然的改造，无限制地利用自然，而生态意识则强调要限制人的这种努力，认为人类利用和改变自然应该有一个限度，超过这个限度将会导致生态潜力的破坏，而生态潜力是经济潜力的基础，它一旦被破坏，任何经济制度都不可能保持它的稳定性，所以必须将人类对自然的利用和改造限制在一定范围内。

生态意识从产生以来，已经对人类的行为方式产生了重大影响并已进入伦理价值的范畴中，如破坏生态环境和滥捕野生动物，被认为是一种极不道德的行为，保护生态环境正成为全社会人们生活和工作中的日常守则，同时影响到各国政府、企业和个人的战略制定及其行为。受生态意识决定的绿色消费行为，也就是人们在消费过程中的行为方式、方法，行为过程等一切活动，都必须体现生态意识的内容和要求，即必须具有"共同、整体、有限、发展"的特点与要求。

作为"共同、整体、有限、发展"生态原则的体现，我们要求每一位消费者在消费过程中，都要充分尊重生态环境和自然资源的公共性和整体性。在消费行为中，我们应该从整个系统循环的角度来认识和对待自己的消费活动对地球生物圈的影响，而不是仅仅局限于一时一地的视角。一些看似对生态环境有利的行为，从局部来看确实是有益的，但若从整体角度审视，却可能对生态环境造成极大的损害。例如，使用化学方法治理污水，虽然使污水得到了洁净，但大量使用化学制品却可能导致更严重的污染。这是因为化学制品与污水中的有害元素结合后，产生的残余物难以用当前经济有效的方法去除，所以从系统循环的角度看，它很可能会造成更严重的环境污染。“有限”的原则提醒我们，对各种物品的消费都应该有所节制，不应超出维持人正常再生产所需的生理与生态需要。超出这个范围不仅对人本身无益，甚至可能对生态环境造成严重损害。因为地球村的资源供给和对污染的容纳能力都是有限的，只有节制自己对消费的欲望，尤其是物质产品消费的无限欲望，才能够与地球的承载能力相一致，才能够实现人类的可持续发展目标。“发展”的原则敦促我们根据生态环境和技术条件的变化，不断地调整自己的消费行为，包括消费伦理的变化。在消费中，我们不仅要考虑自己以及当代人的福利，还要考虑整个社会和后代人的福利。生态经济学和可持续发展经济学与传统经济学最大的区别之一，就是对社会最大福利或资源优化配置标准认识的不同。

绿色消费，旨在满足人们的生态需求，同时保护生态环境和节约资源。在购买产品时，我们应选择那些符合自身生理和生态需求，且对环境影响最小的产品。比如选择步行或骑自行车等绿色出行方式，代替驾车以节能减排。

绿色经济的消费需求，需要人们将消费需求控制在自然资源和生态环境能够承受的范围内，不破坏人与自然的和谐发展。同时，各种需求应相互协调，符合社会伦理道德。在技术条件一定的情况下，应将人们对物质产品的需求控制在自然资源和生态环境能够承受的范围内，不破坏人与自然的协调发展，同时各种需求应协调发展，并且必须符合社会伦理道德。

绿色经济要求人们在消费过程中节约资源和保护环境，如尽量减少那些会大量消耗资源和破坏环境产品的消费，选择的产品不会对消费者造成伤害，在消费和生产过程中不会对生态环境造成大的损害，消费品残物的处理有利于资源的再利用最终向自然界排放的残留物最少，或者能够自然降解而不会对环境造成严重伤害。人们在消费过程中，应根据自己的实际需要进行消费，不浪费消费品，而不应像目前随处可见的实际消费的产品数量远远超过合理需要量，在过多消费造成身体肥胖和各种疾病后，又花费巨资来减肥与治疗，或在消费中大量使用严重消耗资源的一次性产品等那样。

绿色经济的消费应该是理智的、节约资源和有利于保护环境的、结构是均衡的、支出是合理的等。这意味着符合绿色经济要求的消费模式，应该引导生产方式和流通方式向绿色经济的方向转变。绿色经济消费模式应能为绿色生产发展提供内在的动力和为其提供符合需要的劳动力。

（2）生态需要的满足是绿色消费的重要组成部分

生态需要是人类三种基本需要中的重要组成部分。当前，人类社会存在一个重大缺陷，即物质消费相对过度，导致生态需要满足不足。因此，提高生态需要的满足程度成为发展绿色生产的重要任务。

生态需要是人类为了获得持续生存和满足发展需要等方面的内容而产生的对生态产品的需求。生态需要分为狭义和广义两种。广义的生态需要包括人类为满足自身生存和发展的所有需要，因为人作为物质、精神社会与生态（狭义）“四位一体”的生态系统，四种需要都是维持人这个生态系统必不可少的有机组成部分。

生态需要的本质是维系人的内在平衡及其与生存环境之间的稳定生态关系，以保证人类的持续生存和实现人类的最大福利。狭义的生态需要则是除物质需要、精神需要和社会需要外的那部分生态需要。

如同任何需要都是通过对特定产品的消费实现的一样，生态需要同样是通过消费生态产品来实现的。生态产品不仅包括那些可见或可直接感觉到的由自然界自然生产的产品，如空气、水、自然景观、生活和生产中的空间大小等；而且还包括许多无形或不能直接感觉到的生态产品，有些内容可能只有我们的灵魂才能感觉到，如对构成完整生态系统或生命之网的依赖等。

人是自然的产物，灵魂源于自然。因此，只有在自然中才能得到真正的安宁与幸福。人类灵魂归宿的自然条件的任何骚动，轻则会引起人类灵魂的不安，重则会导致人类的毁灭。因此，要实现人的幸福，就必须维持人生存的生态系统的完好性。

此外，生态需求还具有以下三个方面的特点：第一，生态需求具有显著的公共性，即没有明显的排他性，或者可以说排斥的成本过高。正如在面对大气污染时有人指出的那样，无论穷人还是富人，他们呼吸的空气是一样的，这就说明了这种公共性。生态需求的公共性说明，生态产品供给的大部分必须由社会中心或公共财政来满足。例如，生态需求中对洁净空气和水的需求、对良好景观的需求、对浓厚文化氛围和社会关系的需求等，都不是通过狭隘的市场能够完全提供的，而必须通过范围不等的社会，如居住小区的生态景观、文化氛围和社会关系等，必须由小区内的所有居民和物业管理者的共同行动来提供；一个城市的生态产品需求则须由政府和各种社会性组织来提供。正因为如此，保护生态环境、增加生态产品供给，不仅是每个人的义务，而且是政府的主要职责。生态需求的公共性决定了政府和各种社会性组织是生态产品的最主要供给者。由于生态需求既是基本需求，又属于高级需求，因此在经济发展过程中，社会对生态需求满足程度的要求不断提高，各级政府用于满足生态需求的支出比重也不断提高，这正是当今各国政府正经历的情况。第二，生态需求的满足具有很强的外部性，即除自己得到满足外，还能给其他人带来生态需求的满足。例如，人们美化自己的庭院，能给邻居带来很大的满足；江河流域进行防止水土流失和美化景观的植树造林，会极大地改善下游地区人民的生态需求状况；城市小区美化环境的行动，会使整个城市的人们因生态环境改善而受益；一个国家改善空气质量的行动，像我国为减少硫、氮化物排放的洁净空气行动，会改善世界的空气质量，从而对世界性生态需求的满足作出贡献。这种情况同时还说明，生态产品的生产也具有明显的外部性。人们种花养草不仅可以给自己和他人带来美感，而且能够改善生态环境，如给昆虫提供了食物、净化了空气等。自然，有时生态需求的满足也具有明显的外部不经济性后果，如使用空调制冷和制热而使自己生活舒适，对能源的消耗会产生各种污染；清洁活动中产生的垃圾会对垃圾堆放地的环境产生严重的破坏等。一般地说，生态需求的外部经济性要强于其外部不经济性。第三，生态需求的消费具有极强的可持续性。因为生态资源或生态资本对生态产品的生产具有持续不断的再生产能力，只要对它的消耗不超过这种能力，它就能够不断地向人类提供生态产品，在此过程中往往还具有自我增殖能力。所以生态消费对生态资本或生态资源的损耗很小甚至还会在此过程中增加生态资本的积累使后代人受益。

（3）绿色生产与绿色消费

绿色消费模式与绿色消费的内容揭示了一个相互促进的秘密。为了推动绿色生产，我们应当倡导绿色消费；而要实现绿色消费，又必须大力发展绿色生产。绿色消费是绿色生产的终极目标，而绿色生产则是实现绿色消费的不二法门。正是这两者之间的相互促进，才使得绿色经济得以不断再生产。在这个过程中，我们需要将这种相互促进的效应发挥到极致，才能更好地推动绿色经济的发展。

在现实社会中，我们无法做到完全理性消费，因此我们的实际消费行为与绿色消费模式之间存在着巨大的差距。例如，当前人们对一次性消费品和塑料包装品的使用，虽然它们对当前的生产有着巨大的推动力，但是它们引导的生产运动方向显然是不可持续的。为了实现生产与消费之间的良性循环，我们需要对消费过程进行适当的引导，使其符合绿色经济的要求。这意味着，自发的消费伦理并不能完全满足绿色经济的要求，尤其对于我们这样一个发展中国家来说更是如此。当前我国的消费伦理和消费行为过度追求物质消费需求，如食品、汽车、家用电器、住房等，大量使用一次性消费品和塑料包装品，对消费品的选择与使用而不注意它们对环境的影响，在日常行为中也不时地破坏环境，如随地吐痰、乱扔废弃物、在公共场合吸烟等，这些明显不符合绿色经济的要求。这说明，个人的消费行为与消费模式需要社会中心或政府对消费伦理与消费行为进行调节和引导。例如，通过舆论宣传使人们更客观地认识自身与生态环境和资源的关系，将传统的两者对立的认识转变为两者和谐的认识，建立起破坏环境和浪费资源是一种犯罪，保护环境和节约资源则是一种高尚美德的行为观念；对人们的日常消费行为进行规范，使其符合社会的道德和环境标准；在政策上对那些在生产和消费过程中会破坏生态环境和消耗不可再生资源的产品征收较高的税收，或者通过法律与行政手段进行严格限制或取缔，对那些符合绿色经济要求的产品生产与消费进行鼓励等。这些措施会对人们的消费伦理和消费行为产生明显和积极的影响，使社会早日建立起与可持续发展要求一致的消费伦理与消费行为。

要让消费符合绿色经济的要求，并成为推动绿色生产的动力，需要不断扩大消费需求，同时转变消费取向和消费结构。具体而言，就是从过去以物质消费为主转变为更加注重精神文化消费和生态消费。在消费结构上，逐渐减少物质消费的比重，增加精神文化消费和生态消费的比重。这样不仅可以减少对自然资源的消耗和对生态环境的压力，还可以使消费结构更加合理，满足人们日益增长的精神文化需求，同时符合绿色经济对劳动力的要求，推动经济的可持续发展。

要实现这个目标，需要社会和政府的引导和调节。随着整个社会环保意识的不断加强，对企业生产的环境监督力量也在不断增强。企业需要更加注重环境保护和可持续发展，因为这不仅关系到它们的社会形象，而且关系到它们产品的社会接受度，从而决定着它们的命运。

随着人们对健康的关注和绿色消费的兴起，人们开始关注产品本身的安全以及产品生产过程和最终废弃处理过程的环境安全。因此，企业需要不断进行产品生产工艺和对象的转换，以满足消费者的需求并符合环保要求。随着市场对绿色有机产品的需求不断增加及其价格水平的不断提高，许多企业开始转向绿色有机产品生产，市场上出现了大量的绿色有机认证产品。

我们明白，虽然满足人们合理的物质需求一直是社会追求的目标，然而当我们换个角度看待当前物质消费的现状时，会发现有些消费已经超出了合理范围。这种现象在发达国家中尤为明显，例如，减肥和治疗相关疾病的支出可能已经超过了食品支出，而美容方面的支出更是令人惊讶。许多非一次性消费产品在它们的使用寿命结束之前就被丢弃或替换，这导致了严重的资源浪费和环境损害。因此，适当控制物质产品消费，树立合理、适当的物质消费观念，是绿色消费的必然要求。

显然，节制物质消费并不意味着要降低消费水平或生活质量。相反，它是要提高个人和整个社会的消费水平与消费层次。要实现这个目标，一个有效的方法就是增加精神文化产品与生态产品在消费中的比例。从需求层次和消费层次的理论来看，相对于精神文化与生态消费，物质消费特别是那些消耗大量资源的满足基本生活需求的物质消费是一种较低层次的消费需求。而精神文化与生态产品需求则属于较高层次的需求。因此，促进精神文化与生态产品的需求不仅有助于改善消费结构，同时也是提升消费层次的重要举措。

更重要的是，这些产品的生产消耗的资源少，而且有助于绿色生产和资本积累。无论是精神文化产品还是生态产品都是如此。对于生态产品的生产与消费来说，生态需要的满足具有强烈的公共性、外部性与可持续性。因此这些产品的生产与消费不仅能够促进绿色生产，同时也符合绿色经济的人文关怀与自然关怀的要求。这在很大程度上是与资本积累，尤其是绿色资本积累过程相一致的。也就是说，这些生产甚至包括消费本身就是绿色资本积累的过程。因此，促进生态需要的满足是绿色生产、绿色消费与资本积累相统一的过程。

精神文化产品的创造与享受也有着与之相似的特点。这是由于相当一部分精神文化产品具有可复制性，既具备显著的公共性和外部性，同时也具有可传承性。传承性象征着一个社会的资本累积，而公共性和外部性则能够实现公平消费的绿色发展需求，弘扬人文关怀的基本精神。更重要的是，精神文化产品的消费不仅是一种高层次的消费满足，而且在它们的生产过程中消耗的自然资源较少，也不会产生对生态环境有害的废弃物排放。同时，无论是生产过程还是消费过程，都有助于提高劳动者的劳动能力，也是一项重要的人力资本积累过程。因此，积极满足人民群众的精神文化需求是绿色生产极为重要的一个方面。由此可见，只有积极倡导绿色消费，绿色生产才会有足够的动力；同时，只有大力发展绿色生产，绿色消费的需求才能得到有效满足。由此，绿色经济的目标才能得以实现。

3.3.2 绿色生产与分配的关系

分配关系是社会生产关系的核心体现，它不仅连接着生产与消费，还在社会经济中扮演着至关重要的角色。绿色生产需要以绿色分配为基础来支撑。这是因为对生产要素和资本积累比例的合理分配，能够决定绿色生产的规模、结构及其运行效率；而对收入的公平分配则能够确保绿色生产的产品能够正常实现，并满足再生产过程正常运行的基本条件。因此，绿色生产的发展离不开绿色分配功能的充分发挥。

（1）绿色分配的内涵

绿色经济的分配内涵丰富多样，涉及产品在消费与积累之间的均衡、不同要素所有者之间的公平分配、各要素所有者内部之间的协调、不同形式资本补偿与积累形式的合理安排、不同区域之间的收入分配与要素分配的平衡以及不同产业之间的资源分配的优化等。为了符合绿色经济的要求并促进绿色生产的发展，我们必须关注消费与积累的关系，并正确认识人力资本投资的重要性。

在传统观念中，积累仅指物质积累，而将人力资本投资视为消费。然而，现代社会中人力资本，尤其是知识资本占据了主导地位，因此其在分配中的比例不断上升。为了避免认识上的分歧，我们可以将消费限定为非知识资本型的单纯性消费。

在绿色经济中，消费与积累之间的关系应该是"双赢"的。人们的消费水平应该不断提高，同时积累也应不断增加。由于当前资本积累的重心日益转向人力资本（包括大部分知识资本），而人力资本的积累本身就是一种消费过程，因此从广义消费看，消费与积累是可以得到很好统一的。

此外，对于一些生态产品，如生态景观等产品的消费也具有同样的效果。在实际过程中，积累与消费的分配关系在很大程度上取决于产品在不同要素所有者之间的分配方式和分配结果。在物质资本占主导地位的社会生产中，资本所占的份额会较高，从而积累的比例会较大。然而在现代社会中，人力资本尤其是知识资本占据主导地位，所以其在分配中的比例不断上升，资本积累的重心也向其倾斜。

绿色经济，它是我们在处理各要素间的分配关系中诞生的。在经济发展过程中，每个要素都应得到与其作用相一致的份额。同时，我们也要充分考虑到公正与公平。特别是在产品的再分配过程中，这是我们更需要注意的关键。如果初次分配以效率为取向，那么再分配则应以公平为优先。当然，公平的程度不能对效率造成太大的损害，否则会削弱绿色经济的能力，这是我们不愿看到的。

产品的分配结果，不仅仅是一个公平与效率的问题，它还决定了社会产品能否正常实现，以及社会在特定的经济规模基础上能获得多大的福利。通常，更高公平程度的分配结果能带来更大程度的社会福利。这是因为“不患寡而患不均”是现代的一种共同现象，所以更高公平程度的分配结果有助于提高一定产品基础上的福利水平。

分配比例关系不仅决定了在一定产出基础上的福利水平，而且决定了社会产品能否得到正常实现。这是因为商品需求结构是由产品在不同所有者或不同收入水平人们之间的分配结果或比例所决定的，而不同收入层次人们之间的产品需求是不同的，所以产品在不同收入人们之间的分配比例决定着产品的实现程度。如果由分配比例决定的需求结构与生产结构不一致，就会导致产品实现的困难，就可能引发经济危机，使生产无法正常进行。

在实现规模积累后，我们需要合理调配各种形式资本的比例关系。这种比例关系的协调与否，直接关系到已有资本能否被高效利用。若比例失衡，可能导致资本无法被有效利用，对绿色经济造成损害。因此，确定不同形式资本间的分配比例至关重要。当然，这种比例并非一成不变，它会随着经济条件的变化而改变。在传统工业经济向知识经济的转型过程中，人力资本和知识资本在资本总量中的比例将逐渐提高，相应地，它们在总产品中的份额也会增加。

要满足绿色经济的要求，我们还需要处理好产品分配和资本积累在各产业部门与区域间的分配比例。这是实现经济均衡发展、实现社会公平公正的关键条件。对于产业结构和区域结构的资源配置比例而言，其均衡与否同资本积累在各种形式资本分配上的比例关系一样，都受到系统“最小限制律”的作用。

对于它们之间的产品分配而言，不仅关系到经济比例的协调，还关系到社会公平与公正，关系到社会的稳定和民族的团结。虽然在此方面，公平与效率之间存在一定的矛盾，如过分追求公平可能会牺牲效率，但如果忽视公平同样也会牺牲效率。因为这会导致低收入和高收入的人们劳动时间的减少，以及低收入者进取心的丧失等，这些都可能降低宏观效率，而产生的社会对抗更是对效率的最大威胁。因此，公平与效率之间既存在矛盾，但又相互统一。绿色经济的分配方式就是要正确处理两者间的关系，使公平与效率得到较好的兼顾。

（2）绿色生产与绿色分配

绿色经济中的生产与分配，讲求的是产品分配与绿色生产之间的和谐发展。为了实现这一目标，我们需要确保公平与效率的完美结合。这是因为公平不仅是绿色经济中人文关怀的重要体现，也是实现绿色生产与绿色消费的重要保证。如果产品分配不公平，就会存在为了经济利益而破坏生态环境的机会，从而导致生态环境的破坏。同时，对于贫困人群来说，他们更注重产品的数量而非质量，对生态环境价值漠不关心，因此也忽略了生产过程中的环境保护和人身安全。对产品是否有害健康的忽视，也导致了假冒伪劣产品的泛滥。

在经济发展达到一定水平后，部分人开始追求高价的有机绿色产品，但假冒伪劣产品仍然屡禁不止。这是因为我国产品分配中存在日益严重的两极分化。对数量的过度追求，还会导致化肥农药的大量使用等反绿色生产行为的泛滥。贫困是对生态环境的最大威胁，也是绿色生产的最大阻力。

传统的绿色生产因此被以石化产品投入为代表的“灰色生产”所替代。因此，在一个两极分化的社会是不可能建立起绿色经济的。

为了解决这个问题，加强产品分配的公平是建设绿色经济的根本保证。在这方面，除了促进市场机制作用下的资本积累作用外，社会中心或政府也必须积极介入产品分配过程，以保证收入分配的相对公平，从而为绿色生产提供必要的社会条件。通过市场机制和一定的收入分配，促进资本积累的加强，也是促进绿色生产的重要方面。因为资本积累是促进社会共同富裕的有效手段，同时也是绿色生产的物质基础，所以通过分配加强资本积累，也是促进绿色生产的一个重要方面。通过合理地调节要素和资本积累在满足三种需要前面的分配比例，对绿色生产的作用显然是极其重要的。相对于物质产品生产来说，生态产品与精神文化产品的生产不仅对资源的消耗更少，而且有助于生态资本与知识资本的生产与积累，是一种更加绿色的生产。同时对物质产品的生产来说，合理的要素分配与资本积累，也是绿色生产的必要前提。因为在物质产品生产中，也存在资源在什么产品间分配的问题，同时绿色生产的实施需要必要的资源投入，如将资源投入绿色生产技术的研发与生产组织，就能有效地促进绿色生产，所以加强生产过程的资源分配是保证绿色生产顺利进行的物质基础。

调节区域间的收入分配关系，是促进绿色生产的关键一环，同时也是实现公平与效率相统一的客观要求。在生态环境基本矛盾的作用下，不同区域之间的人们对生态环境利用或保护方面的利益与成本存在不一致，这不利于生态环境的保护。例如，上游地区保护生态环境需要付出一定成本，但从中得到的利益相对有限，而大部分利益被下游地区所享有。同样，上游地区破坏生态环境的主要受害者也是下游地区，虽然从长远看对上游地区也会造成损害，但这种损害与从中得到的利益相比是小的或较小的。如果下游地区希望上游地区保护好当地的生态环境，降低对自己造成的不良后果，它就必须对上游地区因改变行为所遭受的损害进行补偿，并且必须使其因此得到的利益大于原来的行为利益，同时还必须保证两者之间的收入差距不至于太大。因此，实现区域之间分配关系相对合理，是保证绿色生产能够正常进行的必要条件。同时，绿色生产也能够更好地改善绿色分配关系。这不仅因为绿色生产能够满足社会绿色需求，在一定程度上决定了社会的分配结构与消费结构，从而促进绿色分配与绿色消费；更主要的是绿色生产作为一种代表社会发展方向的生产方式，具有更高的经济效率，从而这方面的生产会带来更高的收益，提高从事绿色生产的人们在收入分配中的比例；同时，绿色生产是一种比传统生产方式具有更高人文关怀的生产方式，因而这种比例的提高自然会更好地促进分配关系的改善。因此，如同绿色分配能够有效地促进绿色生产一样，绿色生产也能够更好地促进绿色分配。

3.3.3 绿色生产与交换的关系

交换作为再生产的关键环节，对绿色生产的推动作用至关重要。它的重要性不容忽视，是实现可持续发展的重要一环。

（1）绿色经济交换方式的内涵

在再生产过程中，交换是至关重要的环节。它是社会分工基础上各经济主体之间形成的社会联系形式，包含商品交换方式、价格形成机制、结算方式等内容。分工协作创造的财富之所以大于各生产单位独立创造财富的总和，其中一个重要原因就是其特有的交换方式。这种交换方式以商品交换的方式将系统中分散的各部分连接起来，形成一个有机的整体，从而产生出系统效应，增加社会财富。这个效应的大小与商品交换方式的形式及其组织等有着密切的关系。

交换方式不仅是连接生产、分配与消费的纽带，还决定着再生产其他几个方面的功能和状况。它涵盖了产品的交换，也包括要素的交换以及商品与货币的交换等。绿色经济的交换方式更是强调了通过交换方式产生的系统效应达到尽可能得大并且符合绿色经济要求。这意味着要满足商品流通有序高效、商品价格与价值基本相等、生产与需要一致、正确引导生产与消费、平衡市场供求、市场交换公平与公正等条件。由此可见，作为连接生产与生产、生产与消费、生产与分配、分配与消费纽带的交换方式，在再生产中起着十分关键的作用。

为了满足绿色经济的要求，交换方式或者说商品的流通过程必须做到高效率。这包括消耗的资源必须尽可能少、流通时间必须短、信息反馈及时、生产与需求得到良好的衔接等。为此，我们必须建立符合经济发展要求的流通体制，建立高效率的流通机构或组织、高效率的信息传递机制、良好的符合绿色经济要求的引导机制、高效率的资金结算体制、公正有效的监督机制等，以实现整个流通过程中的高效率和公平公正。

商品流通是满足社会需求的重要环节。如果流通环节设置不合理，信息传输渠道不畅，就可能导致供求脱节。就像我国目前的绿色产品市场一样，生产者找不到好的销路与价格，而消费者则无法购买到真正的绿色产品。这种情况在我国其他商品交换中也很普遍。合理的交换方式能够有效地联系供求，调节供求关系和稳定价格，从而实现总供求的平衡。例如，建立合理的储备体系和投机机制可以在这方面发挥重要作用。此外，合理的交换方式还可以正确引导消费，使消费和生产符合绿色经济的要求，从而实现经济的可持续发展。

在市场经济中，产品交换是初次分配的方式。这种分配方式决定着资源配置的方向，反映人们在生产与分配方面的关系。因此，交换方式决定着实际的资源配置和产品分配。在市场经济中，具体的资源配置是由各种产品之间的利润大小支配的，而产品利润的大小则由它们在市场中的交换价值或价格决定。由于生产过程技术进步的速度较快，产品生产成本占商品价格比例不断下降，这时流通方式及其效率对商品价格的高低就起着十分重要的作用。由于不同部门的流通组织方式不同，流通效率也不一样，因此不同商品间的价格比例关系或利润也不同。这种不同不仅产生了不同部门间的利益差异，而且对资源配置结构起着决定性的作用。符合绿色经济要求的交换方式应该是各部门的产品价格都与价值相符的，各部门之间的利润率一致，实现各部门之间利益关系的均衡，从而达到资源配置结构比例的协调。

初次分配的交换方式，不仅直接影响到劳动者与其他要素所有者之间的分配关系，还决定了整个社会的公平与公正程度。劳动者作为生产要素，能否在交换中得到与其价值相一致的价格，不仅关系到他们自身的利益，还反映了整个产品分配的公平与公正程度，进而影响到整个社会的稳定和经济发展。

在市场经济中，商品价值和各部门的利益是通过货币形态得到实现的。要保证商品流通的顺利进行，就需要有高效率的结算体系和信用保证体系，以确保资金的运动能够与商品价值的运动保持一致。因此，符合绿色经济要求的交换方式，还应包括高效有序的金融体系。

资金的循环状况对整个再生产起着决定性作用。在现代经济系统中，由于货币运动与商品运动的相对独立，社会生产及其结构与社会分配和社会需求及其结构决定因素的不一致，极易产生生产与需要在总量与结构间的不一致。这种不一致会导致商品运动与货币运动在总量与结构上的不一致，从而可能引发宏观与微观经济运行的不稳定。因此，能否建立高效有序的金融体系，就成为决定一个社会经济能否持续发展的关键。

（2）绿色生产与交换方式

在绿色经济的大背景下，交换方式对于生产的顺利进行起着至关重要的作用。与计划经济中的生产决定交换不同，在市场经济中，交换占据主导地位，即所谓的交换决定生产。因此，交换方式的优劣直接关系到生产的状况。在市场经济中，生产者与需求者处于分散状态，信息的及时、准确、全面传递对于生产和再生产过程都至关重要。

在绿色经济中，必须建立高效有序的信息传递体系，特别是价格信息体系。在这方面，我们要充分发挥市场机制的功能，如建立健全主要商品的期货与现货市场，促使价格形成机制功能的发挥，以正确引导生产与消费。在我国，为了促进绿色生产与绿色消费，政府可以通过对价格进行一定的调节来促进生产与消费，如对绿色生产与消费需求提供一定的补贴等。此外，我们还需要通过法律和财政金融等手段对那些容易造成生态环境破坏和资源浪费的市场价格进行调节，使它们与社会价值一致，以达到保护资源和生态环境，实现绿色经济的目的。同时，我们还可以通过适当的价格机制引导生产与消费，如对符合绿色要求的产业与产品进行鼓励，促进社会增加对它们的投资与消费等，对那些污染环境与浪费资源的产业及其产品进行限制，降低它们的市场竞争力。最后，建立符合生产力发展要求和社会道德规范的劳动价格体系，以实现公平与公正的目标，也是实现绿色经济的必要手段。通过这些措施，我们可以有效地促进绿色经济的发展，实现经济效益与环境效益的“双赢”。

要让价格机制充分反映供求与成本信息，就必须建立健全的反垄断与公平竞争机制，以防止价格、供求等信息被人为扭曲。在我国，垄断与不正当竞争导致的价格信息“失灵”带来的效率与福利损失惊人。因此，加大反垄断与公平竞争力度，建立公平、公正的市场体系，对推动我国的绿色生产具有极大的促进作用。

建立公平有序的要素市场体系是促进绿色生产的重要条件。在这种体系下，劳动者的合理报酬才能充分反映出来，劳资关系才能更加和谐，资源配置才能真实反映市场供求状况。

建立有效的金融结算体系也是推动绿色生产的关键方面。当前，我国金融结算体系面临一个严重问题，即资金供求之间存在严重不对称。大量资金被用于低效的国有企业和房地产领域，而民营企业和创新企业难以获得发展所需的资金。这导致获得资金的成本较高，利润被垄断性金融机构攫取，严重削弱了企业发展的后劲。

建立健全诚信高效的交易体系也是推动绿色生产的重要方面。我国交易体系中存在一个严重的问题是诚信体系不健全，违约、诈骗、以次充好、售假买假等现象大量存在，导致交易成本高昂，阻碍了我国生产效率的提高。因此，建立健全交易中的诚信体系成为绿色经济建设中迫切的任务。在一个缺乏诚信的体系中，人们不会真正进行绿色生产，也无法相信绿色产品。这会导致真正的有机绿色产品无法正常销售，高端消费者无法购买到真正的绿色产品。因此，要促进绿色生产的诚信体系建立是必不可少的条件。

物流，是连接生产与消费、供给与需求的桥梁，担负着提高资源配置效率的重要使命。在保证绿色生产的前提下，降低物流成本、提高物流效率更是当务之急。实施绿色物流，即在物流过程中，通过合理安排，减少流通环节，降低分拣、运输、投递成本，同时采取有利于环保和人身安全的措施。在我国当前，由于道路收费普遍且价格较高，缺乏广泛的物流体系，导致物流成本高昂，陷入经济发展的一个瓶颈。因此，如何降低物流成本，提高整体经济效率，是当前绿色生产对流通领域的迫切要求。绿色交换是一个涉及面广泛的领域，需要加强统筹协调。处理得当不仅关系着绿色生产的顺利进行，也关乎生产与消费的和谐发展。因此，加强这方面的建设具有积极意义。

3.3.4　绿色生产与环境支持系统的关系

绿色生产的核心特征在于其对生态环境的极度关注。在生产过程中，绿色生产强调对生态环境的保护，并寻求生态环境的积极支持。因此，绿色生产与生态环境之间形成了一种相互制约而又相互促进的关系。

（1）环境支持系统的内容

“环境支持系统”是绿色经济体系中不可或缺的一部分。它确保了经济发展在资源利用和废弃物处理方面，都应维持在环境的承受范围之内。否则，一旦超出环境的容量，经济发展将难以持续。这个系统的作用是为我们提供了一个可持续发展的框架，让经济增长与环境保护相得益彰。

①环境的含义

环境，无疑是我们赖以生存的外部世界，是人类繁衍、生存所必需的、相适应的环境。它自然存在，与人类共生，不分先后，彼此依存。环境不仅影响着人类的生活，更在深层次上影响着我们的心理、生理以及行为方式。

自然环境，这是人类出现之前就存在的，是人类目前赖以生存、生活和生产所必需的自然条件和自然资源的总称。阳光、温度、气候、地磁、空气、水、岩石、土壤、动植物、微生物以及地壳的稳定性等，所有这些自然因素，无论是哪一种，都对人类生存产生着深远的影响。而人工环境，这是人类活动所形成的环境要素，它包括由人工形成的物质、能量和精神产品，以及人类活动中所形成的生产关系和上层建筑。这种由人类创造出来的环境，也在不断地影响着我们的生活，改变着我们的生活方式和社会结构。

环境是由环境要素构成的，这些要素不仅组成了环境的物质组分，更是我们认识环境、评价环境、改造环境的基本依据。这些环境要素具有最差限制律、等值性、整体性大于各个体之和以及先后出现、互相联系、互相依赖等特点。在改造自然与改进环境质量时，我们必须对环境诸要素的优劣状态进行数值分类，循着由差到优的顺序，依次履行每个要素使之均衡地达到最佳状态。只有这样，我们才能真正地实现人与环境的和谐共生。

人类环境是由不同规模、复杂程度、等级和彼此交错的子系统组成的网络，具有程序性和层次结构。按照由近及远的分类原则，可以将环境分为聚落环境、地理环境、地质环境和宇宙环境。这些不同层次的环境系统都是由低一级的子系统组成的，同时它们也是更高一级环境系统的组成部分。环境系统在一个复杂、动态和开放的系统中，随时都处于时空尺度和组分之间的相互作用之中。在一定的时空尺度内，如果系统的输入等于输出，就会达到平衡；否则，就会出现不平衡，朝着熵或负熵的方向发展。作为具有这些特点的环境系统，它具有整体性，地球的任何一部分或任何一系统都是人类环境的组成部分，各部分之间存在紧密的联系，因此局部的环境污染或破坏会对其他地区的环境造成影响或危害。同时，环境系统也具有有限性，这意味着系统的空间是有限的，人类环境的稳定性、资源和容纳污染物质的能力也是有限的。此外，环境还具有不可逆性，一旦环境遭到破坏，无论人类怎样努力，都不可能完全回到原来的状态。另外，环境的污染与破坏对人类的影响需要一定的时间才能显现出来，这就是隐显性。此外，环境的破坏或污染不仅影响当代人的利益，而且会影响后代人的利益，这就是持续反应性。最后，一些小的或不引人注目的环境污染与破坏，经过环境的作用以后，其危害性或灾害性在深度和广度方面都会明显放大，这就是灾害放大性。

②环境支持体系是绿色生产的载体

环境是人类生存和生产的基石，它承载着人类命运与福利，与环境的质量及其变化息息相关。历史上的文明兴衰，如两河流域古文明的消亡、古丝绸之路的泯灭、地中海周围一些地区的衰落、中国黄河流域文明的衰退等，都是因为人口数量与经济规模超过了环境的承载能力，导致环境不断恶化，从而影响了人类社会的生产。这充分表明了生态环境在人类社会生产中的重要作用。

从经济学的角度来看，环境是一种宝贵的资本，其数量的变化决定了社会经济发展的方向。生态环境在经济中扮演着举足轻重的角色，这从理论上讲明了一个转变：生态环境不再是经济发展的外生变量，而是转变为内生变量。面对生态环境与经济发展的“两难”选择，越来越多的国家和政府、人们开始倾向于生态环境的保护与建设，而不是以往那种以牺牲生态环境来换取经济增长的态度。

正如我们所知，经济学的发展历程也是资源概念不断拓展的过程。在古典经济学中，资源的范畴仅仅局限于劳动与资本，科学技术与人力资本并未被视为经济发展过程中的内生变量。然而，到了 20 世纪 50 年代，技术进步论逐渐取代资本决定论成为经济增长理论的主流学派。在索洛于 1956 年发表的《经济增长的一种理论》一文中，他首次提出了“技术进步对经济增长具有最重要的贡献”的观点，将技术进步从原来的外生性因素转变为内生性因素。

到了 20 世纪七八十年代，人力资本和知识才逐渐成为经济增长过程中的内生性因素。然而，80 年代后，随着可持续发展理念的深入人心，生态环境逐渐被发达国家纳入普遍推行的国民经济绿色经济核算，这可以被视为生态环境日益作为经济增长过程中的内生变量的体现。需要强调的是，这里所说的生态环境从经济发展过程中的外生变量转变为内生变量，并不是指生态环境在人们眼中变得不重要了，而是指在以往的人类社会中，生态环境并未被视为一种具有市场价值的经济资源，也没有被纳入经济核算体系；而当人们将其视为内生变量时，则是将其作为一种具有市场价格的经济资源来看待并被纳入经济核算体系中。

实际上，无论人类社会发展到何种程度，生态环境始终是人类生存与发展的基础。如今，随着生态环境和公共性自然资源的日益短缺和质量恶化，将其视为经济资源并纳入经济核算体系已经成为一种世界性潮流。当然，由于各国经济发展水平不同，以及各国的生态环境和自然资源状况及面临的主要矛盾各异，因此在生态环境与自然资源的经济资源化和市场价格化方面的程度也各不相同，但这种趋势在各国都是显而易见的。

生态环境在经济发展中的作用，之所以在理论层面被高度重视，源于人类对自然资源的价值认知与利用。在经济发展的不同阶段，人类对待生态环境的态度也发生了变化。从人类生产的发展历程来看，一种生产要素或资源在经济发展中的重要性，不仅仅取决于它在生产过程中的实际作用，还受到生态环境的影响。

当经济发展水平较低时，人类对自然界的征服和协调能力相对较弱，生态环境在经济发展过程中的作用就显得尤为重要。然而，由于此时生态环境质量较好、自然资源丰富，人类并未意识到生态环境的价值甚至其存在，将其视为可无限容纳的“垃圾场”。此时，相对短缺但在人们生活中相对重要的耕地或资本，就被人们作为生产力或经济发展过程中最重要的因素来对待。然而，随着物质生产的不断发展，物质资本的短缺程度逐渐降低，而生态环境却在人类长期不合理使用的过程中变得日益稀缺。与此同时，人们对生态环境的认识和需求却在不断提高。当物质需要得到基本满足后，人们必然会转向更高层次的生态环境需求。这种需求与供给之间的矛盾，使得生态环境作为一种经济资源的重要性日益凸显，并反映在人们的观念和市场价格中。

如今，越来越多的人开始认识到生态环境是一种重要的经济资源，它们在人们的生活中占有十分重要的地位。例如，那些在生态环境良好地区的房地产的价格，就要远远高于生态环境差地区的房地产价格。对良好生态环境的追求，已经成为当今人们的一种时尚和生活目标之一。在这种情况下，人们开始转变对生态环境的态度与行动，意识到以牺牲生态环境的方式来换取一定的经济发展可能是得不偿失的。

人类在生态经济的基础矛盾中表现出短视和自私的一面，为了满足一时的需求，不惜破坏美丽的家园和生态环境，将其变成一个可能埋葬自己的坟墓。然而，人类也有着超越其他生物的特质，他们能够认识到自然规律并改正自己的错误。虽然这种认识常常是在事后并且需要付出巨大的社会危机和生态破坏的代价，但人类总能认识到自己行为的不足并通过制度安排来克服。

人类在前所未有的生存与经济发展危机中认识到，良好的生态环境和丰富的生态资源是人类生存和发展的基础，以牺牲生态环境来取得一时的经济发展是得不偿失的，必须改变这种行为。人们已经认识到传统上“先污染后治理”的经济发展方式所付出的代价要比可持续发展方式大许多倍，因此必须改变这种行为。

从这点看，人类并不是完全不可救药的。但愿这种转变来得并不太迟。生态环境具有非常强的不可逆性和不可预见性，从混沌理论看，一定时间和空间内的生态环境变化可能会导致若干时间后整个生态环境的巨大灾变。而目前人类对生态环境的破坏会对生态环境的发展和整个生命系统产生什么影响，还是茫然无知的。但愿这种影响不是毁灭性的，从而人类还有时间从这种教训中学习到一些对自身有益的知识。

人类对生态环境的态度转变，往往源于生态环境恶化和生态资源被严重破坏的压力。这种态度或观念，会通过人们对生态环境的市场评价和政策调整得以体现。如今，越来越多的人愿意付出一定的经济代价来换取更好的生态环境和节约生态资源。在很多方面，保护生态环境所获得的经济利益已经大于破坏生态环境所得到的利益。以旅游热为例，一些地区从保护森林资源和自然景观中获得的经济利益远大于破坏它们所得到的利益。保护森林资源和自然景观并用于旅游开发，所得的经济利益远比砍伐森林和改变自然景观的做法要大得多。

这是因为随着物质财富与生态财富在人们生活中的重要性和稀缺程度

的变化，人们的主观评价也会相应改变，从而导致市场价格的变动。随着社会生产能力的提高，物质财富不断丰富，人们对于一定量的物质财富的主观评价会降低。而在生态财富方面，由于其日益稀缺，人们对它的主观评价会不断提高。同时，随着生活水平的提高，人们对良好生态环境的需求强度也会不断增强。在它们的供应日益短缺的情况下，必然会不断提高对它们的主观评价和价格评价。这种改变使得传统的以生态财富换取物质财富的方式变得不再可取。

生态环境在经济活动中的价值，让我们重新审视了生产活动的评估标准。传统的经济理论往往只关注直接生产过程，而忽视了活动对生态环境的影响。然而，在绿色生产理论中，社会价值总量不仅仅包括个体生产或所得的价值量，还必须加上对生态环境价值贡献的那部分价值，并减去因活动产生的生态环境损耗和对残余物的处理费用。

这意味着，从再生产全过程的角度来看，一些看似有效的生产活动，如常见的塑料包装产品，实际上效率极低甚至无效率。尽管它们在直接生产和消费环节表现出色，但它们造成的白色污染已成为严重的公害，对环境的损害及其治理费用可能远超其市场交换价值。

生态环境的价值化，将经济发展的标准从单纯追求经济效益转变为追求社会整体的最大利益。这不仅关注当代人的利益，更着眼于人类未来的长远利益。在可持续发展的经济理论中，资源配置的优化标准不再是只看是否能给当事人带来最大的经济利益，而是看是否能给社会整体带来最大利益。

（2）环境支持系统对绿色生产的作用

环境支持系统是绿色生产的基石，它提供自然资源并吸纳代谢物，起到承载和促进绿色生产的关键作用。环境支持系统的质量和功能对绿色生产的实施效果具有决定性影响。绿色生产不仅要求在过程中不破坏生态环境，而且需要在优良的环境中进行。例如，绿色有机产品的生产绝对不能在污染的环境中进行。更重要的是，良好的生态环境可以有效地降低生产成本，提高绿色生产在竞争中的竞争力。这充分说明了绿色生产的有效进行离不开良好的生态环境支持。

生态环境具有独特的自我净化能力，这种能力与生态环境的质量直接相关。质量越好的生态环境，其吸污更新的能量就越大。相比之下，人为的治污不仅效果差，而且成本巨大。因此，良好的生态环境可以有效地降低排污治污的成本，促进绿色经济的发展。生态资本与其他资本不同的一点是它具有强烈的自我增殖和积累能力。而生态资本是绿色生产最重要的物质基础之一。因此，保护好这个基础可以有效地促进绿色生产的推进。

环境与绿色生产之间是相互促进的关系。良好的生态环境可以有力地促进绿色生产的进行，反过来，绿色生产的推进也会有力地促进生态环境的不断改善。因为绿色生产本身是以保护和改善生态环境为前提的，其中的一些生产如植树造林、满足人们生态需要的各种生产等都是为了增殖生态资本。因此，实施绿色生产的过程也是生态环境不断改善的过程。

（3）加强对环境支持系统的保护

环境支持系统对于绿色生产而言具有举足轻重的地位。为了确保绿色生产的持续进行，我们必须在实践中加强对生态环境的保护。这不仅是为了人类自身的福祉，更是为了地球家园的可持续发展。

在过去的经济发展过程中，环境已经遭受了严重的破坏。因此，在未来的发展中，我们必须让环境得到持续改善，将环境破坏控制在可控的范围内，避免对人类和可持续经济发展造成不可逆的影响。保持生物多样性是维护生命之网完整与持续的重要条件。生物多样性越丰富，生命之网就越牢固，人类社会的可持续发展就越有保障。因此，我们需要采取紧急而果断的行动来保护和维持各种基因、物种和生态系统，使生物资源得到可持续的管理和利用。联合国在《21世纪议程》中特别强调，要加强生物资源的保护，并指出"要在国家一级和国际一级加强对生物多样性进行评估、研究和系统地进行观察和评价的能力。必须有效地采取国家行动和开展国际合作，做好生态系统的原地保护和生物及遗传资源的非原地养护以及增强各种生态系统功能。这种做法要能成功，当地社区的参与和支持是不可缺少的要素。"

最近在生物技术方面获得的进展已经显现出各种植物、动物和微生物所含的遗传物质应用于农业、卫生福利、环境等用途上可能具有的潜力。然而，我们也必须强调各国有权利按照它们自己的环境政策开发它们自己的生物资源，以及有责任养护它们的生物多样性和可持续使用它们的生物资源，并确保在它们管辖范围内或控制下的活动不致对他国或处于国家管辖范围界限外地区的生物多样性造成损害。

本质上，绿色生产的环保之争，是寻求生产进步与环境保护之间的和谐。这是一对矛盾的统一体，既相互依存又相互制约。经济活动，不可避免地需要从环境中获取资源并排放废物，即使是绿色生产也难以完全避免。当这些排放超过了环境的自净和容纳能力，就会对环境造成破坏和污染。环境作为经济系统的要素和经济载体，一旦被破坏，将反过来制约绿色生产的顺利进行。例如，它会提高生产成本，降低产出，阻碍经济发展。因此，绿色生产必须与环境的容纳能力相协调。对环境资源的索取和废物排放，都应控制在环境的更新和净化能力之内。

从经济学角度看，环境是人类的一项重要资本。因此，绿色生产的环境保护与改善，实际上是实现环境资本的增长，至少要确保环境资本的存量不减。以环境换取短期的经济增长，实际上是以环境资本换取传统的经济资本。然而，环境的改变具有不可逆性，一旦环境的破坏超过其自我修复能力，即使使用多倍的经济资本也无法弥补环境资本的损失。因此，先污染后治理的成本要远远大于两者协调时的成本。

这意味着不同性质的资本之间没有直接的可比性。一定量的环境资本可能对人类的实际价值要大于等量的经济资本。因此，在享受空前的经济福利的同时，人类也面临空前的生存和发展危机。这催生了绿色经济思想与实践。这说明，要实现绿色生产的目标，必须确保环境资本的非减性。这是环境资本与其他资本的重要区别之一。因此，它成为绿色生产的基础。作为一项具有价值的资本并进入经济核算，在进行环境保护工作时就必须注重经济效益，以尽可能小的成本取得尽可能大的产出。

绿色生产的环保目标不仅仅局限于再生产满足人类对生态环境的物质需求，更包括满足人类对景观、优质空气和水的需求，以及维护生物多样性的需求。这些生态需求是人类不可或缺的重要福利，只有当这些福利得到充分满足，人类才能真正感受到幸福，才能实现生产的真正目的。环境作为经济系统的内生变量和价值资本，其在再生产过程中的消耗必须得到充分补偿，否则将阻碍经济的发展。然而，长期以来这种消耗并未得到足够的补偿，这是传统经济发展方式不可持续性的重要原因。

可持续经济发展旨在扭转这一趋势，使环境资本不断增加，以实现人类社会和经济的可持续发展。为了实现环境的可持续利用，必须改革现行的不利于环境保护的制度安排，限制生态环境基本矛盾的作用。最有效的方法是建立反映环境价值的新的国民经济核算体系，实行有偿使用和补偿制度，同时建立环境资本的积累制度。一定的制度安排是决定人们行为和行动的关键。只有建立与环境价值一致的有偿使用与补偿制度，才能建立与可持续经济发展要求相符的生产方式和消费方式，摒弃破坏生态环境和以环境价值换取经济价值的做法，从而实现保护生态环境的目的。

在实际过程中，由于现有的技术水平限制，经济发展与环境保护之间存在一定的矛盾。如果按照西方发达国家的环境保护标准来要求我国生产，那么我国相当部分企业都将面临关闭的风险。解决这一矛盾的方法是不断加强环境保护方面的技术进步，并在此基础上逐步改变我国能源的使用结构，向可再生能源和资源倾斜，向低污染能源倾斜。改变社会的消费方式和消费行为，大力发展公共性消费方式，如以公共交通代替个人交通等，以及大力推广循环经济，是实现资源与环境可持续利用的重要举措。因为资源的循环使用可以减少资源的消耗与排放，从而有效地保护环境。

（4）生态环境的可持续利用要求

尽管生态环境由外生变量转为内生变量，这使得人们更加重视生态环境的保护和可持续利用，但如果没有相应的法律和制度保障，要想实现生态环境的可持续利用，恐怕是难以实现的。因此，我们认为，要想做到生态环境的可持续利用，必须做好以下几个方面的工作。

①建立科学的生态文明观

国家和社会必须积极推广爱护环境、实现人与自然和谐共生的生态伦理观。只有建立起以生态文明为核心的伦理价值，才能取代传统的人与自然对立的伦理道德。科学地反映人与自然和谐发展的伦理道德，是实现生态环境可持续利用的最基本保证。然而，市场生态经济的基本矛盾使得科学的生态文明难以自发建立。在公共性的生态环境和利益个人性的矛盾下，如果没有强制力基础的生态文明伦理道德约束，人们会为了个人利益而牺牲公共性生态环境。

以生态伦理为核心的生态文明建设，是实现生态环境可持续利用的最基本保证。但是，仅仅依靠缺乏强制力的宣传教育，难以在短时间内建立起普遍性和科学性相统一的生态文明。因此，需要通过带有一定强制力的灌输来保证生态伦理的建立。例如，新加坡通过带有强制力的措施，如重金惩罚和禁闭等，在较短时间内建立了较高程度的社会文明。

为了在短时间内建立与可持续发展要求相适应的生态伦理，必须采取具有强制力的措施。为此，必须加强生态文明立法，尤其是要加强生态文明的教育立法，规定从幼儿园起的各级教育都必须对学生进行生态文明教育，以培养国人深层次的生态伦理道德。只有这样，我国生态环境的可持续利用才有真正的保证。

②加强生态环境保护的立法

虽然生态伦理是实现生态环境可持续的基础，但毕竟它依赖于人们自觉的行为。当个人利益与道德观念发生冲突，并且利益的诱惑足够大时，人们往往选择舍弃道德。正如每个人都知道污染环境是不道德的，但在面对局部利益与伦理道德的矛盾时，大部分企业都会选择追求个人或局部利益而放弃伦理道德。

因此，为了实现生态环境的可持续利用，我们不仅需要加强伦理道德建设，还需要大力加强生态环境保护的立法工作。对于那些真正保护生态环境的行为，我们应该给予奖励；而对于那些破坏生态环境的行为，我们必须予以严厉惩罚。实践证明，那些在生态环境保护方面做得好的国家，如西方发达国家，都是生态环境保护立法完善并且执法严格的国家。相反，那些生态环境不断恶化的国家，往往是由于生态环境保护立法不足且执法不严的国家。

③明确生态环境利用与保护方面的产权

生态环境保护是现代社会面临的重要问题之一，而产权的确定是解决生态经济基本矛盾的前提条件之一。没有明晰的产权，生态经济基本矛盾的作用就会得到充分发挥，导致“公地悲剧”的出现，生态环境立法也就无法发挥其作用。因此，要实现生态环境的可持续发展利用，必须建立起明晰的生态产权制度。

同时，产权的规模也是生态环境保护的必要条件之一。在农业生产中，要实现生态防治，必须利用生物相克原理，如利用青蛙等来防止虫害。然而，如果农户的农田面积过小，那么人们不仅没有保护青蛙等益虫的动力，而且会捕捉它们以获得直接的经济价值，导致生态防治的目的落空。这种情况在林业、江河湖泊和海洋生态环境的保护上同样存在。因此，要使我国的农业生态环境得到根本好转，除了要延长产权的时间外，还必须不断地扩大每个农户的产权规模，以实现外部影响的内部化。

④建立生态环境的补偿机制

这种补偿机制包括两个方面的内容。一方面，被消耗或破坏的生态环境必须得到价值上的足够补偿，也就是通过人造资本和人的劳动来修补被破坏的生态环境，并且补偿的量不能小于被人类消耗的生态环境的价值量。如果这种补偿小于生态环境的损耗量，生态环境的价值存量就会下降，其再生产能力就会受到损害，它的可持续利用也就没有可能。显然，与此要求相比，我国目前在这方面做得是非常不够的。另一方面，补偿机制必须具有较强的预防性。事实证明，事后补偿往往得不偿失。要避免这种情况，就必须建立预防性的补偿机制，或者说补偿机制必须具有预防性。例如，在河流的上下游之间建立防止水土流失与水污染的事前补偿机制，就可以较好地防止生态环境的破坏。

⑤要发挥市场机制在生态环境保护方面的积极作用

虽然市场与生态经济之间存在固有矛盾，导致市场经济在生态环境保护方面颇显力不从心，如难以妥善解决外部性问题，但不得不承认，市场机制在有效利用生态环境和自然资源方面也具有诸多积极作用。例如，在外部条件一定的情况下，市场机制能合理配置生态环境和自然资源，通过技术进步提高资源利用效率。

令人瞩目的是，有些情况下，利用市场机制来保护生态环境，其效果往往优于人为干预。以非洲的野生动物保护为例，当地通过商业性的旅游开发，使当地生态环境的保护效果显著优于单纯的行政保护。这种做法兼顾了当地居民的眼前利益与长期利益，成功调动了他们参与的积极性，使行动目标得以顺利实现。

⑥加强科学技术在生态环境保护和可持续利用方面的重要作用

从历史的长河中可以看出，技术进步虽然带来了巨大的变革和进步，但同时也不可避免地破坏了生态环境。然而，生态环境的保护又离不开科学技术的不断进步。这就像俗话说的“解铃还需系铃人”，我们需要在依赖科技进步的同时，加强生态环境保护，尤其是通过不断的生态创新来满足人们对生态产品日益增长的需求。在这个过程中，我们必须利用一切手段来监控科学技术的作用，防止可能对生态环境和人类生存产生不利影响的出现。对于这一点，人类是没有其他选择的。

3.3.5 绿色生产与社会支持系统的关系

绿色生产的实现，离不开社会支持系统的有效配合。绿色经济系统是一个有机的整体，每个部分的功能都不可或缺，需要其他部分的协调与支持。因此，绿色生产的实施需要社会支持系统的鼎力协作，才能实现绿色发展的目标。

（1）社会支持系统的主要内容

“社会支持系统”是社会在经济发展过程中对各种干扰的处理能力的总称。简单来说，就是社会统筹各种资源来支持绿色生产的能力。这种能力主要包括法律保障力、政策协调力、智力支持力、金融支持力以及社会和谐力等。

①法律保障力

法律保障力是社会在法律层面对绿色生产提供的重要支持力量，它涵盖了促进绿色生产、绿色消费和绿色流通等多个方面。同时，法律保障力也包括对破坏生态环境和危害人民生命健康的生产与消费行为的严厉打击。只有法律方面的保证，才能确保绿色生产得以正常进行并具有竞争力，成为可持续发展的前提条件。

②政策协调力

政策协调力，顾名思义，是指政府通过制定和执行各种政策，并协调各部门之间的工作，以支持和保障绿色生产的能力。绿色生产，作为代表社会经济发展趋势的重要方式，其价值在生态环境领域尚未得到市场的充分认可和确认。如果没有法律和政府政策的支持和引导，绿色生产难以与非绿色生产在所有领域中竞争。因此，要使绿色生产成为社会的主流生产方式，取代非绿色生产，就需要政府政策的全方位支持并得到各部门的积极执行和配合。

③智力支持力

智力支持力，是绿色生产背后的强大推动力。这种力量源自社会的科学技术、生产管理与发展规划、社会舆论等方面的支持，与整个社会的经济发展水平、国民教育程度、社会科学技术的投入力度、社会化专业咨询服务发展水平、整个社会的绿色理念或生态伦理程度等因素息息相关。

当科学技术发展水平高、社会化专业咨询服务程度强时，就能为绿色生产提供强大的智力支持，确保其市场竞争力。反之，如果受到科学技术发展水平等因素的限制，绿色生产将难以顺利发展。例如，在太阳能生产中，高污染治理技术被少数发达国家垄断，导致这方面的绿色生产难以进行。此外，一个社会的生态意识或者说生态伦理文明程度的高低，也是决定绿色生产能力的重要条件。只有当全社会的生态意识强烈时，绿色生产才有真正的社会保证。

④金融支持力

金融支持力，简而言之，就是社会为绿色生产筹措资金的能力。绿色生产的正常运作需要货币投入作为初始驱动，而整个经济体系都是建立在货币（信用）基础上的。因此，能否高效、低成本地为绿色生产提供资金，无疑是绿色生产能否持续、高效进行的决定性因素。一个有效的金融体系，不仅要具备信息传递、资金分配的高效性，而且需要与整个国民经济体系保持一致，才能更好地支持绿色生产的推进。只有构建起一个完善的绿色金融体系，才能确保绿色生产过程的顺利进行。

⑤社会和谐力

社会和谐力，顾名思义，是指整个社会在支持绿色生产方面所展现出的和谐能力。作为绿色经济的目标之一，社会和谐不仅是绿色经济的保障，更是绿色生产的社会基石。无论何时何地，无论经济发展水平如何，社会的不稳定都是最大的威胁，这一点对于绿色生产来说尤为突出。因为只有在社会和谐、收入分配相对公平的条件下，生态经济的基本矛盾才能得到有效解决，生态环境的保护才能得以实现。相反，如果社会和谐程度低、收入分配不公平，那么生态经济的矛盾就会激化，生态环境必然会受到重大破坏。因此，只有确保社会和谐，绿色生产才有稳固的保证。

（2）绿色生产与社会支持系统的关系

任何生产都离不开社会环境，只有得到社会环境的支持，生产才能顺利进行。绿色生产作为代表未来发展方向的新生产方式，要在与传统生产方式的竞争中胜出，就必须得到社会环境的有力支持。其中，生态伦理是绿色生产最重要的基础之一。只有树立起与生态伦理相符的社会意识和文明观，绿色生产才能具备充分的社会条件。只有普遍形成生态伦理意识，消费者才会愿意付出较高的价格购买绿色生产方式所生产的商品，绿色生产才能拥有自己的市场基础。因此，在绿色经济建设过程中，必须大力加强生态伦理和相应的意识形态建设，为绿色生产的推进提供坚实的社会基础。同时，要使社会伦理或意识成为人们行动的指南，必须通过法律与社会政策来加以实施。因此，推进绿色生产，必须以绿色伦理为基础加强法律与政策建设，建立高效的法律支持体系。只有这样，才能为绿色生产的实施提供有力的法治保障。

绿色生产，政府的引导和支持是关键。这不仅需要政府的力量，更需要社会各界的广泛参与和协助。绿色生产涵盖了众多领域和利益相关者，因此，要确保其顺利发展，必须得到社会各界的鼎力支持。在这个过程中，政府和社会组织发挥着核心的协调作用，大力推动社会协调力的提升。

同时，生态伦理是绿色生产的重要指导原则。科学技术在为人类社会带来便利的同时，也可能带来潜在的风险。因此，在推动绿色生产的过程中，必须遵循生态伦理的约束，确保科技应用的伦理性。

此外，绿色生产离不开科学技术的支持。没有先进的绿色科技，绿色生产难以实现高效率，也就难以与传统生产方式竞争。为了提高绿色产品的国际竞争力，尤其需要发展以绿色技术服务为主的社会中介咨询机构，它们能够为绿色产品的国际通用性提供有力保障。

市场经济是货币经济，货币的筹措主要依赖以银行为中心的金融机构来完成。因此，大力发展针对绿色经济的金融支持力量，是确保绿色生产顺利进行的重要保障。构建和谐社会为中心的社会关系则是绿色生产发展的最有力的支撑。和谐社会不仅是人与人之间关系和谐的基石，也是人与自然关系和谐的基石。只有在这种和谐关系下，绿色生产才能拥有正常的社会环境，从而得以顺利发展。因此，大力进行和谐社会的建设，对绿色生产具有巨大的支持作用。显然，在这些力量的协同作用下，绿色生产将得到顺利发展。同时，绿色生产的大力推进也将加强这些方面力量的建设。

绿色生产是一个与绿色经济系统及其他子系统相互作用的过程，在此过程中绿色生产必须得到其他系统的支持才能正常发展，同时也只有绿色生产得到发展，绿色经济和其他子系统的发展才有足够的物质基础作支撑，所以它们之间是一个相互促进的过程。这种关系说明，实施绿色生产的过程就是绿色经济系统整体演进的过程。

3.4 企业的绿色生产

在当今的市场经济环境下，企业作为最微观的生产承担者，同时也是绿色生产的实施主体。只有企业积极推行绿色生产，才能为绿色生产的社会目标奠定坚实的基础。

3.4.1 企业绿色生产内涵

企业绿色生产，是以生态伦理为指引，通过绿色规划、绿色设计、绿色制造、绿色营销与绿色管理，实现人与人和人与自然和谐，取得企业效益与社会和环境效益相统一的一种生产方式。它要求企业具备强烈的生态伦理意识，充满人文关怀与自然关怀精神，将这种指导思想贯穿于整个生产过程中。在确定了绿色生产的指导思想后，企业需要制订一份详细的规划，将这种精神转化为实际行动的指南。企业规划主要是指企业对自己的行动方针、战略、政策、主要生产方向或服务对象工艺选择、销售管理等一系列事关企业发展的计划进行统筹安排。绿色设计是在生态伦理的指导下，以企业规划为指南，在生产方向或主要产品与生产地确定的前提下，对企业内部的生产布局、工艺流程等进行绿色安排，以满足生态环境保护与人身安全的需求，使整个企业的效率在技术上达到最大。通过实施绿色生产，企业不仅能够提高生产效率，还能够实现经济效益与环境效益的“双赢”，为人类的可持续发展贡献力量。因此，绿色生产已经成为现代企业的必然选择。

绿色制造，从设计到报废，都与生态环境和人身安全和谐共存，它是一种高效的制造方式，让资源利用效率得到提升，同时减少对生态环境的不利影响。绿色营销，是为了满足消费者对绿色生产的需求，企业在流通领域采用高效的流通手段，降低流通成本，实现企业效益、社会效益与生态效益的有机统一。绿色管理，以生态伦理为指导，将人文关怀与自然关怀精神贯穿于整个企业的经营管理，有效利用资源，减少废弃物排放，为社会提供绿色产品。企业的绿色生产是以上内容的有机统一，是围绕生态伦理这个灵魂而展开的系统工程。在市场经济下，企业追求利润始终是其不变的目的，但随着生态伦理日益深入人心，体现人文关怀与自然关怀精神的劳动保护与环境保护不断加强，绿色生产方式将比传统生产方式更能保证企业取得好的效益。

3.4.2 企业绿色生产实施

企业实施绿色生产，是在生态伦理的指引下，以市场为导向，追求利润最大化为目标，对整个企业的生产经营活动进行全面统筹。正如马克思所说，虽然蜜蜂的工作成果让工程师们自愧不如，但工程师们更胜一筹的地方在于他们的工作是有计划的。同样地，企业在开展经营活动时，也需要有一个反映其战略意图的绿色生产规划。企业的绿色规划是在生态伦理指导下，以获取最大利润为目标，根据企业的发展战略，对有关企业的一切重要事项做出合理计划。这些计划包括决定进入什么产业、以谁为服务对象、需要达到的目标、如何应对主要对手的竞争、应该选择什么样的工艺流程、实施什么样的绿色产品战略、资金如何筹措、企业的主要管理体制应该怎样等。通过这样的绿色生产规划，企业能够更加高效地开展生产经营活动，同时实现经济效益与生态效益的双重目标。在这个过程中，企业需要不断优化调整自身的经营策略和管理方式，以适应不断变化的市场环境和政策要求。

如何选择合适的产业和明确服务对象，在企业战略规划中占据核心地位，这充分展现了企业家的独特才能。一旦企业涉足某个行业，受限于沉没成本，可操作的空间就变得相对有限。此时，工艺流程和主要产品已经确定，原料成本、产品销售收益等大多受外部因素影响，企业只能顺势而为。就像当前的钢铁企业，面对高昂的成本（铁矿石和工人工资等）和低下的产品价格，即使再努力，效益也难以改善。因此，企业在制订发展规划时，对所进入的产业和服务对象的选择显得尤为重要。对于绿色生产企业来说，在全球可持续发展和绿色潮流的背景下，选择符合潮流的绿色产业和产品作为发展方向，以满足生态消费和绿色消费需求为目标，制订绿色发展战略，选择有利的生产方式和技术，使自己的绿色产品占领并扩大市场，同时制订有效的绿色竞争策略，加强绿色管理，以确保企业的竞争力。

基于科学的企业规划与发展战略，制订有效的绿色管理政策是确保规划成功实施的关键。绿色管理政策是通过具体规定和政策来确保规划与战略目标的实现。这些政策包括目标管理政策、人事制度、奖惩制度、研发制度、对外关系政策、营销制度以及生产管理制度等。绿色管理的特点是，将关注自然和人文关怀的绿色理念贯穿于整个管理活动中，以实现企业的绿色发展规划和战略为目标。作为以市场为导向的生产方式，绿色生产的核心是生产绿色产品。绿色产品是指不仅对消费者无害，而且最终可回收或对环境无害的产品。为了实现绿色生产，企业不仅要生产绿色产品，还要确保生产过程不对环境和人身造成损害。企业需要综合考虑市场需求状况、自身的经济技术条件以及企业效益等因素，制订正确的绿色产品发展战略。因此，企业需要密切关注市场需求，根据自身条件和发展战略来制订相应的绿色产品生产计划。同时，企业还需要加强技术研发，提高生产效率，降低生产成本，以实现绿色生产的可持续发展。

在绿色理念指引下，我们将以服务于绿色产品生产的需要为己任，根据绿色生产与循环经济的要求，对厂区进行合理规划，以实现资源的高效利用并尽量将外部不经济转化为内部效益，或让废弃物得以资源化。绿色产品生产的核心理念是绿色制造，即在整个生产过程中充分考虑人文与自然环境的影响，将生态环境和人身健康的损害降到最低，同时追求企业效益的最大化。

绿色制度强调在生产过程中采用循环经济技术，有效利用资源并减少废弃物的排放，以保护生态环境为前提，同时选用有益于劳动者身心健康的工艺与材料。要使绿色产品被社会广泛接受并获得良好口碑，企业的绿色营销策略至关重要。企业需要通过合适的渠道，如广告、公关活动等，向消费者展示产品是严格按照绿色生产标准生产的，产品的生产与使用对人身与环境无害，以此塑造企业与产品的良好社会形象。为了提高流通效率并降低成本，使产品价格具有竞争力，企业需要采取有效的组织管理措施。在贯穿生态伦理的前提下保证营利性，绿色生产是一个涵盖多种活动的复杂系统工程。因此，需要统筹兼顾并协调各方，才能实现目标。

3.5 企业的绿色生产的实践案例

【案例1】

湖南省玉峰食品实业有限公司绿色生产

湖南省玉峰食品实业有限公司，位于“中国面筋（辣条）食品之乡”——平江县，专注麻辣条零食研发、生产、营销16年。公司成立于2000年，2002年进入辣条行业，以“传承正宗辣条麻辣味，推进辣条天然健康，让消费者吃上地道、健康的麻辣条”为使命，树立敢于挑战“没有食品添加剂，就没有食品工业的未来”的创新精神，是湖南省农业产业化龙头企业，国家高新技术企业，旗下“麻辣王子”品牌产品荣获首届“湖南省名优特产商品”称号。公司一直努力秉持绿色生态、环保的理念，2019年成功创建国家级绿色工厂。近年来公司在开展绿色制造方面所做的工作主要有以下内容。

1. 优化能源投入结构

公司外购消费的能源和耗能工质种类有电、生物质燃料和水，通过采用先进工艺和技术，使用新型节能设备，不断优化过程控制和用能结构，降低单位产品能耗。

2018年，公司共消耗各种能源按当量值（水按等价值计算）折标准煤905.15tce，其中电3323616kWh、生物质904t、水68842t，能源消耗占比分别为45.13%、54.22%和0.65%。

目前，单位产品电耗≤295.39kWh/t，单位产品综合能耗≤80.45kgce/t，优于行业前5%水平，处于行业领先水平。

主要能源使用优化如下：

（1）可再生能源使用及余热余压利用

公司1台30万大卡热载体炉和1台2t/h卧式固定炉排蒸汽锅炉通过技术改造，将燃煤改为生物质颗粒，可提高锅炉热效率15%，减少燃耗，提高生产过程中可再生能源利用率。

杀菌釜通过蒸汽加热对产品进行杀菌，每锅单独操作，每次杀菌完成后排掉大部分热水及蒸汽，4个杀菌釜进行并组改造，2个杀菌釜并联一组工作，一个釜杀菌完成后，釜内蒸汽直接抽入冷水池，对冷水加热用于清洗房劳保用品的清洗和员工生活热水，釜内热水直接压入另外一个釜内，热水最大限度进行循环利用，减少废水排放，同时可回收热水及蒸汽余热，减少燃耗。

（2）采用节水型器具

车间基本采用感应式节水水龙头等器具。

（3）太阳能利用

职工宿舍生活所需热水使用太阳能热水器，减少电耗，提高清洁资源利用率。

（4）最大限度地发挥设备的产能

公司采用一次规划、分期实施，厂房分期建设、设备分期采购，产品分期投入的方式以满足生产和企业发展的要求，总体工艺设计充分考虑分期衔接，实现投资的技术经济合理性、资源、能源的高效利用。公司项目建设分两期进行，对工厂的生产设施做好规划，分步进行建设，使已投产设施的使用率保持在较高水平，或实现满产，提高设备的开机率，降低设备空载时间。

2. 进行技术创新，开发新产品

公司通过对主原料面粉进行了研究，研制一种全新的、安全又健康的辣条食品，首先要考虑原料小麦粉的安全性和品质问题。通过对原料市场进行调研和品质分析，选择了不含任何添加剂的天然小麦粉为原料。

通过改进小麦配料技术来调节面粉温筋的含量、形成时间、稳定时间等特性，经过反复试验应用与验证，专门配制的中筋面粉制作的产品，其面胚内部气孔数量多、孔壁薄、纹理结构均匀、细腻，熟化效果好。最终研发出适合辣条食品生产的专用小麦粉，确定为中筋小麦粉。

（1）与同行业其他产品相比，食盐添加量大幅降低

传统的辣条食品为了保持产品柔软的质地、良好的口感及有效地控制微生物，使用过多的食盐来改善产品的品质和货架期，一般产品的食盐含量均在7%以上。含盐量过高，对人体健康不利，特别是中老年人及高血压患者。

在原有产品的基础上，将盐的使用量降低了30%，盐的使用量由7.3%降到了5.11%，采用小麦膳食纤维粉和糯小麦粉的协同增效作用，代替部分食盐来改善产品的软硬度和组织结构，使之达到良好的品质效果，不但食盐含量降低了，而且增添了膳食纤维含量，使之更加营养、更加健康。

（2）用天然甜味料替代了化学合成甜味剂

传统的辣条食品因食盐含量高，口感难以接受，为了协调口感，使用大量的糖精钠、甜蜜素、纽甜、安赛蜜、阿斯巴甜等化学合成甜味剂来增加甜感，满足口味要求，这些化学合成甜味剂摄入过多，对人体健康产生不利影响。

采用甜菊糖、糖浆、糖醇等纯天然的甜味料，通过科学合理的配比，用最少的添加量，起到最大的应用效果，各成分之间达到协同增效作用，从而代替了化学合成甜味剂，且甜感自然、稳定性好，提升了产品的健康指数。

（3）采用制药标准10万级GMP车间生产环境，不加任何色素和防腐剂

采用制药标准10万级GMP车间生产环境，确保生产环境和生产过程卫生可控。配方中不添加任何色素和防腐剂，利用原料本身的颜色达到产品需要的效果，同时采用天然防腐技术使品达到保质要求。

通过以上工艺创新和技术参数的改进，产品的成型性、面胚膨化效果更好，改善了产品的结构和质地，使产品软硬度适宜，口感更好，食用更加绿色、健康和放心。

（案例来源：http://www.yueyang.gov.cn/jxw/7328/content_1723317.html）

【案例2】

践行绿色低碳理念推动一二三产融合发展

——甘肃滨河食品工业(集团)有限责任公司创建绿色工厂典型案例

1. 企业基本情况

甘肃滨河食品工业（集团）有限责任公司成立于1984年，位于甘肃省张掖市民乐县生态工业园区，占地面积1400万平方米，资产总额7.47亿元。现为中国白酒100强，甘肃民营企业50强。公司核心产业是白酒和葡萄酒，在甘肃张掖、四川浦江共建有2个酿酒基地，年生产能力2万吨，拥有优质基酒储量3万吨。公司独创的“九粮九轮酿造工业技术”获得四项国家专利，2017年被省政府列入“第四批甘肃省非物质文化遗产代表性项目保护名录”。“滨河”“滨河九粮液”“滨河九粮春”为中国驰名商标，滨河九粮香型白酒为甘肃省名牌产品。滨河集团旗下滨河九粮酒业公司为“中华老字号企业”。近年来，为实现传统产业升级，公司计划投资25亿元分三期建成“滨河生态科技文化创意产业园”，致力于打造一二三产业融合发展的现代化生产基地。2022年1月，滨河集团被工信部认定为国家级绿色工厂。

2. 主要做法和成效

公司采用成熟先进工艺方法，合理布局工艺管线；生产设备采用先进节能设备，降低运行费用，达到生产过程中节约能源，实现生产过程中污染物的减量化。目前企业生产技术水平在国内处于领先地位。

在产业园建设中，公司依据战略定位和规划，园区内的建筑材料选用国家和行业提倡的蕴能低、高性能、高耐久性和本地环保建材；厂房、室内严禁使用含醛、苯等有害物质的装饰装修材料；绿化、美化植被选择适宜当地栽植的少维护、耐候性强的常青树种和带续根的花卉植物，产业园内绿化覆盖率达40%；公司坚持每年不断增加厂区树木的种植面积，来实现碳中和，降低温室效应。厂区生产、生活用能源供给采用环保、节能设施、设备，热能使用天然气锅炉供给，电能分级设计，动力用电与照明用电分离，园区户外照明采用太阳能路灯供给，尽可能选用节能灯具，通透设计，白天无须照明；生产用水循环利用，生活用水经沉淀处理后排入县工业园区污水管网，节水率达到了60%；酿酒废糟、葡萄皮碴，经加工后作为有机肥回田或外售处理。

集团公司25年来坚持生态建设，累计投入8800万元，共治理荒滩16625亩，其中定植防沙林带50公里50万棵，种植苗木130万株，有效改善了生态环境，同时为白酒酿造提供了优良环境。既解决了白酒生产部分原材料的自给和后续产业开发的原料储备，又营造了良好的生态环境。

3. 经验启示及创新点

企业牢固树立绿色低碳发展理念。企业成立了以董事长为组长的绿色工厂创建领导小组，负责贯彻落实国家有关绿色制造、绿色工厂、节能环保循环经济发展的方针政策，从组织上确保了节能、环保、绿色、低碳等相关工作的开展。并制订绿色工厂建设中长期规划，坚持绿色制造、产品全生命周期评价、资源高效利用、大力发展清洁生产和绿色经济，为公司建成绿色工厂提供方向性指导。积极开展与国内知名科研院所合作交流等多种形式的技术教育培训。开展了绿色制造及固废回收利用、能源管理体系建立、环保法律法规、能源环保系列知识、清洁生产等内容的教育培训，多渠道推动企业全员参与绿色工厂建设。

（案例来源：http：//www. zhangye. gov. cn/gxw/dzdt/gzdt/202211/t20221118_941756. html）

第 4 章

绿色营销

绿色营销，它不仅要求企业在营销活动中注重绿色、环保，更强调了对于生态环境的尊重与保护。我们在寻求经济效益的同时，也必须考虑对自然环境的责任。绿色营销，正是这样一种可以让我们在追求经济繁荣的同时，也能守护我们美丽家园的策略。绿色营销，它是从产品的绿色设计开始，紧扣市场的绿色消费需求，为消费者带来满足他们绿色需求的产品。通过绿色认证，我们确保了产品的环保品质，同时也注重产品的绿色包装，让每一个环节都尽可能地减少对环境的影响。而为了更好地推广绿色产品，我们利用一系列绿色促销手段，将绿色产品呈现在消费者面前。无论是广告、促销活动，还是线上线下的推广，我们都致力于让消费者看到绿色产品带来的优势与价值。最终，企业的绿色经营成果和盈利目标得以实现，都离不开绿色营销这一重要环节和组成部分。它不仅是企业持续发展的关键，更是我们对这个世界的责任与担当。

4.1　绿色营销的含义及特点

绿色营销，这是企业从环保、节能的角度出发，进行的一系列充满责任和智慧的营销活动。它不仅是对传统营销的继承和发展，更是对可持续发展理念的深度解读。通过传递绿色产品和企业绿色经营理念，绿色营销成功激发了消费者的环保意识，进而激发他们对绿色产品的购买欲望。这不仅仅是一次简单的企业营销活动，更是一次价值观念的输出、一次对人类未来发展的思考和探索。在发达国家，绿色营销已经逐渐成为企业市场营销的主流，它以环保、节能、可持续为核心，将企业的经济利益和社会责任紧密结合。绿色营销不仅提升了企业的市场竞争力，更在全社会范围内形成了良好的环保氛围，推动了社会的可持续发展。展望未来，绿色营销必将成为企业市场营销的主流趋势，它引导消费者选择环保、健康、可持续的生活方式，推动企业在环保、节能方面不断创新和进步。绿色营销不仅将为我们的地球带来更多的绿色和生机，也将为我们的未来带来更多的可能性和希望。

4.1.1 绿色营销的含义及由来

绿色营销，是企业在保护环境的大前提下，以减少对生态环境破坏为目标，以消费者的绿色消费需求为出发点，创新并挖掘市场潜力，同时采取环保策略获取商业利益，谋求企业成长的一种新型营销观念与策略。它的核心在于协调消费者利益、企业利益、社会利益以及生态环境利益的平衡。因此，绿色营销要求企业在产品研发、创意设计以及促销等营销活动的每个环节，都要以环境保护为重，尽最大可能减少或避免环境污染，有效保护和合理利用自然资源，推动经济的可持续发展。

绿色营销这个概念，始于1992年那场在联合国召开的具有里程碑意义的环境与发展大会。《21世纪议程》被正式通过，它指出世界将进入一个全新的绿色营销时代，既注重社会经济发展，又强调生态环境保护。此后，绿色营销这一理念引发了全球范围内的广泛关注和深入研究。英国威尔斯大学肯·毕提教授在《绿色营销——化危机为商机的经营趋势》一书中指出，绿色营销是一种能够识别并满足消费者预期和社会需求的经营过程，有助于带来可观的利润并确保可持续经营。与此同时，美国A&M国际贸易大学教授保罗·赫比格也给出了一个关于绿色营销的定义，他认为绿色营销是在充分考虑环境问题的前提下，进行产品和服务的营销活动，以帮助营销人员树立对环境的责任感。我国的学者也对此给出了自己的理解，他们认为绿色营销是企业在进行营销活动时，重视保护地球资源环境、防治污染以维护生态平衡，同时充分利用并回收再生资源以造福后代的经营行为。总的来说，绿色营销是以保护生态环境为宗旨，以满足消费者的绿色需求来实现企业经营目标的市场营销活动。

4.1.2 绿色营销的内容

绿色营销涵盖了企业市场营销活动的各个方面，其中分为两个阶段：一是产前阶段，包括绿色产品的开发、设计，以及取得绿色标志和包装的设计；二是产品销售阶段，主要是利用各种绿色促销手段，如绿色广告、绿色推广、绿色公关等，以促进绿色产品的销售。

（1）绿色产品开发

绿色产品，从生产到回收，每一环节都展现出对环境的尊重、对人类健康的呵护。这类产品不仅致力于节约资源和能源消耗，更有利于推动资源循环再利用。绿色产品不仅是改良型产品的代表，更是全新产品的典范。总的来说，绿色产品涵盖两大类别：一类是天然绿色产品，它们以天然原材料制成，无添加、无污染，保持了最本真的状态；另一类是人工绿色产品，虽然采用人工合成材料，但这些材料本身对环境和人体无害，且在加工过程中严格遵守环境保护要求。

绿色产品是绿色营销的核心支柱，要想成功开发绿色产品，必须从产品功能定位出发，确保在材料选择、产品结构、制造工艺以及产品使用至废弃后处理等方面都不对环境造成污染。因此，绿色产品开发需要深入了解绿色产品的消费市场，掌握消费者的绿色需求以及绿色产品市场的发展动态，并准确把握绿色产品的发展趋势和市场定位。

（2）绿色设计

绿色设计，顾名思义，是以绿色环保为核心的设计理念。它涵盖了产品外观、结构、材料选择等多个方面，旨在确保所设计的产品在保持出色使用功能的同时，能够充分满足环保要求。绿色产品开发的核心在于设计与制造，因此绿色设计的实施至关重要。一旦绿色产品概念形成，通过绿色设计的巧妙运用，我们可以将这一概念转化为实际的绿色产品。

绿色设计理念强调产品的基本功能和环境保护的双重目标。在满足产品基本需求的同时，从产品全生命周期的角度出发，将环境保护贯穿始终。绿色设计的目标是实现产品对环境的零污染，同时保证其应有的使用寿命和质量标准。为了实现这一目标，产品的实体应采用无污染的原材料，并具备易于拆卸、分解和回收再利用的特点。在产品制造过程中，应选择环保工艺，确保产品在制造、使用和处理过程中都不对环境造成污染。绿色设计理念的应用，将为我们的生活带来更加环保、健康的美好体验。

（3）绿色标志

绿色标志，又被称为环境标志或生态标志，是由权威性的认证机构为符合环保标准的产品颁发的图形证明。获得标志的企业或个人可以将之印在或贴在产品或其包装上，不仅代表了产品的质量符合相关标准，更意味着在产品的生产、使用及后续处理过程中都充分考虑了环境保护的要求。它是一种对绿色环保的承诺和保证，也是对消费者的一种责任和担当。

绿色标志是产品符合绿色标准的外部象征，也是消费者选择绿色产品的依据。为了获得绿色标志，企业需要按照权威机构的认定要求，严格满足各项技术标准、环境和卫生标准以及生产流程的环境和卫生要求。产品的绿色标志意味着企业已经达到了环境标准的要求，消费者可以依据绿色标志和企业的自我声明，轻松确认和选择绿色产品。

（4）绿色包装

绿色包装是一种注重环保和人类健康的先进包装方式。它以节约资源、减少废弃物为目标，采用易于回收再利用、易于自然分解的包装材料，如可回收再循环包装、多功能包装、以纸代塑包装等。绿色包装不仅关注人类健康和生态环境，还充分利用再生资源，以保护生态环境为发展方向。同时，绿色包装也符合可持续发展的理念。它要求减少包装材料使用量，实现包装材料的重复使用，可回收再利用，或可利用包装废弃物获取能源或燃料，以及包装材料可降解等。这些措施不仅减少了环境污染，还充分利用了资源，为人类的可持续发展作出了贡献。总之，绿色包装是一种既环保又可持续的先进包装方式，符合人类健康和生态环境保护的需求。

绿色包装在选材上就注重来源于自然，无污染的加工过程，确保使用后可回收处理，甚至可分解，绝对不损害环境。而在设计上追求合理、简洁的包装结构，最大限度地节约包装材料的使用，避免过度包装造成资源浪费。同时，注重包装物在废弃后的分解和处置，使其易于回收利用，为可持续发展贡献一份力量。

（5）绿色促销

绿色促销，顾名思义，是企业通过各种营销策略，传递绿色产品的信息，从而激发消费者对绿色产品的购买欲望和行为。绿色促销常用的营销策略包括绿色广告、绿色公关和绿色推广活动。它的核心在于通过充分的信息传递，树立企业和产品的绿色形象，与消费者的绿色需求相呼应，进而扩大绿色产品的销售。绿色广告，如同春风化雨，让企业的绿色经营理念和绿色产品在消费者心中生根发芽，赢得消费者的信任。绿色公关则如同桥梁，连接企业与外界，强化企业在公众心目中的良好印象。而绿色促销活动，则是一幅绚丽多彩的画卷，向公众宣扬绿色消费时尚，提倡绿色产品的使用，提高公众的绿色意识，引导绿色消费需求。绿色促销不仅是一种营销手段，更是一种对环保的敬意、对自然的尊重。

4.1.3　绿色营销的特点

绿色营销是一种在绿色消费趋势推动下的新型营销模式。它以保护环境、反对污染和充分利用资源为出发点，通过市场调查、产品开发、产品销售以及售后服务等一系列经营活动，满足消费者的绿色需求，进而实现企业的盈利目标。绿色营销在传统营销的基础上，更加注重环保和可持续发展，强调企业、消费者和环境三者的和谐共生。与传统营销相比，绿色营销的营销过程并无太大差异，都需要进行市场调研、选择目标市场、确定目标消费者、制订营销计划和制订市场营销组合策略。然而，绿色营销具有一些独特的特点，使其有别于传统营销。例如，绿色营销强调资源的有效利用和减少废弃物的排放，注重产品的环保性能和可持续性。同时，绿色营销也关注消费者对环保和社会责任的日益关注，强调企业与消费者之间的信任和长期合作关系。在绿色营销的推动下，企业可以更好地满足消费者的绿色需求，提高产品的环保性能和市场竞争力。同时，通过推广环保理念和加强企业社会责任的履行，绿色营销也有助于促进企业与消费者之间的信任和合作关系的建立。最终，绿色营销的可持续发展理念将有助于推动整个社会的环保意识和企业社会责任的落实。

（1）以绿色经营为基础

传统营销和绿色营销，虽有相似之处，但绿色营销更注重环保和可持续发展。传统营销主要是以市场需求为中心，以企业现有产品为基础，通过满足和适应消费者的需求来刺激消费需求，实现扩大产品销售、长久占有市场的营销目标。而绿色营销则更进一步，以市场需求为中心，以满足和适应消费者需求为目标，同时强调产品必须符合环保要求，有利于环境保护。在绿色营销活动中，企业需要从产品设计开始，到原材料的选择、生产过程、管理方式、资源利用直至废弃物的处理，都符合绿色经营的规范要求。只有这样，才能实现绿色营销的成功。绿色营销的成功不仅仅在于营销活动和营销手段本身，更在于企业是否树立了绿色经营的理念，并将其贯穿于企业经营的全过程。因此，绿色营销活动实际上是企业绿色经营理念的综合体现，背后有着企业绿色经营的生产模式、管理模式、资源利用模式的强大支持。只有前期各阶段的工作都实现了绿色经营的相关目标，绿色营销活动才能取得成功。

（2）以环境保护为中心

传统营销方式注重深入挖掘消费者的需求，通过各种手段来刺激消费者的购买欲望，如广泛进行市场调研、精准定位目标消费者、设计吸引人的广告宣传和公关活动、举办各种促销活动等。这些手段都是为了引导消费者进行更多的消费，通过大规模生产和大范围销售来实现利润的最大化。

绿色营销，顾名思义，需要借助各种营销手段来传递绿色、环保的理念。但它的核心在于，通过绿色产品来吸引消费者的目光，引导他们进行环保、低碳的消费。这不仅体现了企业对自然环境、社会环境的关爱，更在无形中提升了企业的形象和信誉。绿色营销不仅仅是一种营销策略，更是一种生活态度。它强调的是企业经营活动与自然环境、社会环境的和谐与协调，致力于促进环境的良性发展。绿色营销的实施，需要企业具备长远的眼光和战略思维。通过推广绿色产品及绿色经营信息，企业不仅能够吸引更多的消费者，还能够在激烈的市场竞争中脱颖而出。同时，消费者对绿色产品的购买也从侧面反映出他们对环保、对可持续发展的关注和支持。因此，绿色营销不仅是一种有效的营销策略，更是一种社会责任和使命。它不仅关注消费者的现实需求，更关注他们的潜在需求，激发他们的环保意识，引导他们进行有利于环境的消费。只有这样，我们才能实现真正的可持续发展。

企业实施绿色营销，需要根据消费者的不同需求、产品的特点和市场竞争情况来制定具体的策略。在促销活动方面，通过绿色广告可以向消费者介绍产品的绿色功能，让消费者更加深入地了解产品的特性。此外，绿色推广活动和绿色公关活动也是非常重要的。这些活动可以营造出绿色营销的氛围，树立企业的绿色形象，让消费者更加信任和认可企业。绿色营销的每一个环节都突出环境保护，并贯穿于营销活动的始终。这不仅是一种责任和义务，也是企业可持续发展的必然选择。通过绿色营销，企业可以向消费者传递一种健康、环保的生活方式，同时也可以提高企业的社会责任感和品牌形象。

(3) 以绿色产品为主体

绿色产品，它不仅仅是产品，更是一种对自然环境的敬畏与守护。从生产、使用到废弃处理，它都以极小的环境影响，符合着特定的环保要求。它不仅具备产品的核心功能，满足消费者的主要需求，更在技术、质量标准上超越传统，使产品在市场上独树一帜。绿色产品，是设计师与工匠的匠心独运，他们以环保为出发点，精雕细琢，为消费者带来既能满足生活需求，又有利于地球的良品。绿色产品的出现，象征着我们对资源的尊重，代表着我们面对环境的谦卑与诚意。企业在生产过程中，不再仅仅追求经济利益，而是更加重视对环境的影响。他们深知，只有维持生态平衡，才能实现真正的可持续发展。因此，企业在设计产品和选择包装时，始终将环境因素放在首位，力求减少原材料的消耗以及降低包装对环境的不利影响。绿色产品，是我们向大自然承诺：我们愿意以更环保的方式，生活在这个蓝色星球上。它是我们对未来一代最温暖的寄语与期许。

绿色营销，它的根基在于绿色产品。简单来说，绿色营销就是为绿色产品的销售而服务的。所有的营销策略和手段，都是以绿色产品为核心，为它的推广和销售展开的。因此，绿色营销并非一种策略性的营销手段，也不是为了迎合市场潮流而采取的营销技巧，而是一个让市场和消费者深入了解绿色产品的过程。如果没有实实在在的绿色产品作为后盾，绿色营销就会成为无源之水、无本之木，难以取得真正的成功。

4.1.4 绿色营销在发达国家的发展

自20世纪80年代以来，绿色营销在发达国家兴起，如今已成为21世纪企业市场营销的主流。这些发达国家的企业采取了多种多样的绿色营销策略，涵盖了企业市场营销的各个方面。它们的成功经验，对我国企业具有一定的借鉴作用。下面，我们将从四个方面来介绍这些发达国家企业的绿色营销策略和思路。

（1）大力研发绿色产品

汽车作为发达国家的关键交通工具，却也成为环境污染的重要源头。为了降低汽车对环境的负面影响，全球各大汽车公司都在倾力研发环保型汽车。这类车型不仅要求淘汰污染型的生产材料，还要求减少废气的排放。例如，美国通用汽车公司研发了一款新能源电动汽车，它的优势在于一次充电就可行驶110～160公里，更重要的是，它不会排放任何废气。而德国的大众汽车公司则开发了可自动熄火的发动机，这款发动机能够在遇到堵塞、红灯、暂停和下坡等状况时自动关闭，使二氧化碳的排放量比普通内燃机大幅降低22%。此外，日本马自达汽车公司也有一项创新，研发出了一种由高聚纤维强化塑料制成的汽车，这种汽车的1万余个零部件都可以再生或循环利用。这些创新都展现了各大众汽车公司对环保的承诺和决心，也让我们看到了未来汽车的环保方向。

绿色科技不仅在有机产品领域大放异彩，也在机电产品领域开拓出一片新天地。对于计算机的绿色设计，主要从精简零部件数量和缩短废弃后拆卸时间两个方面着手。例如，日本横河电机公司对新开发的所有产品进行全面生命周期环境影响评估，并设立了将产品环境负面影响降低25%的目标。它们运用LCA计算表，精准核算出产品在生命周期各阶段的能源使用量，以及二氧化碳、氮氧化物、硫化物的产生量。根据LCA计算结果，该公司有针对性地制定了内部有害物质控制标准，并对生产系统进行了相应改进。这一创新举措令示波器记录仪等产品的性能更上一层楼，成功实现了减少2/3零部件数、组装工数、体积、重量、电力消耗、印刷板使用量以及难以再循环的零部件使用率的目标。这一系列削减不仅彰显了绿色科技的魅力，更让企业焕发出勃勃生机。

（2）积极采用绿色标志

发达国家实施绿色标志已经有了二十多年的历史。德国是全球最早使用绿色标志的国家，早在1978年就采用了著名的“蓝色天使”标志。如今，德国的绿色标志产品已经涵盖100个类别、7500多种产品；加拿大则是在1985年开始实施“环境选择”标志；日本于1985年开始实施“生态标签计划”，目前有68个产品类别、2500多种产品取得了该项标志；欧盟于1989年开始实施“白天鹅”标志，涉及58个产品类别；欧共体在1992年3月颁布了“欧洲之花”生态标志标准，现已开展了23类产品的认证。如今，绿色标志认证已经受到全球各国的重视，韩国、新加坡、澳大利亚等30多个国家和地区也都相继建立了绿色产品标志制度。

早在1991年，国际标准化组织环境战略咨询组就创建了环境分组，致力于统一和规范环境标志相关的定义、标准和测试方法，以避免国际贸易中的障碍。为此，ISO制定并颁布了ISO 4020环境标志系列标准，提出了环境标志必须遵守的 9 条通用原则，以及 3 个具体标准：环境验证、环境标志（IS14021）和自我环境声明（IS1405）。这些标准主要属于第 1 类环境标志，这类标志最易推广，只须满足一些规定的技术指标，通过认证即可获得标志。第 1 类环境标志是一种自我环境声明标志，企业可根据自身产品特点，在 12 个方面进行自我环境声明。而第 2 类环境标志则是个性化的产品性能和环境信息数据清单，可为消费者提供更多有关产品各种技术指标的信息。如今，全球绿色标志制度正朝着实现 ISO 14020 环境系列标准的方向发展，以实现国际贸易中的产品绿色标志互认。

（3）普遍采用绿色包装

绿色包装材料的研发和绿色包装设计在发达国家正逐渐成为新的潮流。德国发明了一种由淀粉制作的包装杯，遇到流质也不融化，可以盛装奶制品，这项发明为德国节省了 40 亿只塑料瓶，废弃后也容易进行分解；美国研究出一种以淀粉和合成纤维为原料的塑料袋，可在大自然中分解成水和二氧化碳；瑞典等国家实现了聚 PET 饮料瓶和 PC 奶瓶的重复使用，目前重复使用次数已达 20 次以上；荷兰 Wellman 公司与美国 Homson 公司实现了聚酯 PET 容器的 100% 回收。这些绿色包装的研发和应用，不仅有助于减少环境污染，还能降低资源浪费，促进可持续发展。日本在环保型包装的开发方面也非常用心。为了减少对环境的污染，日本企业在为食品进行包装时，尽量采用环保、可再生的原料，如用纸袋取代塑料包装。另外，日本还发明了一种具有折痕线条的纸包装，这种包装不仅成本低，还很容易压缩，减少了占用空间，降低了回收再利用的运输成本。除此之外，日本东京每年都会举办包装设计比赛，以鼓励创新和环保设计。例如，一种获奖的包装设计是由 100% 再循环的纸盒和衬袋组成的，这种设计使人们更容易将纸盒与衬袋分开，有利于再循环利用。最近，日本高崎造纸公司还利用食品工业废弃的苹果渣开发出一种新型包装用纸，这种纸品使用后易分解，不会对环境造成污染，是理想的食品包装用纸。

（4）树立绿色企业形象

发达国家的一些企业非常注重绿色公关，以树立良好的企业形象。例如，20 世纪 80 年代，美国麦当劳公司因为每天产生大量垃圾而成为环保人士的批评对象。在社会环境保护呼声越来越高的压力下，麦当劳开始注重改变自身形象。为了成功地塑造“绿色麦当劳”的新形象，麦当劳在三个方面付出了努力：首先是减少包装，其次是减少使用有害于环境的材料，最后是使用易于处理并可转化为肥料的材料。这些措施的实施，使得麦当劳公司的环境污染减少了 60%，为社会公众展现了一个绿色、环保的形象。这些努力为麦当劳在激烈的市场竞争中赢得了消费者的青睐，并为其创造了良好的社会环境。日本王子造纸公司深耕纸浆和纸张制造行业，在这个领域中，木材的大量消耗是不可回避的问题。因此，环保和可持续发展成为公司面临的重要课题。为了回应这一挑战，王子造纸公司用行动说话，积极推动森林资源的再循环。该公司制订了一项植树计划，通过种植树木，不仅能够促进原料的再生，同时也能吸收、固定和再循环主要的温室效应气体——二氧化碳。这一计划不仅仅停留在纸浆和纸张制造的层面，更延伸到了生态保护和气候变化的领域。自创立以来，王子造纸公司一直坚持进行山林培育，时至今日，公司保有的山林面积已达 19 万公顷，相当于日本香川县的总面积。这一举措不仅为公司提供了稳定的原材料来源，更为环境保护和生态平衡作出了积极的贡献。在追求可持续发展的道路上，王子造纸公司始终坚持“人与自然和谐共生”的理念。通过植树造林，公司致力于实现资源循环利用和气候变化的积极应对，为推动全球绿色发展作出了自己的贡献。王子造纸公司不仅在造纸领域卓越，还积极投身于环保事业，致力于推进海外植树事业。通过公司森林资源研究所的科研成果和植林技术，王子造纸公司在国内以及海外多个国家开展荒漠化土地的植林活动，成效显著。

4.2　企业的绿色营销策略

在当今市场竞争日益激烈的情况下，企业营销活动需要更加深入和细致。为了应对这种挑战，企业需要以现代化的营销思维，通过创新营销策略来满足消费者的需求。绿色营销是一种符合时代潮流的营销方式，它强调企业在整个营销过程中贯彻环保理念，以环保为核心展开一系列的营销活动。为了实现绿色营销目标，企业需要制定相应的营销策略和措施，这些策略要贯穿于绿色营销的各个环节。例如，在绿色产品开发、绿色设计、绿色包装、绿色标志、绿色促销等各个层面，企业都需要制定相应的策略，形成一套完整的绿色营销体系。通过绿色营销策略的实施，企业不仅可以满足消费者的需求，还可以提升品牌形象，促进企业绿色营销目标的实现。

4.2.1 绿色产品开发

产品策略在市场营销中占有举足轻重的地位，它是企业开展绿色营销的关键。为了实现绿色营销，企业必须打破传统产品观念，以绿色产品为媒介，积极回应消费者的绿色需求，开发出符合环保标准且广受好评的产品。绿色产品的开发，需要充分考虑消费者的需求，拓展产品的绿色内涵，让产品在满足消费者需求的同时，也符合环保和绿色消费的理念。这样，企业才能更好地实现绿色营销的目标，同时也能为消费者带来更加健康、环保的生活方式。

绿色产品开发包括以下几个内容：

(1) 绿色产品研发

研发，是产品制造的基石。绿色产品研发，不仅是为满足消费者的绿色需求，更是对消费结构的优化，提升生活品质，以及改善我们生存环境的有力创新。这是企业在绿色营销中展现活力和竞争力的独特方式。绿色产品研发，就是在绿色消费的趋势下，以环保和满足绿色消费为核心，积极探索和开发新型的绿色产品。首先，我们要有一个出色的绿色产品创意，这是企业为市场带来的全新设想。企业应以开放的视野，关注各种新的趋势，通过多种渠道获取绿色创意的相关信息，如绿色消费者、用户、与环境保护相关的科研人员和机构、竞争对手等。一旦绿色创意被确认，我们要将其发展成为绿色产品概念。这就需要我们以有意义的消费者语言来阐述和表达这个绿色创意，然后通过测试来了解消费者对绿色产品概念的态度，从而把握消费者对绿色产品概念的接受程度。

经过深入的市场调查，确认绿色产品概念在市场上的潜力，随即进入了研发和试制阶段。这是关键的步骤，需要将抽象的产品概念转化为实体形态的产品模型或样品，将产品构思转化为在技术上和商业上可行的产品。研发部门在这个阶段中扮演着重要的角色。他们需要针对绿色产品概念提供一种或几种实体形式，然后从中选择出能够满足消费者要求的功能和预算要求的产品原型。这个过程需要不断的尝试和调整，以确保最终产品的成功。

（2）绿色产品的生命周期评估

产品生命周期评估，就是对一个产品从孕育到消亡的整个过程所造成的环境影响进行全面评估。通过这个评估，企业可以了解到产品在各个阶段的真实环境影响，包括影响的性质和程度。这样，企业就可以有针对性地采取预防措施，防止污染的发生。在国际标准化组织的定义中，生命周期评估被视为一套系统方法，用于汇集和测定与产品或服务系统的功能直接相关的环境影响、物质和能源的投入产出。简而言之，就是帮助企业了解产品对环境的影响，从而做出更环保、更可持续的决策。

产品生命周期评估由四个环节构成，包括明确任务、清单分析、影响分析和改进分析。在明确任务阶段，首先，企业需要确立评估目标、范围和系统边界，以明确产品生命周期评估的目标和任务。其次，是清单分析，分析产品生命周期各阶段的投入产出情况。再次，进行影响分析，根据清单分析的结果，评估生命周期各阶段的能源消耗和污染物排放对环境的影响。最后，是改进分析，根据影响分析的结果，提出降低系统对环境影响的方案。在得出产品生命周期评估结果后，企业还应采取具体纠正措施，针对评估中发现的问题及其对环境的影响程度，提出解决问题的对策措施。这些对策措施包括对绿色产品进行改进，如减少产品生命周期内的能源和资源消耗，或改用其他辅助材料和零部件，或重新设计绿色产品，使其更易分解或回收利用。

4.2.2 绿色设计

绿色设计，顾名思义，是指企业在产品设计之初，便将环保理念融入其中，将产品的环保要求作为产品设计的基石。绿色设计关注产品的每一个环节，从产品的材料选择、生产过程、使用过程到回收利用，都以环保为核心，确保产品的功能、寿命、质量和经济性得以完美体现。绿色设计将产品的环保功能与独特的造型、色彩完美融合，使消费者在使用绿色产品时，不仅能感受到产品的实用性和美观性，更能体验到绿色设计带来的愉悦和宜人性。绿色设计不仅关注产品的环保属性，更重视消费者的消费心理。因此，将绿色设计引入产品设计，无疑是一个明智的选择。它不仅可以提升产品的价值，更能赢得消费者的信任和喜爱。

（1）绿色设计的内容

绿色设计是一种环保理念在产品设计中的体现，它强调在选择材料、可拆卸性、可回收性等方面进行综合考虑，以实现资源节约和环境友好的目标。

①材料选择设计

材料选择设计是一项需要深思熟虑的任务，不仅要考虑产品的性能和需求，还要考虑环境影响和费用等因素。在材料选择过程中，我们要尽可能避免使用含有有害成分的材料，以保护环境和人体健康。如果无法避免使用有害成分材料，我们应将其与无害成分材料分开，以便于产品废弃后的拆解和处置。

此外，材料选择还需要考虑产品各个构件和零部件的不同使用要求。有些构件和零部件需要能够重复使用，而有些则需要回收后作为再生资源处理。因此，在选择材料时，我们需要根据不同的要求进行不同的选择，以确保产品的可靠性和维修性，同时也有利于环保。

②可回收性设计

可回收性设计是一种独特的设计理念。它从产品废弃后的可回收性出发，综合考虑材料的可回收性、废弃产品回收的经济可行性和回收产品处理的技术要求等因素。为了确保废弃产品的回收在经济上可行，设计师在构思阶段便已将易于收集、运输和处置的因素考虑在内，以尽可能降低回收成本，使废弃产品的回收在经济上更为合理。同时，根据回收产品的处理方法和技术要求，设计师会有针对性地设计产品结构，以降低回收产品的处理成本，从而更好地实现资源的循环利用。

③可拆卸性设计

可拆卸性设计，旨在让产品的结构更加易于拆卸，从而方便维修和更换零部件。同时，当产品废弃后，也可以轻松拆解，使得各个部分能够按照不同的要求进行回收利用。这样一来，不仅可以降低产品的维修成本，还可以降低产品售后服务的成本。此外，易于更换的零部件可以延长产品的使用寿命，让消费者的使用体验更加顺畅。最后，可拆卸性设计使得产品废弃后的回收处理变得更为便捷，从而降低了回收产品的处理成本。

（2）绿色设计的方法

绿色设计在系统化过程中需要遵循一套既定的程序。这个程序的基础步骤包括进行环境影响评价、识别环境污染源、针对发现的环境问题提出解决方案、采取减少污染的措施，并为客户提供满足其需求的替代方案。在实施过程中，绿色设计主要采用以下几种设计方法。

①生命周期设计

生命周期设计是一种全面的设计方法，从产品的研制、设计、制造、销售、使用、回收、处理等方面进行考虑，就产品生命周期中各环节对环境及人体健康的影响进行综合考虑。这种设计方法需要在产品生命周期分析的基础上进行，通过全面的分析和评价，找出改善产品环境功能的要点和途径，最终提出产品绿色设计的方案。通过生命周期设计，可以更好地保护环境、提高资源利用效率，同时也可以提高产品的质量和竞争力。

②模块化设计

模块化设计是一种极具智慧的设计理念。它以对一定范围内的不同功能或相同功能不同性能不同规格的产品进行深入的功能分析为基础，将它们划分为一系列功能模块。通过选择和组合这些模块，可以构成不同的产品，满足各种不同的需求。这种设计方法不仅可以有效地解决产品品种规格、产品设计制造周期和生产成本之间的矛盾，而且为产品的快速更新换代、提高产品质量、方便维修等创造了条件。同时，模块化设计还有利于产品废弃后的拆卸和回收，让产品在生命周期的最后阶段也能够为人类带来更多的价值。

4.2.3 绿色包装

绿色包装，即有利于环境保护的产品包装，以下是五个方面的要求：包装减量化、易于重复利用或回收再生、可降解、无毒无害和全过程无害。包装减量化是在满足保护、方便、销售等功能的条件下，使用量最少，节约资源；易于重复利用或回收再生指包装应方便回收，可通过生产再生制品、焚烧利用热能、堆肥化改善土壤等措施，达到再利用的目的，减少浪费；可降解指包装废弃物可以自然降解，不形成永久性垃圾，避免对环境造成污染；无毒无害指包装材料对人体和生物应无毒无害，不含有有毒性的元素、病菌、重金属或这些含有量应控制在有关标准以下，确保安全；全过程无害指包装制品从原材料采集、材料加工、制造、使用废弃回收再生，直到最终处理的全过程，均不对人体及环境造成危害，实现可持续发展。

（1）绿色包装设计

绿色包装设计追求的是与大自然和谐共生，通过巧妙的设计，使包装物达到环保、健康、安全的要求。它的设计理念，不仅关注产品的保护和运输，更注重对环境的保护和可持续发展的推动。绿色包装设计，不仅是一种设计风格，更是一种对未来环保趋势的积极响应。

①包装减量化

包装减量化是一种环保理念，旨在减少材料的使用，简化包装层次，推崇简朴包装，以节省资源。这种设计不仅可以减少垃圾排放量和处理量，还能节省大量垃圾清运和处理的费用。同时，包装减量化设计也要注重保证包装的功能不降低，保证包装物的质量，更要美观精致，不影响产品的外观印象。这种设计理念不仅符合环保要求，也有利于降低成本，更能够提升产品形象。

②包装材料单一化

为了保护环境，我们应该倡导包装材料单一化。企业在回收包装物时，如果将不同物品混在一起，会增加回收利用的难度和成本。同时，不同材料的混合还可能导致处理系统的损坏。因此，为了方便回收利用，包装设计应尽量采用单一材料，避免不同材料的混用，或者让不同的包装材料易于拆分。

③可循环利用

实现可循环利用的包装设计，旨在让包装物在保持原有功能和外观的基础上，实现多次循环再利用。虽然有些人可能会对可循环利用的包装产生排斥心理，认为其在强度和外观上可能不及新包装，但实际上，通过灵活运用各种包装材料的特点，可循环利用的包装同样可以经受住时间的考验，并保持其功能和美感。这样的设计易于为消费者所接受，也为环保事业作出了积极的贡献。

（2）绿色包装材料的开发

①纸

纸质包装材料由于具有可回收再利用、废弃物易分解等环保优势，被公认为绿色环保的包装材料。相较于其他包装材料，纸质包装不仅能够达到环保要求，还能够替代塑料包装，减少白色污染。当前，国内外正致力研究和开发纸包装材料，其中包括纸包装薄膜、一次性纸制品容器等。这些新型纸包装材料的出现，不仅能够满足商品的包装需求，同时也能够为环保事业贡献力量。

②玻璃

玻璃包装以其出色的可视性和回收复用性，已成为饮料等产品传统包装的主要选择。玻璃近乎全能的回收利用能力，使得它在环保领域大放异彩。在这其中，透明玻璃因为其他物质的含量最低，所以它的回收利用度也最高，而彩色玻璃则因为含有不同数量的其他物质，使得它的回收利用稍显复杂。因此，对于我们来说，对不同颜色的玻璃包装物进行分类收集，就显得尤为重要。一些发达国家已经做出了明确的规定，透明玻璃和彩色玻璃不能混用于不同的包装，尤其在食品饮料的包装上，只能使用透明玻璃。

（3）可食性包装材料

日常生活中，有许多常见的食品包装其实都是可以食用的。例如，糖果包装上的糯米纸和冰淇淋的玉米烘烤包装杯，这些都是典型的食物可食性包装。而说到人工合成的可食性包装膜，不得不提的是普鲁兰树脂。它是一种无味、无臭、非结晶、无定形的白色粉末，是一种非离子性、非还原性的稳定多糖。它的透明度、无色、无毒，具有韧性、高抗油性，更重要的是，它是可以食用的。作为食品包装，它的光泽度、强度、耐折性能都优于高粱淀粉。

（4）可降解塑料

可降解塑料，是那种在特定环境下，其化学结构会经历变化的塑料。它不仅具备传统塑料的功能和特性，而且在其生命周期结束后，会在阳光中紫外线和土壤、水源中微生物的作用下，自然而然地分解并回归自然环境，以无毒的形式重新进入生态循环。这种可降解塑料包装材料，既具有实用性，又具有环保性，是现代社会追求绿色、可持续发展的理想选择。

4.2.4 绿色促销

绿色促销是围绕绿色产品所开展的一系列销售活动。其核心在于通过充分的信息传递，引导绿色消费，使绿色产品与消费者的绿色需求相协调，从而树立企业和产品的绿色形象，激发消费者的绿色意识，推动绿色产品的销售。在促销活动中，绿色广告、绿色推广、绿色公关等都是重要的沟通手段。绿色促销不仅是一种销售活动，更是一种宣传和推广绿色理念的方式。通过有影响的绿色促销活动，企业可以宣传自己的环境保护理念，扩大企业在消费者心中的影响力，树立一个积极、环保的绿色企业形象。因此，绿色促销的作用不仅在于短期的销售增长，更在于长期的品牌塑造和消费者关系的建立。在不断变化的市场环境中，绿色促销能够帮助企业更好地适应市场需求，增强竞争力，实现可持续发展。

（1）绿色广告

绿色广告通过巧妙地定位产品的绿色功能，引领消费者理解并接受广告的诉求。在绿色产品刚刚上市的投入期和成长期，绿色广告的宣传能够营造出一种绿色消费的氛围，激发消费者对购买绿色产品的欲望。绿色广告的传播，更是对绿色经营理念和绿色消费概念的宣扬。它通过描绘绿色生活场景、传递绿色心情等绿色信息，让消费者深刻感受到强烈的绿色文化氛围，从而刺激消费者的购买欲望。

绿色广告的五个基本要素，它们是相互关联的。第一，明确绿色广告的目标。这不仅需要告知消费者关于最新的绿色产品以及现有绿色产品的范围，更需要提醒消费者关注企业的绿色产品，并说服消费者相信绿色产品的功能。第二，广告投放频率。对于企业的发展起着至关重要的作用、处于投入期的绿色产品应加大广告的投入和出现频率，以加强对消费者的说服力。第三，确定绿色广告传达的信息。通过一定的形象、语言和音乐传递绿色产品的信息，展现绿色生活场景，宣扬绿色心情。这些广告信息，能够促进企业与消费者的交流和沟通，让消费者产生亲近感，拉近消费者与绿色产品的距离。第四，媒体的选择。绿色广告应选择目标顾客涵盖率高、成本较低的媒体传递绿色信息，以达到更好的宣传效果。第五，绿色广告效果的测试。通过测试了解消费者对绿色广告的印象，消费者对绿色广告信息的认知度和记忆度，消费者接触到绿色广告信息的比例，以及绿色广告宣传引起消费者购买意愿及购买行为的情况。这一步骤可以为企业对绿色广告策略的调整提供依据。总的来说，绿色广告作为一种新型的广告形式，它的出现不仅丰富了我们的广告市场，更是为推动绿色消费、促进可持续发展提供了有力的支持。

（2）绿色推广

绿色推广，是营销人员在销售现场，将产品的绿色信息直接传递给消费者，讲述产品的绿色功能，解答消费者对绿色产品的疑惑，并分享绿色营销的最新动态，从而激发消费者的购买欲望。为了使消费者更好地理解绿色产品，绿色推广通常会采用产品试用、礼品馈赠、样品展示等丰富多样的活动。

营销人员面对面地向消费者展示企业绿色产品的各种功能，深入浅出地解释消费者的疑惑，这种互动式体验无疑会增强消费者对产品的信任感。同时，通过试用、馈赠和展示等活动，消费者能够更直观地感受到产品的质量和功效，从而逐渐从少量试用发展到购买消费。这些看似简单的体验和惊喜，其实都是企业为了增加销售额、扩大产品知名度而精心策划的促销方式。

样品展示促销，就像在商场门口的户外演示活动，利用新品上市、店庆、节假日等特殊时机，将企业产品进行生动形象的展示，配合宣传和演示活动，快速高效地向消费者传递产品信息。这种促销方式不仅成本相对较低，而且反馈速度也快，被越来越多的企业所采用。无论是产品试用、礼品馈赠还是样品展示，都是为了更好地推广绿色产品，让消费者更深入地了解和体验绿色消费的价值和魅力。这样的互动式体验和促销方式，无疑会增强消费者对绿色产品的信任感和购买欲望。

（3）绿色公关

绿色公关是企业公关人员通过发表文章、讲演、影视资料播放、社交联谊、参与环境保护公益活动等举措，增进社会公众对企业的了解与支持的一种促销手段。绿色公关不仅增强了公众的绿色意识，还树立了企业的绿色形象，为绿色营销奠定了广泛的社会基础，促进了企业绿色营销的发展。绿色公关的主要合作对象包括客户、环保组织、法律团体、一般性团体等，其优点在于能够帮助企业更直接、更广泛地将绿色信息传递给广告无法触及的细分市场，为企业带来独特的竞争优势。绿色公关是树立企业及产品绿色形象的重要传播途径，它着眼于良好的公共关系状态，赢得社会对企业广泛的了解、好感、信任与支持，提高社会公众对企业及产品的认同感和接受程度。绿色公关的基本方针是从长远利益出发，通过长期的、有计划的、坚持不懈的努力，建立维护和发展与社会公众之间的良好关系。它不以立即促成购买行为为目的，而是注重在公众中建立良好的口碑和形象，为企业未来的发展奠定坚实的基础。

4.3 绿色营销在我国的推行

近年来，我国部分企业对于绿色营销的认识逐渐深化，一些卓越的企业更是将绿色营销视为提升市场竞争力的重要策略。他们积极关注绿色消费市场，并在绿色产品研发、绿色包装材料开发以及产品的绿色认证等方面取得了显著的成就。然而，从整体来看，我国企业对绿色营销的认知还存在一定的不足，尚未完全摆脱传统市场营销观念的束缚，营销手段相对滞后，与绿色营销的要求尚有较大差距。

绿色营销是企业市场营销在当代的新趋势，其重要性在未来将日益凸显。我国企业应着眼于未来，增强开展绿色营销的紧迫感，积极借鉴并吸收现代营销策略的新研究成果，将实施绿色营销作为促进企业发展的重要途径。

4.3.1 我国企业实施绿色营销的成果

尽管我国企业在绿色营销方面相较于发达国家还显得不够成熟，存在不少需要改进的环节，但经过多年的努力，还是可以看到一些企业在绿色营销方面取得了可喜的成绩。尤其是在绿色产品研发、绿色包装开发、产品绿色标志认证等方面，取得的成就更是显著，有些方面甚至实现了重大突破，为我国企业进一步推行绿色营销奠定了坚实的基础。

(1) 绿色产品开发稳步发展

我国绿色产品的开发现状确实呈现出了蓬勃发展的态势。在“双碳”

目标的引领下，越来越多的企业不仅积极响应国家的环保政策，还将绿色理念深深融入产品开发的全过程，以实现环保与经济效益的“双赢”。

以丰科智能工厂为例，该工厂日产菌菇可达100吨，年产超过35000吨，年产值高达4.5亿元，位居亚洲第一。丰科生物通过与华为（成都）智能制造创新中心合作，共同打造了无人化、规模化和国际化的智能工厂平台。该平台实现了各个生产环节的数据打通，通过全车间互联网接入，实现了大数据智能化分析和调控，满足了食用菌生产过程中对温度、湿度、光照、CO_2浓度的需求，确保了原生态的工艺流程。这种智能工厂模式不仅提高了生产效率，还大大降低了能源消耗和环境污染，真正做到了绿色生产。

同时，丰科智能工厂还注重从生长到售卖全过程的智能监控，以可视化生产保证产品品质的高质量发展。这种对品质和环保的双重追求，使得丰科智能工厂的产品在市场上备受青睐，进一步推动了绿色产品市场的快速发展。

除了丰科智能工厂这样的具体实例外，还有许多企业在绿色产品开发方面也取得了显著成果。例如，一些家电企业积极研发节能、环保的家电产品，通过采用先进的节能技术和环保材料，降低产品能耗和污染物排放；一些新能源汽车企业则致力于研发高效、环保的新能源汽车，推动交通领域的绿色转型。

当然，尽管我国在绿色产品开发方面取得了显著进展，但仍面临一些挑战，如技术创新不足、市场接受度有待提升等。未来，我国还需要继续加大投入，加强产学研合作，推动绿色产品开发的持续创新与发展。同时，政府和社会各界也应继续给予大力支持，通过政策引导、财政补贴等方式，进一步推动绿色产品市场的快速发展。

（2）绿色包装技术发展迅速

在我国绿色包装技术的开发领域，一些企业已经取得了令人瞩目的成果。以大连绿洲食品包装有限公司为例，它们成功开发了一种以纯天然纸浆为原料的纸模餐具。这种餐具的主要成分是天然植物纤维素，极易被土壤微生物分解，即使被遗弃在大自然中，短短半个月内就会完全分解，并不会留下任何有害物质。

此外，武汉市的两家环保包装材料公司成功将甘蔗渣、麦草和废报纸加工成防震减压包装材料。这种材料在性能上丝毫不逊色于发泡塑料，而且不会污染环境。武汉市科研人员还研制出一种新型的内包装材料——可食性包装膜。这种材料是由苕干、土豆、碎米等原料经发酵转化成多糖，再将其延展成薄膜制成的。它具有可食性、可降解性、无色透明、隔氧性好等特性，作为食品包装膜，其技术指标甚至达到了塑料包装优等膜的标准。

此外，一种新型的蜂窝纸板箱包装已经成为家电等产品的理想包装物。这种蜂窝纸是以仿造蜂巢结构的纸蜂窝为基体，在其两面分别粘接箱板纸和单瓦楞纸板而成的新型板材。它具有耗材少、质轻、成本低、强度和刚度很高、缓冲隔震、保温隔热和隔音等多种优异性能，经过特殊处理后还能阻燃、防潮、防水。广东地区的科龙、美的、格力等空调生产企业已经开始使用蜂窝纸板来替代发泡塑料衬垫。目前，蜂窝纸板已经渗透到机电等大宗产品的包装中。据悉，一汽、二汽、上汽、广州本田等一批汽车生产企业也开始效仿家电企业，以蜂窝纸板作为汽车配件、发动机、底盘等产品的包装材料。

（3）绿色标志认证取得进展

1993 年 8 月，我国正式实施了环境标志制度，标志着我国对环境保护的重视和努力。1994 年 5 月，中国环境标志产品认证委员会的成立为环境标志产品认证提供了坚实的组织保证，使得我国的环境标志产品认证工作得以全面展开。经过近十年的发展，中国环境标志逐渐壮大，涵盖的产品种类和数量逐年增加。绿色标志认证作为推动绿色经济发展的重要手段，其重要性正日益凸显。随着消费者对环保意识的提升和绿色消费市场的持续扩大，绿色标志认证不仅成为企业展示产品环保性能和品质的关键证明，更成为提升品牌形象和市场竞争力的重要途径。

在这一背景下，政府也积极出台相关政策，以进一步推动绿色标志认证体系的完善和发展。

首先，政府制定了一系列严格的绿色标志认证标准和程序，确保认证过程的公正性和权威性。这些标准涵盖了产品的生产、加工、包装等各个环节，要求企业在整个生产过程中都遵循环保原则，确保产品的绿色性。

其次，政府加大了对绿色标志认证的支持力度。一方面，政府提供了资金扶持和税收优惠，鼓励企业积极申请绿色标志认证；另一方面，政府还加强了对认证机构的监管和指导，确保其能够严格按照标准进行认证工作，为企业提供可靠的服务。

最后，政府还积极推动绿色标志认证与市场监管的有机结合。通过加大市场监管力度，政府严厉打击了假冒伪劣和虚假宣传等违法行为，保护了消费者的合法权益。同时，政府还鼓励企业加强自律，自觉遵守环保法规和标准，提高产品的质量和竞争力。

在政策的推动下，绿色标志认证不仅得到了广泛应用和普及，更成为推动绿色经济发展和生态文明建设的重要力量。通过认证，企业能够向消费者传递产品的环保信息，引导消费者选择绿色产品，从而推动绿色消费市场的扩大和发展。同时，认证还能够促进企业加强环保管理，提高资源利用效率，降低环境污染，实现可持续发展。

绿色标志认证在推动绿色经济发展、提升企业形象和市场竞争力、促进可持续发展和生态文明建设等方面发挥着重要作用。随着政策的不断完善和市场的不断扩大，相信绿色标志认证将会在未来发挥更加重要的作用。

4.3.2 我国企业实施绿色营销中存在的问题

近年来，绿色营销在国际上逐渐成为企业营销的主流趋势，我国部分企业也开始转变营销策略，向绿色营销方向发展。然而，从整体来看，我国大多数企业尚未形成强烈的绿色营销意识，传统营销观念仍然占据主导地位，这不仅影响了企业绿色营销的发展，还影响了企业绿色经营的进一步推进。这些问题应当引起我国企业的足够关注和重视。我国企业在绿色营销方面主要存在以下问题。

（1）企业对实施绿色营销的重要性认识不足

我国众多企业在绿色营销方面，尚未充分认识到其重要性。许多企业仍未确立绿色营销观念，使得营销活动仍然以追求短期利益和微观利益为主，对眼前的利益更加关注，而忽视了对环境保护和长远社会利益的贡献。面对绿色消费趋势的崛起和国际贸易绿色壁垒的加强，我国相当一部分企业并未认真研究这一变化，仅将绿色营销视为一种促销手段，而未能深入理解其经营理念。在开发绿色产品和包装、进行绿色认证等方面，这些企业首先考虑的是经济收益。如果消费者对其绿色产品的反应不热烈，经济收益不理想，这些企业就会放弃绿色营销策略。这种状况与积极实施绿色营销的先进企业形成巨大的反差。

（2）企业的营销策划与绿色营销不相适应

搞好企业营销工作，提前策划至关重要。营销策划是一个对企业营销活动进行巧妙设计、形成方案的过程，它有助于提高营销活动的水平和效果。然而，令人遗憾的是，当前许多企业在开展市场营销活动时并没有进行预先策划，也没有制订营销方案和计划，导致营销活动水平不高，营销效果不尽如人意。更令人担忧的是，这些企业缺乏足够的市场营销知识，甚至对营销概念一无所知，以为营销就是简单的推销。因此，在实际工作中，他们往往把营销人员等同于普通的推销员，将营销工作重点放在销售产品上，结果花费了大量精力，却收效甚微。

绿色营销，它并非简单的营销策略，而是一种从保护环境、反对污染、充分利用资源的角度出发，涵盖了企业营销活动的方方面面。绿色营销，不仅关注产品的销售，更重视企业在整个运作过程中是否符合环保、可持续发展的原则。绿色产品开发是绿色营销的核心。只有通过不断研发绿色产品，以绿色产品逐步取代非绿色产品，我们才能真正实现市场营销活动的主体转移。然而，目前我国企业在开发绿色产品方面，普遍缺乏紧迫感。虽然已有一些企业成功开发出绿色产品，但这些产品的绿色含量仍有待提高。我们可以从产品包装和促销方式两个角度来看待这个问题。许多企业过于追求产品的坚固、精美、豪华，却很少考虑所用材料的环保性。而在促销方式上，一些成功开发出绿色产品的企业，还没有承担起绿色信息的传播者、宣传者的责任。他们缺乏引导绿色消费、开辟绿色市场的创新意识。

（3）营销人员的素质偏低

当前，企业营销人员素质偏低，这种情况相当普遍。尽管对于一般从事推销工作的营销人员来说，文化水平和科学知识水平方面不一定要全面，但从实施绿色营销的角度来看，没有高水平的营销策划人才，就很难取得成功。随着时代的进步，产品的科技含量越来越高，市场营销策略也越来越丰富多彩。那种认为营销人员只要经验丰富、善于劝说就能把产品推销出去的想法已经显然不适应时代发展的需要。

具备多学科背景、敏锐的洞察力及较高的政策水平，是绿色营销策划人才的基本素质。他们不仅要掌握市场营销学、管理学、公共关系学、心理学、广告学、美学、运筹学、法学等方面的基本知识，还要对所在行业、企业及其产品、市场、客户等情况有所熟悉。特别是对于从事绿色营销的营销策划人才来说，他们还需要具备与企业绿色经营各个方面相关的知识。然而，目前在我国，符合这些要求的营销策划人才还十分稀缺。

培养高水平的营销策划人才并非易事，需要依靠专门的机构和学校进行系统培训。然而，我国在这方面的资源相对匮乏。尽管众多高校早在十多年前就已开设了相关课程，如《市场营销学》等，但它们往往过于偏重理论而忽视了实际应用，导致学生在面对实际工作时显得力不从心。因此，我国亟待加大力度培养这种具备实践能力的营销策划人才，以满足企业的需求。

4.3.3 促进我国企业开展绿色营销的对策措施

我国企业在绿色营销中存在的问题，确实应该引起我们的重视。绿色营销，作为企业绿色经营的重要组成部分，它的成败直接关系到企业的整体运营。因此，我国企业应增强开展绿色营销的紧迫感，认真对待绿色营销问题，并在经营策略上突出营销部门在企业生产经营活动中的重要地位。同时，我们应该加强绿色营销的策划工作，努力提高绿色营销水平，以确保企业在市场竞争中的优势地位。

（1）增强开展绿色管销的紧迫感

从国内外市场的发展趋势来看，绿色营销已成为现代企业营销发展的必然方向。提高绿色营销水平，不仅符合国际市场的需求，更是参与全球化竞争的客观要求。随着国内市场与国际市场的深度融合，我国企业与国际企业的竞争愈加激烈。在国际竞争中，绿色经营已经成为发达国家企业的竞争优势。如果我国企业不注重提高绿色营销水平，就难以在市场竞争中立足。

现代市场营销观念是企业领导人在组织和谋划企业的营销活动时应当建立的指导思想。现代市场营销观念认为，实现企业经营目标的关键在于正确确定目标市场的需求，并且比竞争者更有利、更有效地满足目标市场的期望。企业绿色营销活动同样也要对绿色消费市场进行深入研究，通过绿色营销活动，创造、发现并满足市场的绿色消费需求。当前，我国企业的传统推销思维方式正面临着现代市场营销观念的挑战。面对变幻莫测的市场，缺乏现代营销观念和有效的营销手段，企业将会由于自身的不足而在竞争中处于劣势。因此，我国企业应增强开展绿色营销的紧迫感，尽快提高企业的营销观念和营销水平。为了更好地研究绿色市场、把握绿色市场的动态，企业应该充分运用市场分析、消费者行为分析、竞争分析、顾客满意度调查等现代营销技术与方法，发挥绿色市场营销的主动权。只有不断提升企业的绿色营销水平，才能在市场竞争中立于不败之地。

（2）突出营销部门在企业生产经营活动中的地位

在现代商业世界中，市场营销观念已经发生了深刻的变化。营销不仅仅是推销产品，更不只是销售部门的事情。相反，营销部门的工作涵盖了市场调研、营销策划、顾客服务等多个方面。他们肩负着将市场动态与趋势传递给企业决策层的重任，同时还负责将企业的生产管理与市场需求紧密相连。因此，企业决策者必须充分认识到市场营销工作的重要性，给予营销部门应有的地位，使其成为连接企业其他职能部门与市场的桥梁。只有通过这样的方式，企业才能真正实现经营一体化，让所有部门都能围绕市场营销展开工作。企业的一切生产经营活动成果，最终都是通过市场营销来实现的。因此，各个部门都应该树立正确的营销观念，了解企业的营销目标和策略，理解这些目标和策略与他们各自工作的关系，并积极主动地配合营销部门的工作。只有这样，才能更好地促进企业营销目标的实现，让企业在激烈的市场竞争中立于不败之地。

在繁重的市场营销工作中，有一个不容忽视的重要环节，那就是加强营销队伍的建设，以及提高营销人员的素质。营销工作能否取得成功，在很大程度上取决于我们营销人员的专业能力和个人素质。为了提升我们营销人员的文化科技水平和现代营销能力，企业应该按照不同层次的要求，有计划地对现有的营销人员进行培训。同时，也要积极选聘一些高素质、高水平的营销人员来充实营销部门。

现在，面对日趋激烈的国内外市场竞争和更多的市场机会，我国的企业对营销人才的需求变得更加紧迫。与此同时，外资企业也在为了拓展在我国的业务而广招本地营销人才，使得人才竞争变得异常激烈。因此，为了提升企业的市场营销水平，保持一支高效率的营销队伍，企业还应该建立科学有效的激励机制，充分激发我们营销人员的工作积极性，让他们能够以更高的热情投入市场营销工作中去。

（3）加强绿色营销的装划工作

一场成功的营销活动，它的核心在于策划。策划是对未来市场营销活动的细致规划，旨在实现特定的营销目标。它不仅仅局限于促销策划，也是涉及企业形象、产品形象、销售渠道以及市场调研等多个方面的策划。为了更好地实施绿色营销，企业需要加强对绿色营销的策划工作，融入现代营销策略，将绿色营销的推行方案作为有效手段。只有精心的策划和完美的实施，才能让营销活动取得最佳效果。

①产品创新策略

消费者在市场中进行购物时，最为看重的便是产品能够带来的实际利益。一款产品能否受到消费者的喜爱，不仅取决于生产者可以提供何种优质的产品，更关键的是这款产品是否可以为消费者带来切实的利益，让他们的需求得到满足。绿色营销的产品创新策略，正是为了设计出更加贴合消费者需求、更具吸引力的绿色产品。首先，我们要凸显产品的绿色特性，展现其在环保方面的独特优势；其次，还要注重产品的外观和功能设计，使其能够吸引消费者的目光并满足他们的需求。结合当前流行的时尚元素进行产品设计，将产品的绿色特性与时尚元素完美融合，必将为消费者带来更加新颖、更加实用的产品体验。

②销售服务策略

销售服务，是企业为促进产品销售而围绕产品的使用对消费者提供的一系列服务。充分满足消费者所要求的全方位的销售服务，是企业竞争力的有力保证。因为在购买过程中以及使用商品的消费过程中，消费者所获得的满足感是表现在不同的方面的。由于消费者更愿意选择那些能够提供尽可能多的附加值的商品，在大多数企业的产品性能逐步接近的情况下，销售服务就成为企业竞争的主要方面。全方位服务竞争策略，包括在产品销售前向消费者介绍商品的性能和特色，促使消费者了解、熟悉产品，产生购买欲望；在产品销售中帮助消费者顺利地做出购买决策，并提供方便的购买条件；在产品销售后对消费者提供安装、维修服务，讲解产品的使用、维护、保管知识，定期进行客户走访等。对于绿色产品来说，同样需要全方位的销售服务。采用销售服务策略对绿色产品的销售同样有很好的效果。

③企业形象策略

企业形象策略，简单来说，就是将企业的经营理念和企业文化的精神传达给社会公众，向公众展示企业的独特个性、价值追求、增强消费者对企业的认同感，从而提高企业的竞争力。企业形象策略包含诸多方面的内容，如企业的标识设计、价值观念的体现、文化理念、精神风貌、经营风格以及企业实力的展示。它的目标是塑造企业多层次、多方面的形象，给社会公众留下独特而深刻的企业印象。

在当今市场环境下，消费者在选择产品时，除了关注产品的品牌、价格、质量等因素外，还会考虑企业的整体形象。一个知名企业的形象具有强大的号召力，往往能够吸引一批追随者。他们以拥有和购买该企业的产品为荣，企业形象成了产品品质和信誉的保证。这种精神上的影响力对企业竞争发挥着越来越重要的作用。为了在激烈的市场竞争中脱颖而出，企业需要实施绿色营销策略。在这个过程中，企业形象策略可以发挥重要作用。我们将绿色环保元素融入企业形象策略的各个方面，塑造和展示以绿色环保为特征的企业形象。这样不仅可以提升企业的社会责任感，还可以增强消费者对企业的信任和好感，从而促进企业的发展。

④整合营销策略

整合营销，这一现代的策略，让企业在以消费者为中心的指导下，灵活协调并运用各种传播媒介，以统一的目标和统一的传播形象，将产品信息传递给消费者，实现企业与消费者的双向沟通。这不仅快速在消费者心中树立了产品品牌地位，还建立了品牌与消费者之间的长期密切联系。这就是整合营销的魅力所在，它能够让企业的各种营销手段朝着同一个方向发力，形成合力，共同为企业营销目标服务。它的核心理念就是整合，不仅包括企业营销过程、营销方式以及营销管理的整合，也涵盖了对企业内外的商流、物流及信息流的整合。采用整合营销策略的企业，往往能比单独使用各种营销策略获得更好的营销效果。在这个绿色环保的时代，企业采用绿色营销策略并用整合的方式去推广，无疑是将绿色、环保的元素与整合营销的目标完美结合，以更集中、更有效的手段向消费者传递企业的绿色、环保特色。这不仅有利于企业更好地融入环保的大潮中，更有助于实现企业的营销目标。

⑤知识营销策略

知识营销，一种现代的营销策略，借助于知识的创造、传播和应用，提升产品的吸引力，并推动消费者购买优质产品，远离劣质产品。它通过传播科普知识，增强消费者的鉴别能力，使消费者在购买过程中，能够收集信息、评估价值，最后决定是否购买。然而，由于知识和信息的局限性，一般消费者很难达到这样的要求。因此，很多消费者往往只能听从卖方的劝诱，然而这种劝诱可能因为消费者的疑虑而难以实现。知识营销策略为这个问题提供了解决方案。

为了使消费者更好地理解技术含量高的产品，企业应派出专业人员，直接面对消费者，提供全方位的知识服务，从而赢得消费者的信任和好感，推动产品的销售。尤其对于企业的绿色营销来说，很多绿色产品属于技术含量高的创新产品，非常适合采用知识营销策略。通过知识营销策略，既可以普及环保知识，又可以促进企业绿色产品的销售。

4.4 企业绿色营销的实践案例

【案例1】

国内乳制品企业绿色营销典型案例分析

——以内蒙古伊利实业集团股份有限公司为例

内蒙古伊利实业集团股份有限公司（以下简称伊利集团或伊利），总部位于内蒙古自治区呼和浩特市，成立于1993年，其位居全球乳业五强，连续十年蝉联亚洲乳业第一，是世界级体育盛会、顶级峰会官方合作伙伴，在2008年北京奥运会和2010年上海世界博览会中均提供了相应服务。伊利是中国首家唯一同时服务夏季奥运和冬季奥运的健康食品企业。2023年8月28日，伊利股份发布的中报显示，上半年公司发展步履不停，再创新高，营业总收入同比增长4.31%，达661.97亿元，净利润同比增长2.85%，达63.14亿元。2023年上半年，在依然充满挑战的大环境下，伊利仍以极大战略定力坚持开拓创新，引领乳业高质量增长。伊利已正式发布“成为全球乳业第一，挺进全球健康食品五强”的战略目标。

作为中国乳业首倡“绿色产业链”的企业，伊利集团坚持“绿色生产、绿色消费、绿色发展”三位一体的发展理念，用自身行动来践行绿色理念，秉持对社会、环境负责的态度来促进企业绿色发展。2018年1月26

日，第七届世界环保（经济与环境）大会在北京举行，伊利第五次斩获被誉为“世界低碳环保楷模勋章”的国际碳金奖。2020 年 10 月，伊利在行业内第一家承诺实现碳中和，2021 年 12 月 28 日，伊利又获得了必维集团（BureauVeritas）颁发的碳中和核查声明（PAS2060），这是中国乳业首张碳中和核查声明，表明了伊利股份主动推进碳达峰、碳中和的工作获得国际权威机构的认可。2022 年，伊利 ESG 评级获得中国社科院的“五星级”评价，名列乳品行业第一，《2021 伊利集团可持续发展报告》也连续第 3 年获得中国社科院“五星佳”——可持续发展报告乳业最高评级。

早在 2007 年，伊利集团董事长潘刚率先提出“绿色领导力”，并在 2009 年进一步升级为伊利的“绿色产业链”战略，倡导“绿色生产、绿色消费、绿色发展”三位一体的营销理念。在绿色环保领域，伊利不断加大节能减排力度，强化绿色管理，做好污染防控。伊利设立了“环境可持续发展三级目标体系”，从源头抓起，综合施治，严格控制能源消耗和污染物排放，连续十年编制《碳盘查报告》。据统计，2019 年伊利能源消耗减少 19699.04 吨标煤，温室气体排放量同比下降 10.8%。伊利还把绿色发展理念贯穿于包装设计等各个生产环节，仅 2019 年一年，伊利旗下金典系列牛奶共使用 FSC 包材 39.76 亿包，相当于可持续森林经营 15 万亩。与此同时，伊利还在生物多样性保护领域积极探索，开展“绿色产业链”发展战略，为企业支持环保行为提供了范本。

在一次次绿色营销战中，伊利正是针对具体情况制订相应的绿色营销策略，从而获得成功，这些看似零散的营销策略，却蕴含了绿色营销智慧，是伊利立足国内市场的重要基础。

（1）推出绿色产品

为了向消费者提供更环保、更低碳的绿色产品，2022 年 3 月，金典推出了中国最初一款“零碳牛奶”——金典碳中和有机奶，这款“零碳牛奶”已获得必维集团（BureauVeritas）颁发的碳中和核查声明（PAS2060），实现了温室气体的相对“净零排放”。每一提金典碳中和牛奶，中和约 7.7kg 碳排放量，相当于一棵树一年的碳吸收值。此外，伊利还专门推出 5 款“零碳产品”，引导消费者开展包装分类回收利用，引领绿色消费新风尚。为此，伊利创新建立覆盖人群参与、转运和清点、回收再造、预测建模全环节的“全链路减碳数字化系统”，有效解决消费者的回收触达难题。消费者可将饮用完的伊利牛奶空盒收集后，直接放进菜鸟驿站内的回收箱，扫码后关联菜鸟账户就能得到相应的绿色能量积分，并获得诸如礼品、优惠券等奖励。2023 年，伊利与阿里巴巴共同启动了新一期的“88 减碳日”活动，以“低碳启新年，减碳盒伙人”为主题，大力推广伊利零碳系列奶产品，鼓励消费者参与空瓶奶盒回收并获得相应的绿色能量积分，让消费者便利地参与到保护地球的行动中来。

（2）实施绿色促销

金典积极争取成为杭州亚运会官方指定乳制品、绿色有机生活的倡导者，金典紧跟伊利集团步伐，在为运动员提供营养支持的同时，以亚运会为重要契机，助力将亚运会打造成绿色赛事样板，服务其成为展现我国绿色发展理念与减污降碳责任担当的窗口，带动广大消费者共同参与绿色生活，以更多环境友好型的产品、更富社会责任感的绿色行动，为助力国家“双碳”目标实现、构建人与自然和谐共生的美丽中国贡献力量。为积极倡导绿色生活方式，伊利还将每年 6 月作为“伊利低碳月”。“伊利低碳月”活动以“共建清洁 · 美丽世界”为主题，推出“135 绿色出行计划”“我的夏天 26 度”“伊利低碳月健步走”等倡导活动，引导每一位伊利人做低碳环保行动派，与社会各界共建绿色低碳家园。

（3）设计绿色包装

作为中国乳业龙头，伊利积极推广绿色环保包装，提倡有机生活，用实际行动助力碳中和目标实现。为减少碳足迹，伊利牛奶金典打造了无印刷无油墨新包装，并在 2021 年世界环境日上推出了植物基梦幻盖，部分原料来自可再生资源——甘蔗，在保持外观与功能的同时，减少对化石资源的依赖。该产品以有机低碳为突出特点，采用了可减少碳足迹，更符合有机环保理念的“植物基盖”。不仅契合了金典有机生活的理念，更充分贯彻了亚运会的绿色理念倡导。数据显示，伊利牛奶金典全线产品采用经过

FSC 森林认证的包材，仅 2020 年伊利牛奶金典就使用了 FSC 包材 49.46 亿包，相当于推进了 18.55 万亩可持续森林的经营，减少了对环境的污染，极大限度地保护了森林资源。金典还推出了 0 铝箔无菌砖包装，可以在很大程度上减少碳足迹，这种创新包装更易于回收。

（4）加强人才培育

伊利在 2022 年 4 月启动的“伊利集团碳中和项目”中，有一项关键内容便是“开展碳盘查和碳足迹培训”，参加培训的 150 个员工来自伊利在全国各地的工厂，在严格的培训标准下，最终有 50 人在碳盘查方面实现了“持证上岗”，获得碳盘查核算证书。迈向降碳、低碳的绿色发展之路，用实际行动推进碳达峰、碳中和，伊利已经探索出了一条乳业实践路径。

（5）建立绿色工厂

在“双碳”目标下，绿色低碳已成为企业发展趋势。绿色工厂是绿色制造的核心单元、实施主体，打分评价高耗能制造型企业生产过程的绿色化程度。从 2010 年开始，伊利已连续 12 年开展企业内的全面碳盘查，2022 年 4 月，伊利先后建成了行业首个“零碳工厂”，陆续推出了“零碳牛奶”“零碳酸奶”“零碳冰淇淋”等“零碳”产品。

（6）争取政策支持

第一，国家层面上，工信部响应“双碳”目标的重要举措，“十四五”期间重点发展方向。优先享受工业转型升级资金、专项建设基金、绿色信贷等，申报国家项目时获得加分及政府优先采购。第二，地方层面上，地市配套资金奖励、税收优惠政策，在限产、限电时期获得赦免权。第三，金融层面上，享受国开行绿色金融信贷，优先享受金融机构便捷、优惠的担保服务和信贷支持。第四，节能减排指导上，获得国联质检的指导，帮助企业辨识能源利用现状，挖掘节能减排潜力，提出性价比高、切实可行的技改措施及方案，达到减排、降耗目的，创造碳资产价值，有利于企业进入碳市场后实现碳资产变现。

（案例来源：梁轩轩．“双碳”目标下蒙牛乳业集团绿色营销策略研究［D］．河北地质大学，2024）

【案例 2】

煤炭企业绿色营销战略

煤炭企业想要实施绿色营销、通过绿色营销助推企业发展，首先应当在企业战略层面确立绿色、低碳的总体战略规划，并将其进一步延伸到企业营销管理领域，使其成为企业制订营销策略、开展营销活动、选择营销渠道的指导理念。

以兖矿能源为例，作为全国第二大煤炭企业，兖矿能源在 A 股、美股、港股三地上市，所面临的内外部市场环境、竞争环境尤为复杂。在这一背景下，兖矿能源于 2021 年底发布了立足于低碳经济新时代背景的战略发展纲要，确立了“建设国际一流、可持续发展的清洁能源引领示范企业”的企业长期战略目标。按照发展战略纲要，兖矿能源在现有的资产基础之上，立足煤炭主责主业，通过协同、延伸、聚合的方式，延展公司产业链条，增强公司的盈利稳定性，铸就价值创造型的成长与转型之路。在此基础上，兖矿能源将总体战略目标拆解和细分，在营销管理领域，确立了“构建绿色营销渠道；实施绿色、差异化营销策略”的总体指导方向，并将其设为企业长期发展的必由之路，以“智慧物流体系”为依托，充分践行绿色营销路径。

与公路运输模式相比，海路、铁路运输在节能环保、减少污染等方面有着巨大优势。煤炭企业在选择自身的营销路径、运输方式时，应当依托自身的规模优势、资金优势，顺应时代趋势，以绿色低碳发展为目标，以智慧物流为抓手和工具，推进营销管理工作向绿色、可持续转型，构建绿色、多元、环保的现代化营销体系，保障企业在低碳经济背景下的稳定发展。以兖矿能源为例，根据战略发展纲要的要求，兖矿能源整合了产品生产及研发、营销渠道、供应链条内的各层级参与者，构建了自身的智慧化物流体系，并借此建立了绿色、多元、环保的智慧化营销体系。仅在 2022 年，兖矿能源便依托自身在技术和资金方面的优势，将资源充分整合，全力构建了铁路、公路、海路、物流园区“四位一体”的现代物流产业体系和营销体系。在此基础上，兖矿能源还在2022年整合企业的所有物流资源，全资持股组建成立了大型综合物流服务企业——兖矿物流科技有限公司，作为兖矿能源实现“智慧物流”高质量发展的管理运营主体。目前，公司具备铁路1.5亿t、公路1亿t、港航5000万t，整体3亿t/a的发运能力，拥有铁路、公路、港航的物流园区13处，储配煤能力高达2000万t/a，形成了覆盖全国各主要经济区的智慧化、现代化物流通道及营销渠道网络。同时，借助现代化信息技术成功搭建了“煤不落地”的绿色运输渠道，实现了经济效益和环境效益的共同提升，完成了从“传统运输、营销体系”向“智慧运输、营销体系”的成功转型。

在低碳经济背景下，越来越多的企业加入实现“碳中和”目标的队伍中，通过优化包装、增大可再生能源替换率等方式，进一步向消费者传达践行自身所承担的社会责任、实现可持续发展的决心与态度。在这一过程中，企业也可以实现自身营销策略的差异化竞争优势。从煤炭行业的现实情况来看，产业内虽然品类繁多，但产品同质化水平较高、竞争较大。良好的ESG表现能够丰富品牌内涵，提升产品差异化竞争优势，更容易赢得消费者青睐。

从产品责任角度来看，大型煤炭上市企业和国际领先的煤炭企业先后发布了“清洁使用煤炭资源”的倡议，旨在减少滥用煤炭制品对环境造成的污染，并将其作为ESG战略的重要组成部分。在推广煤炭清洁使用的同时，积极推动产品研发，不断推出破解全球性问题的“金钥匙”，这些都丰富了企业自身的文化内涵和品牌价值，为企业在营销领域找到新的、差异化的突破口创造了必要条件。

从社会责任角度来看，煤炭企业作为经济社会的消费品供应重要参与方，为保持自身韧性、实现长久发展，需要将自身的战略目标、运营管理同社会的可持续发展紧密关联在一起。ESG（环境、社会和治理）不仅是企业践行可持续发展的方法和路径，更是企业的战略要务。这一趋势可以助力企业更好地满足监管机构的要求、投资者的需要以及社会的期待，同时也是企业锻造百年老店的奠基石和风向标。部分煤炭企业将下游零售商识别为履行企业社会责任的重要对象，通过帮扶零售商改善经营和生活状况，也为企业打造更有凝聚力的销售网络。

（案例来源：张雅欣．低碳经济下煤炭企业绿色营销路径研究［J］．内蒙古煤炭经济，2023，（12）：145－147.）

第 5 章

绿色技术创新

5.1　绿色技术创新的含义

绿色技术创新，是以“绿色”为定语，修饰“技术创新”。绿色，它是生命的颜色，寓意着生机与活力。因此，绿色技术创新被视为一种充满生命力、对环境有益或无害、支撑可持续发展的技术创新。在本章中，我们将全面在剖析绿色技术的基础上，明确界定绿色技术创新这一核心概念的基本含义，并对已有研究文献进行综述，为后续内容的研究奠定基础。

5.1.1　绿色技术的含义、类型及特征

（1）绿色技术的含义

绿色技术，又被称作生态科技、环保技术、环境友好技术或清洁生产技术。环保学家视其为环保技术，生态学家视其为生态技术，而环境工程专家则认为是清洁生产技术等。现有的研究对绿色技术的定义主要从两个方面进行界定：内涵界定和外延界定。对于内涵的界定，可以从技术与环境和人类关系的角度以及经济学的研究角度来理解。例如，中国科学院前院长周光召认为，绿色科技是以保护人类健康和生存环境，促进经济可持续发展为核心的科技活动的总称[28]。而从经济学角度，绿色技术被定义为“减少生产与消费的边际外部费用的技术”[29]。至于外延界定，主要是通过绿色

技术的不同类型来定义的。例如，吴晓波和杨发明认为，绿色技术是那些能够减少环境污染，节约原材料、自然资源和能源的技术、工艺或产品的总称[30]。本书所使用的绿色技术概念，是一个内涵与外延有机统一的概念。

（2）绿色技术的类型及特征

绿色技术的种类绝非单一的技术，而是整个技术家族的集合，也可以理解为一连串息息相关的技术体系[31]。简单归纳起来，大致可以分为以下几种类型：第一，资源替代与减量技术，如近年来在我国得到大力开发的太阳能技术、生物质能源开发利用技术、无水技术、清洁汽车生产技术、氟利昂替代技术、洁净煤技术等。第二，废弃物资源化技术，如中水回用技术、地下煤层气化技术、废旧橡胶与塑料利用技术等。第三，环境无害化及生态修复技术。如机动车尾气净化技术、等离子体整体空气净化技术、烟气脱硫除尘技术“绿化荒漠”技术、高效可降解农药生产技术等。第四，环境监测技术，如环境监测仪器仪表的生产技术。绿色技术的种类繁多，每一种都有其独特的魅力与价值。

绿色技术的特征主要体现在以下几个方面：

①绿色技术的正外部性，是指绿色技术的运用能够带来诸多有益的影响，不仅对直接参与这种活动的企业或个人带来益处，同时也能对整个社会产生积极的作用。例如，一些企业在生产过程中未使用绿色技术，将废水、废气、废渣直接排出，导致环境质量恶化，影响并破坏了他人的生产和生活条件，表现为负外部性。这种情况下，私人成本与社会成本、私人收益与社会收益不一致。而使用绿色技术的企业虽然增加了私人成本，但是却减少了社会成本，增加了社会收益，具有正外部性。这种正外部性表现在多个方面。首先，绿色技术的研发者和生产者能够获得相应的价值，如专利技术转让费、节能或环保设备、绿色消费品等在市场上的价值。其次，绿色技术的使用者或消费者也能获得巨大的价值，如节能降耗所带来的成本费用的降低、绿色消费品所带来的健康和疾病的减少等。最后，所有社会成员都能享受到绿色技术带来的好处，如洁净的空气、干净的水等。综上所述，绿色技术的价值不仅体现在其研发者和生产者的直接收益上，

更体现在对整个社会的积极影响上。因此，我们应该大力推广绿色技术，让更多的企业和个人认识到绿色技术的优势和价值。

②无论是技术还是生态系统，都在不断地变化和演进。人类对于自然的认知是有限的，这就决定了我们基于有限认知所研发的绿色技术，其保护和修复生态环境的能力也是有限的。绿色技术的影响力是复杂而深远的。从宏观角度看，绿色技术的发展会对经济、社会、环境等产生深远的影响；从微观角度看，绿色技术对生产领域和消费领域的变革会打破现有的利益格局，引发各相关利益方的博弈，从而对绿色技术的产业化应用产生不确定的影响。

此外，对于绿色技术的特点，学者们还有一些不同的看法。有人认为绿色技术具有战略性，也有人称其为超前性，即绿色技术应该提前研究、提前布局，从全局和战略高度进行研究和布局。同时，绿色技术还具有交叉性，涉及众多领域，需要多学科的技术支持，如新材料技术、生物技术等。另外，绿色技术还具有多层次性，在经济活动的各个层面上都应体现出可持续发展的要求。从绿色技术的经济学意义来看，绿色技术至少不落后于当前的技术水平和发展状况。这些特点虽然是绿色技术的特点之一，但并不是绿色技术所独有的特点，因此不再赘述。

5.1.2 绿色技术创新的概念界定与内涵诠释

绿色技术创新是指在资源环境约束日益增强的情况下，为满足人类对绿色需求、降低生产与消费的边际外部费用，并促进可持续发展而进行的技术创新。这个定义之所以成立，源于以下三个方面的考虑。

（1）随着资源环境约束的不断增强和人类对绿色发展的需求日益高涨，绿色技术创新成为应对这些挑战的重要手段。理论界已经有很多关于资源环境对人类经济活动约束的论述，这些约束确实在倒逼我们重新审视自身的行为选择。然而，相对而言，绿色需求对技术发展导向的研究却显得不足。实际上，人类绿色需求的日益高涨对绿色技术创新具有重要的意义。

1934 年，马斯洛提出了一套闻名遐迩的需求层次理论。他将人的需求细分为五个层次，由下至上分别是：生理需求、安全需求、社交需求、尊重需求以及自我实现的需求。根据马斯洛的理论，我们可以理解为，人类对于清洁的空气和水、生物多样性和生态平衡的需求，这些都属于人类生存和发展的基础需求，也就是马斯洛所说的第一层次和第二层次的需求。这些“绿色安全需求”[32]，不仅关乎我们的生存环境，更关乎我们的生存本身，因此应当被视为人类最基本的需求。然而，除了这些基本需求外，人类对于自然美的追求则是更高层次的需求。当我们身处优美的自然环境中，会感受到身心愉悦，享受到自然带来的无尽美景和爱的享受。这种感受甚至可以激发我们的灵感，帮助我们实现自我价值。因此，“绿色安全需求”和追求自然美的需求共同构成了人类对美好生活的向往和追求。

随着人们对生存需求的不断追求，绿色技术和绿色产品逐渐成为现代社会的热门话题。为了满足日益增长的绿色需求，人们开始重视绿色技术的创新和研究，为绿色技术的研究、开发与推广奠定了必要的观念和市场基础。调查显示，大多数消费者在购买商品时会考虑绿色因素，这表明绿色消费已经成为一种趋势。积极开发绿色技术和产品，不仅有利于经济社会的可持续发展，而且可以满足可持续消费的需要，为我们的未来创造更加美好的生活。

（2）降低生产与消费的边际外部费用，是评估技术绿色程度的重要标准之一。庇古（Pigou）首次从经济学角度提出了外部性问题，指出环境问题的产生在很大程度上源于传统技术的负面外部性。由于环境资源具有不可分割性，导致产权难以界定或界定成本过高，因此属于典型的公共产品。在使用过程中，这种性质容易导致“搭便车”和“公地悲剧”现象。作为“理性经济人”，企业在追求利润的过程中（包括消费者在消费过程中），会自发节约成本、降低边际内部费用，但往往忽视或无视其外部费用的增加，导致外部不经济。而绿色技术则是在技术生命周期的各个阶段，从源头设计开始至产品生命结束都自始至终贯彻环保和生态理念，是有利于生产与消费的边际外部费用降低的科学技术。它注重资源的节约与循环利用，尽可能减少对环境的影响，实现可持续发展。绿色技术的运用可以帮助企业降低生产成本，提高企业的竞争力，同时也有助于保护环境、改善生态，实现经济、社会和环境的协调发展。

（3）绿色技术创新，是实现可持续发展的关键所在。自20世纪中叶以来，高新技术革命的浪潮席卷全球，特别是工业生物技术、生态工程技术和信息技术等领域的飞速发展，为绿色技术创新奠定了坚实基础。这些绿色技术不仅在克服资源环境问题方面具有显著优势，而且在经济效益方面也显示出明显优势。从20世纪60年代开始，发达国家开始利用生物化工技术，以粮食、甘蔗秆等高能植物为原料生产燃料酒精、生物柴油及化工基础原料乙烯等。这种技术的独特之处在于，农作物替代石油所生产的产品废弃后可分解成二氧化碳和水，经过光合作用后又能被农作物吸收，从而实现了能源的可再生和二氧化碳的封闭循环。这一技术不仅可以缓解能源危机，而且十分有利于环境保护。然而，由于技术和成本的限制，这种资源替代始终未能实现大规模的工业化和产业化。随着80年代医药生物技术和90年代农业生物技术的迅速发展，当代迅速崛起的工业生物技术为实现资源替代和节约，解决当前资源、能源及环境危机提供了有效的手段。这种技术以规范化的方式呈现，其中包含着对技术创新的人文价值判断，反映了人类对未来科技发展应该是一种什么样的理性思考。绿色技术创新在推动可持续发展方面发挥着至关重要的作用。

5.1.3 国内外学者的相关研究及评价

国内外学者对绿色技术及其创新问题进行了深入的研究，主要涉及以下几个方面。

（1）对技术绿色化转向的必要性分析

①技术绿色化转向是根除传统技术生态负效应的需要。技术，犹如一把"双刃剑"，既能在经济和社会发展中发挥着至关重要的作用，又可能带来不可忽视的负面影响。在当前的科技竞赛中，各国都在争相展示各自的高新技术实力，但对于技术在经济发展过程中可能带来的隐患和不良后

果，人们的警觉性和重视程度还远远不够。

巴里·康芒纳认为，人类生活的世界有两个：一是我们与所有其他生物共同居住的自然世界，被誉为“生物圈”；二是人类自己创造的技术世界，称为“技术圈”[33]。生物圈就像一个错综复杂的网络，每个部分都与其他部分紧密相连，其成员之间以及每个成员与整个系统之间都是和谐共生的。然而，技术圈的各个组成部分与其周围环境的关系却大相径庭，呈现出一个线性的过程。如今，技术圈的强大已经达到了能够主导生态圈自然过程的程度。人类对生态圈的攻击已经引发了生态圈的反击，这两个世界正处于交战状态。另外，李平、肖玲认为，传统的技术创新是由技术、经济与社会三个子系统结合而成的，其中并未包括自然子系统。这样做的后果是割裂了技术、经济、社会与自然的有机联系，导致了自然资源的过度消耗和废弃物的大量排放。一旦过度消耗资源以及大量排放废弃物超出自然子系统的承载能力，传统技术创新系统将崩溃。

②技术绿色化转向是克服传统技术创新单一价值取向的需要。传统的技术创新理论，一直以来都为传统的经济发展观念所驱动。在历史长河中，经济增长曾被单一地视为社会发展的终极目标，甚至经济增长与经济发展画上了等号。然而，李平、肖玲提出，这种传统技术创新理论其实隐藏着一个前提：技术的发展变化对经济具有巨大且决定性的推动作用，技术由此成为工具理性的代名词[34]。但事实上，这种传统技术创新在带来经济迅速增长的同时，却也带来了自身难以解决的问题：生态危机和人的“非人化”。像巴西、伊朗等发展中国家都因为奉行这种传统的发展观念而付出了沉重的代价，出现了所谓的“有增长而无发展”[35]的现象。这提醒我们，单纯追求经济增长的发展观念已经过时，我们需要寻找一种更加全面、可持续的发展方式。

③技术绿色化转向是科学精神与人文精神融合创新的需要。绿色技术的崛起，是科学探索与人文关怀在更高层次上的融合与碰撞。科学精神，追求真实与理性，探寻事物的本源；而人文精神，照耀着人的价值与尊严，指引着人类前进的方向[36]。科学精神，让我们的视野更加开阔，认知更加

深入；而人文精神，则让我们的内心更加丰富，生活更加美好。尽管两者的关注点各不相同，但它们之间却有着千丝万缕的联系，共同构成了人类活动的完整画卷。然而，随着近代自然科学的兴起，科学精神占据了主导地位，人文精神逐渐被边缘化，甚至被自然科学所掩盖。这种分离与对立，不仅对科学和人文的发展造成了阻碍，也对整个社会带来了消极的影响。如今，科学技术在为人类带来便利与财富的同时，也在悄悄地破坏着我们的生存环境。为了应对这一挑战，我们必须重新审视科学与人文的关系，充分发挥人文精神对科学技术的滋养与导向作用。我们应该倡导技术创新的人文精神，将绿色技术创新纳入可持续发展的价值体系，实现自然、社会与人的协调与融合。

（2）技术创新理论研究中关于创新方向的阐述

1912 年，熊彼特在德文版《经济发展理论》中首次提出了"创新"的概念。他指出，"创新"就是建立一种新的生产函数，将全新的生产要素和生产条件组合引入生产体系。在熊彼特看来，作为资本主义的"灵魂"，"企业家"的使命就是实现这种"创新"。熊彼特所认为的"创新""新组合"[37]或"经济发展"涵盖了五个方面：第一，采用一种新的产品，这可能是一种消费者尚未熟悉的产品或产品的新特性；第二，采用一种新的生产方法，这种新方法可能已经在制造部门中通过经验鉴定，但尚未被广泛采用；第三，开辟一个新的市场，这可能是一个全新的市场，也可能是以前存在的市场；第四，掌控一种新的原材料或半制成品供应来源；第五，实现任何一种工业的新的组织形式，如通过垄断地位或打破垄断地位[38]。熊彼特的创新概念具有广泛的意义，它涵盖了各种可以提高资源配置效率的新活动。虽然其中一些活动与技术无关，但与技术相关的创新是熊彼特创新理论的主要内容。

近年来，随着资源环境问题日益凸显，技术创新对资源环境的影响成为学者和政府关注的焦点。从技术创新理论出发，学者们高度关注绿色技术创新过程，并提出了相关的模型。总的研究思路是将环境原则整合进技术创新过程的每一个子过程。各学者关注的侧重点有所不同，所提出的绿色技术创新过程模型也各具特色。对此，杨发明、吴光汉从技术与环境的绿色化、研究与开发的绿色化、技术创新过程的绿色化、企业经营管理的绿色化和技术经济范式的绿色化五个方面对国外的研究进行了比较详尽的综述。然而，从整体上看，研究仍处于从其他学科理论的引进与借鉴阶段，还缺乏对环境技术创新过程及特征的系统研究。另外，在技术创新理论研究中，对“技术轨道”的研究也接近绿色技术创新方向。

（3）对绿色技术创新机制的描述

从制度方面对绿色技术创新的制度激励进行研究，其深度和广度得益于对技术创新与制度创新之间关系进行的深入研究。对于绿色技术创新的制度激励结构的研究，其成果也未超越这一研究范围。

①绿色技术创新的动力机制。钟祖昌、陈功玉曾于2004年指出，随着资源逐渐耗竭与环境持续恶化，绿色技术创新成为外在的推动力，而经济效益则成为企业进行绿色技术创新的内在动力[39]。焦长勇在2001年全面地分析了企业绿色技术创新的机制，他发现，企业绿色技术创新动力机制在科技推动、市场拉动、行政促动和企业内部驱动等方面都展现出了新的内容[40]。张敦杰和刘姗则从市场需求、市场竞争与合作、科技进步和政府政策行为支持四个方面深入剖析了企业绿色技术创新的动力因素[41]。赵细康在2005年则着重研究了环保技术的双动力模型[42]。他提出，推动企业进行技术创新的动力来自两股力量：外部综合驱动力和内部综合驱动力，这两股力量的相对大小和作用方向分别取决于相应的驱动力与阻力的对比。如果阻力大于驱动力，则（内或外）综合驱动力为负，对创新活动具有抑制作用；反之，则具有促进作用。同样地，企业是否应进行有利于环保的技术创新，也要视内、外综合驱动力的相对大小而定。如果最终的影响力为正，则企业具有创新的动力；反之，则相反。对于环保技术创新而言，在环境政策作用下，环境成本、法律法规、市场力量和公众压力等因素的影响有利于激发企业技术创新的内驱力，而研究与开发费用的增加、创新的风险、传统技术创新的惯性等则构成内阻力。科技拉动、社会需求拉动、政府影响力和市场竞争的激励构成环保技术创新的外部驱动力。环保对外

阻力诸因素的影响很小，而且这种影响多数是积极的。例如，环境产权体系的建立等制度性改革将有助于外部性问题的解决，国家对相关产业的支持（如环保产业）有助于改善产业发展的外部环境，使相关产业的技术创新更易于进行。

②绿色技术创新的运行机制。焦长勇在2001年的研究中强调，为了确保企业绿色技术创新的顺利开展，有必要从以下几个方面进行深入的探讨和完善：一是决策机制。企业应把握市场需求，对技术机会进行敏锐的识别，以确保绿色技术创新工作的正确方向。二是界面管理机制。企业在绿色技术开发的整个过程中，如绿色制造和绿色营销等环节，都需要强化跨职能的交流与整合，这样可以增强企业与外界、企业内部各职能部门之间的信任与合作。三是资金循环机制。企业应通过多方努力，建立和完善绿色技术创新资金筹措系统，确保在绿色技术创新的各个阶段都有足够的资金支持。四是信息开发管理机制。企业应加大对信息开发的投入，建立专门的信息开发机构，以便更有效地获取和利用绿色技术创新所需的各种信息。

还有一些学者从不同的角度研究绿色技术创新机制。钟晖和王建锋（2000）分别从政府、企业、科研机构等角度来研究绿色技术创新机制[43]。他们认为，从政府的角度来看，应该强化法律规范手段，制定绿色技术创新的专利保护制度，主要运用经济手段并对资金投入予以倾斜，对绿色技术创新方向进行统一规划和协调。从企业的角度来看，要注重市场本身的利润驱动机制，并加强企业自身对绿色技术创新的认识与发展。从科研机构和其他因素的角度来看，要加强科研机构与企业的横向联合，促进科研人员生态环保意识的提高，并完善社会配套设施。

目前，理论界对技术创新机制的研究已经比较充分，但对绿色技术创新特有的规律、特有的运行机制的研究并不系统和深入，除了对绿色技术创新的动力机制研究较多之外，其他机制的研究还比较薄弱。

（4）对绿色技术创新实现路径和发展对策的论述

①培育绿色技术创新理念。陈彬（2005）强调[44]，为了实现可持续发展，走绿色技术创新之路，必须彻底改变传统的思维方式。我们应该以一

种全新的创新理念，大力推动绿色技术创新，树立新的生态意识，并确立“污染预防”的环境意识。无论是生产者还是消费者，都应该避免污染的产生，而不仅仅是避免污染排放。只有全社会树立了可持续发展的生态理念，我们才能以正确的方式支持可持续发展，大力开展绿色技术创新，将生产与消费活动始终与节约资源、保护环境紧密联系在一起。因此，我们应该加强环保宣传，普及环境教育，全面提高人们的环境意识。同时，我们应该树立科学发展观、资源观和消费观，统筹地区发展、城乡发展、经济社会发展、人与自然的和谐发展。

②培育绿色技术创新主体。荣诚（2004）提出[45]，要想实现绿色（生态）技术创新，必须着重培育绿色技术创新主体。绿色技术创新是一个包含技术与管理两个层面的完整系统，而这两个层面的创新活动都需要通过企业这一经济社会的基本单元来实施。企业在生态技术创新活动中扮演着主要参与者和实施者的角色，同时也是创新收益的直接受益者。因此，政府需要通过一系列政策来引导企业绿色技术创新的顺利进行，为其提供必要的支持和鼓励。

③完善绿色技术创新制度。彭福扬和刘小华（2004）指出[46]，要大力推动与绿色技术创新相协调的制度创新，这包括建立全面的技术创新评估制度、合理的利益分配调整制度以及有利于绿色技术创新的法律制度等。荣诚（2004）也表示[47]，良好的制度是推动绿色技术创新的重要保障，政府应针对绿色技术创新发展的特殊需求，制定相应的经济政策、法律法规和奖惩制度来支持和促进绿色技术创新的发展。

④营造良好的绿色技术创新环境。余敬和董青（2000）的研究中指出[48]，要推动绿色技术创新的发展，核心在于营造一个良好的创新环境。绿色技术创新的成功开展，与企业的创新环境息息相关。这个环境既包括外部环境，也包括内部环境。外部环境涉及政策、科技、社会公德、经济核算和生态环境等多个因素，而内部环境则主要与企业目标、科技力量、管理方式、组织结构等相关。从宏观角度看，国家应当在政策上对绿色技术创新给予倾斜，利用财政、金融、税收等手段引导和激励企业开展绿色

技术创新活动，营造一个良好的氛围。而从微观角度看，企业则需要抓住对绿色技术创新影响重大的环境因素，密切关注外部环境在企业绿色技术创新过程中的变化趋势，将绿色发展理念融入企业目标，强化科技实力，为绿色技术创新创造一个优良的内部环境。

5.2 绿色技术创新的提出

在前面的章节中，我们深入探讨了传统发展观引领下的技术创新，以及这些技术创新的负面效应和对它们的反思。现在，我们将进一步研究可持续发展观指引下的绿色技术创新。从一般均衡性、发展方向等方面，对传统技术创新和绿色技术创新的区别和内在联系进行比较分析。让我们一起揭开绿色技术创新的神秘面纱，探寻它的独特魅力和无限可能。

5.2.1 可持续发展呼唤绿色技术创新

随着经济的发展，人们逐渐意识到，我们赖以生存和发展的资源、环境正在不断遭到破坏。随着资源危机的加剧、环境问题的日益严重以及生态危机的频频出现，可持续发展观作为一种新的发展理念逐渐深入人心。

人类对资源环境问题的关注，可以追溯到半个世纪以前。1962年，美国科学家蕾切尔·卡逊的科普著作《寂静的春天》描绘了农药污染带来的可怕景象，引发了人类对生存环境的深刻忧虑。卡逊的著作震惊世界，将人类生存与环境的认识推向了新的高度。此后不久，著名学者巴巴拉·沃德和雷内·杜博斯的《只有一个地球》进一步深化了人们对人类生存环境的认识。

与此同时，以丹尼斯·L. 梅多斯等为代表的罗马俱乐部成员发表了著名的《增长的极限》，对西方长期流行的高增长理论进行了深刻反思。该报告从人口增长、粮食供应、自然资源、工业生产和环境污染五个方面分析了经济增长的制约因素，提出了“增长的极限”这一具有挑战性的问题。报告认为，由于人口增长和经济增长引起的资源耗竭和环境污染，人类社会迟早会出现“危机水平”。为此，政府必须采取行动，放慢经济增长率，实现“持续增长”和“合理的持久的均衡发展”。

联合国在1980年呼吁全世界研究自然、社会、生态、经济以及利用自然资源过程中的基本关系，确保全球持续发展。1987年，世界环境与发展委员会在报告《我们共同的未来》中正式提出了可持续发展的概念，将其定义为“既能满足当代人的需求，又不对后代人满足其需求的能力构成威胁的发展”。这一概念的提出，标志着可持续发展理论初步形成，并引起了全球范围内的广泛关注和讨论。随着可持续发展理论的不断传播和应用，其内涵和外延也在逐步深化和拓展。可持续发展不仅关注经济、社会和环境三个方面的协调发展，还强调代际公平、区域公平和全球公平。同时，可持续发展理论也开始关注生态系统的完整性和稳定性。

随着可持续发展理论的发展，各国政府开始将可持续发展纳入国家发展战略和规划中，从政策层面推动可持续发展从理论走向实践。例如，制定环境保护政策、推广绿色技术、建设生态文明等，都是实践可持续发展理念的重要举措。自可持续发展理论诞生以来，全球范围内的讨论如火如荼。经济学家、社会学家和自然科学家各执一词，从各自的专业角度对可持续发展予以高度重视，形成了与众不同的观点和政策建议。同时，国际组织也在全球范围内推动可持续发展的合作与交流。例如，联合国环境与发展大会、可持续发展目标等，都为各国政府和企业提供了合作平台，共同推进可持续发展的进程。

缪达尔将这种对峙比作是卡桑德拉与波利安娜之间的对比[49]，前者代表了悲观的视角，而后者则代表了乐观的视角。生态学家大多倾向于悲观，其中以美国著名学者布朗为代表，他认为地球如同一个不确知的“馅饼”，发明和创新在解决人口和资源问题上的效果越来越差，因此发展应有所节制。而经济学家则持乐观态度，西蒙和舒尔茨是其中的代表，他们认为地球是一个无限的“馅饼”，技术和经济增长几乎可以解决一切问题，创新和发明是人类的最大希望所在。在这场激烈的辩论中，各派观点针锋相对，对于可持续发展的未来，我们究竟应该持悲观还是乐观的态度，或许这并不是一个非此即彼的问题。

从各种争议中可见，创新和发明究竟能否支持发展的持续性成为一个饱受关注的话题。这便将技术创新问题和可持续发展问题紧密地联系在了一起。而基于新古典经济学的主流观点，似乎还存在一些无法回避的缺陷。尽管以罗默为代表的新增长经济理论已经将技术进步纳入了主流经济学的框架，并建立了关于内生经济增长的模型。但其中包含的两个基本假设，值得我们深入探讨。

首先，这个理论假设技术进步中的"技术"是一个无差别的概念，对经济增长有益的，就是值得追求的。然而，事实并非如此简单。对于可持续发展来说，能够刺激经济增长的技术是否都能够支持其发展呢？答案显然不能完全肯定。其次，新技术的研发和采纳并不是一蹴而就的。一种新技术一旦出现，并不能马上被微观经济个体采纳。大量研究表明，现实中的技术进步充满了不确定性。技术创新的方向主要受到价格信号的指引，由于自然资源和环境资源的价格长期被低估，并不能准确反映其稀缺性，因此并不能为经济个体提供足够的激励从事自然资本节约型的技术创新。此外，技术创新对经济增长的影响需要经过一个扩散过程，许多因素都会影响到微观经济个体对新技术的采纳与否。当技术扩散遇到阻碍，或者没有达到预期效果时，技术创新就很难或需要经过很长时间才能改变经济增长的不可持续性。这也解释了为什么很多发展中国家虽然不缺乏生态技术，但其经济增长的可持续程度仍然很低[50]。因此，我们必须对支持经济增长的技术和支撑可持续发展的技术加以区分和甄别。只有那些能够与可持续发展相协调的技术创新，即绿色技术创新，才是真正通往可持续发展的道路。

5.2.2 绿色技术创新的发展方向

绿色技术，它并非孤零零的某一项技术，而是一个技术集群，或者说是众多相关技术的综合体。美国学者曾罗列了12个对可持续发展具有重大意义的技术发展方向，这些领域大多以技术群组的形式出现，每个技术群组中还涵盖了更加具体的技术。例如，能源获取技术、能源储存技术、能源最终使用技术、农业生物技术、替代与精细农业技术、制造模拟、监测和控制技术、分离技术、精密制作技术、材料技术、信息技术以及避孕技术等[51]。当然，不同的学者从不同角度对绿色技术创新的方向进行了探索，不再赘述。笔者以为，绿色技术创新的思路，可以通过对经济系统进行物流和能流分析，运用生命周期理论进行评估，目的在于最大限度地避免和降低生产、消费过程的资源、能源消耗及废弃物的产生和排放。

在支撑绿色经济发展的大背景下，也就是在支撑可持续发展的过程中，技术创新主要应由以下七大类技术构成：替代技术、减量技术、再利用技术、资源化技术、无害化技术、系统化技术以及环境监测技术。如图5.1所示，这些技术的广泛应用，能够推动我们走向绿色发展的新阶段，实现经济与环境的双赢。

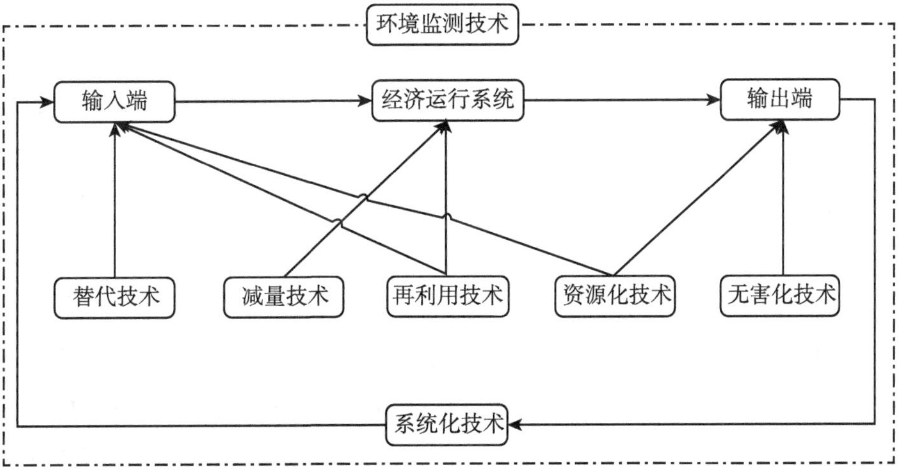

图5.1 绿色技术创新方向

（1）替代技术

替代技术，是通过研发和应用新型资源、材料、产品和工艺来代替传统的资源、材料、产品和工艺，旨在提高资源利用效率，减轻环境压力。

这种技术在美国被称为"避害技术"，在欧盟则是"可持续性技术和污染防止技术"，而在日本，它被归纳为"内部处理技术（清洁生产技术）"的一部分。

目前，全球各国在替代技术的研发和应用上主要集中在以下三个方面：首先，通过重新设计生产工艺流程，从源头上避免废弃物的产生。例如，摩托罗拉公司以前使用氟氯化碳来清除焊接后的印刷电路板。然而，当氟氯化碳因破坏臭氧层而被禁止使用时，公司选择了橘皮烯作为替代品。后来，他们更是重新设计了整个焊接流程，不再需要进行清洗操作。这样做不仅降低了生产成本，还提高了产品的质量[52]。其次，利用大自然的可再生能源，如太阳能、风能、水能和地热能等来替代煤炭、石油等不可再生资源。以风力发电技术为例，德国、美国、荷兰、日本、印度等国家都在这一领域有所突破。再如，冰岛的地热开发利用技术，以及美国、日本、德国的新型动力车技术。美国通用汽车公司的氢燃料电池车"氢动一号"，就是使用了液氢燃料，通过氢和氧的燃烧产生动力，而燃烧产物则是无污染的水。最后，生物工业（工程）技术。例如，德国、巴西、美国等国家的生物柴油技术、基因技术、农业领域的病虫害生物防治技术等。目前，生物技术的发展及其产业化已经成为国际科技竞争的重点。英国、法国、德国、澳大利亚、韩国等国政府近年来研究开发投入最多的领域就是生物技术。

（2）减量技术

减量技术，是在生产过程中采用较少的物质和能量消耗，实现既定的生产目标。它贯穿于整个生产流程，从能源、水、材料到其他资源的方方面面，致力于挤掉任何形式的浪费。这种技术是绿色经济生产过程中不可或缺的一部分，对于各个国家来说，除了积极开发具有共性的节能、节水、分离、生物催化、生态材料等技术之外，由于资源禀赋的差异，减量技术的发展重点也会有所不同。

以色列大部分国土为荒漠，年降水量只有200毫米，水资源极为有限。然而，通过科技的不断创新，以色列成功研制出了全球最先进的农业节水技术。85%以上的农田采用了喷灌、滴灌和雾灌技术，其中可控式滴灌占据了90%，可控式喷灌占据了10%，是世界上喷灌、滴灌比重最大的国家。这些技术将水直接输送到根系附近的土壤中，被根系迅速吸收，蒸发微弱，不仅提高了水的利用率，还成功防止了土壤盐渍化[53]。芬兰的情况则与以色列截然不同。由于地处北欧，冬季漫长而寒冷，供暖耗能巨大。因此，芬兰非常重视建筑节能技术的发展。环境部制定了新的建筑物隔热标准，新建筑物墙体必须加厚，并采用二层或三层玻璃窗，每个房间的供热装置都安装了自动调节阀门。这些措施使建筑物热能消耗减少了10%~15%[54]。美国则是汽车生产和消费的大国。落基山研究所一直在研究超级汽车。这种汽车结合了多种先进技术，包括采用碳纤维等新型复合材料，使汽车重量减轻1/2~2/3，同时保持其抗碰撞能力；运用空气动力学设计并采用更先进的技术生产轮胎，使空气阻力减少70%，滚动阻力下降80%；同时采用“混合电气”驱动技术，节约了30%~50%的燃料。除了结合本国实际情况发展各具特色的减量技术外，不同国家的不同产业减量技术的发展重点也各有不同。例如，传统化工产业（农药、化肥、日用化工等）、造纸业等主要发展能够减少生产过程中污染物排放的技术；传统机械、建筑等产业主要是克服产品生产过程中能耗高的节能、节材技术等。

总的来说，减量技术是一种具有前瞻性和可持续性的技术，它不仅能帮助企业降低成本、提高效率，还能促进环境保护和可持续发展。各个国家应根据自身资源禀赋和产业特点来制定相应的减量技术发展战略，推动绿色经济发展。

（3）再利用技术

再利用技术，是一种通过提高产品质量和零部件标准化生产，来延长原材料或产品的使用周期，减少资源消耗和废弃物产生的技术。这种技术充分体现在一些企业的产品设计和加工理念中，它们根据产品生命周期理论，将产品零部件的寿命进行统一设计。然而，这种设计及加工理念直接导致大量产品的生产和大量废弃物的产生。

为了实现可持续发展，我们需要转变观念，尽可能地将产品进行标准化设计并生产得经久耐用，以延长产品的使用期限。当产品报废时，其零部件应该能够方便地拆卸并再次循环利用。例如，德国将可回收的汽车零部件分类放置，并加以注明，一般零部件一周多时间即可卖掉，一年之内无法卖掉的零部件就作为废物处理。

此外，有些旧汽车的零部件甚至被出口到其他国家和地区，如一些东欧国家就订购德国报废汽车的发动机，使旧零部件得以继续循环利用。这种做法不仅有利于环境保护，也有利于资源的有效利用，是实现可持续发展的重要途径。

（4）资源化技术

资源化技术，它是将生产或消费过程中产生的废弃物再次转化为有用资源或产品的神奇之法。通过这种技术，我们能够将原本被视为无用的“垃圾”，变成宝贵的资源，进而实现资源的最大化利用。

目前，废纸、废玻璃、废塑料等加工再生技术已经产业化，带来了显著的经济效益。在这方面，日本富士胶片公司表现突出，其一次性镜头和胶片快拍相机已经实现了全部循环使用。相机的纸质外壳被重新造纸，塑料零件被粉碎后重新生产新的零件，而闪光灯使用的旧电池也可以经过拆卸分类后提炼成新材料。使用这种相机拍摄后，可以将其送返商店，进行循环生产使用。这种技术创新成果极大地节约了资源，减少了浪费。资料显示，目前日本的工业废弃物约有41%被再生利用，其中直接再生利用占33%，间接再生利用占8%[55]。

（5）无害化技术

无害化技术是指在生产或消费过程中产生的废弃物在排放前进行安全和无害处理的技术。狭义上，它专门指进行废弃物无害化处置的环保产业技术。这些技术作为末端治理手段，其特点在于并不改变生产或工艺系统，而是通过净化废弃物来实现污染控制。日本在无害化技术（终端治理技术）方面处于世界先进水平，领先欧美至少10～20年。例如，包括工厂排烟脱硫、脱硝装置，汽车尾气的净化装置，以及火电厂的CO去除装置等。这些技术已经在治理后大气中的CO和S等物质的达标率达到了98%～99%。

（6）系统化技术

系统化技术从系统工程角度出发，通过构建合理的产品组合、产业组合及技术组合，实现物质、能量、资金和技术的优化使用。其主要包括两类技术：多产品联产技术和产业共生技术。多产品联产是通过多种产品的联合生产提高资源的利用效率，对生产过程中消耗的原材料和能源进行科学分配来生产不同产品，对资源进行深加工，对副产品进行充分开发利用，都可以实现多产品联产。而产业共生是将不同的产业耦合在一起共同生产以提高资源利用效率。某一个产业生产的产品或废弃物，可以成为另一个产业的生产原料。在空间上将具有耦合效应的产业配置在一起，可以大幅度提高劳动生产率，减少废弃物的产生以及不必要的资源消耗。

（7）环境监测技术

环境监测技术是用于监测环境状况，包括监测污染物和其他在自然过程和人工过程中产生的有害物质释放量的技术。它是循环经济技术体系发展的技术基础，没有环境监测技术的发展，就无法准确计量各个企业对环境的污染程度，从而使促进环境保护的经济及法律手段的运用缺乏科学依据。例如，美国的综合环境监测技术通过提供用于评估环境对健康影响的数据，为新一代汽车合作开发计划（PNCV）实施中成功制造出“清洁汽车”打下基础。

5.2.3 绿色技术创新与传统技术创新的比较分析

传统技术创新和绿色技术创新是基于两种不同发展观引导下的两种技术创新模式，两者既有联系，又存在区别。

（1）绿色技术创新与传统技术创新的联系

①两种技术创新模式具有内在的历史联系。从问题发生学角度看，绿色技术创新和传统技术创新具有内在的历史联系。绿色技术创新也是技术创新，是对传统技术创新的“扬弃”。传统技术创新在推动经济社会发展的同时，给生态环境造成了巨大破坏，危及人类社会自身的生存和发展。

这引发了对传统技术创新的深刻反思和批判，使人类意识到技术创新必须加入人文价值判断，引导技术创新朝着有利于生态环境的方向发展。因此，没有传统技术创新，没有资源环境的约束，也就不会有绿色技术创新的兴起。

②两种技术创新的行为主体一致。虽然有人认为绿色技术创新是多元主体，包括企业、政府、大学、科研院所等构成的主体系统，但实际上，笔者认为在理解上存在差别。无论是传统技术创新还是绿色技术创新的行为主体主要都是企业。企业作为行为主体并不排斥要充分发挥政府、大学、研究机构等在绿色技术创新中的重要作用。政府的引导和规范、大学和研究机构研发成果的产业化，最终都将通过企业这一市场经济的微观主体来实施。因此，对绿色技术创新主体的分析将在第6章中重点展开。

③两种技术创新的最终实现方式基本一致。传统技术创新和绿色技术创新的最终实现都离不开市场，都是通过市场来检验创新成功与否。传统技术创新受市场一元目标引导，在利润最大化原则驱使下，企业会自发地通过市场实现技术创新。绿色技术创新受市场和政府二元目标约束，但政府为实现其生态和社会目标需要不断对企业进行经济引导和法律规范。最终，政府都需要通过市场来引导或矫正企业行为，才能实施绿色技术创新。即便是绿色技术创新，其成功与否的检验标准也主要依靠市场。因此，从这一点来看，两者也是一致的。

（2）绿色技术创新与传统技术创新的区别

①两种创新模式的目标存在差异。传统技术创新主要以追求利润最大化为导向，目标是单一的经济效益，而绿色技术创新则追求生态效益和经济效益的统一。这意味着从传统技术创新转向绿色技术创新，代表了技术创新从追求单一目标向追求两个目标的转变。传统技术创新往往强调经济效益，但由于经济效益与生态效益之间常常存在冲突，人类为了追求经济利益的最大化往往会忽视对资源和环境的消耗和掠夺，导致高消耗、高产出、高污染，以及引发的生态负面效应明显。随着生态环境问题日益受到重视，单纯以经济效益为目标的技术创新活动受到限制，而生态效益在技

术创新中日益受到重视。从发展和联系的观点看，生态效益和经济效益在一定条件下具有一致性，但当两者发生矛盾时，应该遵循生态优先发展的基本原则，让经济效益服从生态效益。因此，未来的技术创新必须在生态效益和经济效益的统一中获得生存和发展。

②两种技术创新所产生的边际外部费用不同。根据技术创新对生产的内部性与外部性的不同影响，传统技术创新可以划分成三种类型：边际外部费用增加的技术创新、边际外部费用减少的技术创新和边际外部费用不变的技术创新。其中，边际外部费用减少的技术创新属于绿色技术创新。传统技术创新更侧重于降低企业的边际内部费用，而忽视边际外部费用的增加。在现有的技术范式下，技术创新往往是从企业的内部经济性出发，很少考虑生产的外部性问题，常常导致生产的边际外部费用的增加，或等比例变化的中性技术。而绿色技术创新兼顾生态效益与经济效益，将企业内部经济效益与外部生态效益统一起来，实现可持续发展。

③两种创新模式与生态圈的关系不同。传统技术创新割裂了技术、经济、社会三者与生态系统的有机联系，最终导致自然资源的过度消耗和废弃物的大量排放，对生态圈造成毁灭性影响。而绿色技术创新以生态学理论为指导，将生态理念渗透到技术创新的各个阶段，具有有效仿生态系统的“生产—消费—还原”的开放闭路循环特征，将生产和生活系统整合到生态系统大循环中，有利于实现资源在系统内部的循环利用，从而对生态圈产生更积极的影响。

5.3 绿色技术创新的影响因素分析

绿色技术创新的经济学分析从确定绿色技术创新的主体入手，强调企业在追求利润最大化目标的作用下，通过技术创新的成本—收益分析来选择技术创新的路径。企业的利益驱动是绿色技术创新的本源动力。然而，企业的经济活动并非孤立行为，技术创新活动也绝非偶然、单一因素决定的过程。技术创新涉及科学、技术、经济、社会和政府政策等多种因素相互作用的系统过程。在企业范围内，绿色技术创新既是企业利益驱动的结果，也是企业创新意识的驱动结果。在企业外部，绿色技术创新受到社会价值判断、科学技术发展水平、市场竞争机制以及政府扶持政策的影响。这些因素不仅影响着绿色技术创新的过程，也成为推动绿色技术创新的力量，共同构成了影响绿色技术创新的选择环境。改善绿色技术创新的内外部环境可以促使企业更多地选择绿色技术创新。

5.3.1 影响绿色技术创新的内部因素

从企业范围内看，影响绿色技术创新的内部因素即是绿色技术创新活动产生的内驱力。企业作为经济行为的决策主体，在选择绿色技术创新时会追求利润最大化目标，这产生了内在驱动力。作为“理性经济人”，企业能够通过对利润的最大化目标的追求来激发对绿色技术创新的思考，而企业的技术创新意识则在此过程中扮演着重要角色。

（1）企业的绿色技术创新意识

在市场经济条件下，随着现代企业制度的建立，企业成为市场活动的主体，它们的生死存亡完全由市场来决定。为了在竞争中生存与发展，企业必须注重追求经济效益，这也是企业技术创新的最主要动因。作为技术创新的经济主体，企业是技术创新活动的行为者和实践者。它有自身的、独立的利益，也有主观的价值判断要素，即企业内部企业家和职员对技术创新的主观价值判断，并由此产生技术创新主体的创新意识。这里所说的主体（企业）的创新意识是指技术创新主体敏锐地洞察和把握各种技术创新机会的锐意进取的创造欲望和企业家精神，也是引起主体创造冲动和创新行为驱动技术创新活动的内在心理动因。因此，企业技术创新意识是影响企业绿色技术创新的内在因素。

一方面，企业的技术创新意识对技术创新的成功与否起着重要作用。技术创新活动的风险特性要求经济主体具备一定程度的技术创新意识。创新意识的形成受到两个方面因素的影响：首先，创新主体渴望新事物的心理需要。这意味着创新行为不仅受到对物质利益或功利的追求的驱动，还包括对新事物的内在心理需求或创造愿望的满足。杨发明、吕燕等的研究表明，企业进行产品和工艺绿色技术创新的原因之一是他们对新的清洁产品市场前景的向往[56]。其次，创新主体自身的技术发展水平也影响着创新意识的形成。技术发展水平既是创新活动的技术基础，也影响着创新主体对技术创新活动风险的判断能力。

另一方面，企业的技术创新意识有助于摆脱锁定效应的束缚，实现技术创新。所谓锁定效应指的是由于经济行为主体的有限理性和无法预见未来而导致的无效率现象，使得他们局限在原有的技术网络或运行平台中。企业需要具备强烈的技术创新意识，勇于承担技术转换的沉没成本，以摆脱惯性束缚，完成技术创新。

此外，对于企业的绿色技术创新而言，长期以来，企业"重经济、轻生态"的观念已经不再可取和不可持续。传统的高投入资源和环境污染的发展模式已被否定。企业在开展绿色技术创新时，需要树立绿色生态观和可持续发展观，将绿色生态理念贯穿技术创新的全过程，遵循生态规律，进行资源优化配置，并促进经济和生态环境的协调发展，以使企业的发展适应环境的承载能力。

（2）追求经济利益是企业开展绿色技术创新的内在动力

任何经济主体都必须追求自身的持续发展，并致力于最大化经济利益。企业选择绿色技术创新并非仅仅因为绿色技术创新本身具有的技术特性，或者它所涵盖的社会效益和生态效益，而是因为通过绿色技术创新可以实现企业的经济效益。换句话说，绿色技术创新的最根本和核心动力来自企业内部对经济效益的追求。在这一目标的驱使下，企业可以采取各种方式来实现经济目标，但最终唯一的出路在于依靠技术创新。通常情况下，处于这种环境下的企业会将技术创新视为提升企业长期竞争能力以及决定企业长期发展利益的战略选择。

尽管在大多数情况下企业绿色技术创新并非自发发生，社会效益和生态效益长期脱离企业经济效益，但这并不意味着企业经济效益与社会效益、生态效益严格对立。从社会的角度来看，通过某些调整措施，激励企业将社会成本内部化为企业成本，企业在实现经济效益的同时，也可以兼顾社会效益和生态效益，尽管此时企业的目标依然是追求经济利益的最大化。因此，企业对经济利益的追求并非绿色技术创新的障碍，而是实现绿色技术创新时可以借助乃至必须借助的力量。

除此之外，企业出于自身对员工劳动保护的需求，如水泥行业为防止职工患上硅肺病，也是企业进行绿色技术创新的重要内部因素。

5.3.2 影响绿色技术创新的外部因素

从企业范围之外来看，影响绿色技术创新的外部因素包括技术创新活动所产生的外部动力。这些外部动力可以通过诱导、唤起、驱动以及转化为绿色技术创新的内在动力。具体而言，这些外部因素包括社会价值观的评判、政府的法律和政策、科学技术的发展水平，以及市场竞争机制等。

（1）社会价值判断

①企业自身的价值判断受制于整个社会的价值判断。在经济欠发达的情况下，人类对自然的破坏较小，环境污染也相对较少，人与生态环境的矛盾尚未尖锐化。社会的价值观强调的主要是人的基本生存和安全需要。然而，片面追求经济利益而忽视社会效益，特别是忽视生态效益，导致了对自然资源的过度开发，严重破坏了生态环境，加剧了人与自然之间的矛盾，威胁到包括人类在内的所有生物的生存和发展。20 世纪 20 年代，美国、英国等主要发达国家完成了工业化或初步现代化进程，并逐渐进入了现代化的成熟阶段，即所谓的二次工业化阶段、后工业社会或后现代社会。随着社会发展水平的提高，特别是科学和文化知识的增长，促使人们开始提出对生态环境等方面的权利要求。在工业化初期，人们首次看到密集的工厂烟囱、听到机器的轰鸣声、闻到浓烈的化石燃料气味时，普遍感到新奇和兴奋。然而，在科学技术高度发达的今天，人们不仅清楚这些因素对

健康造成的直接损害，还了解到它们导致的温室效应、臭氧层空洞和厄尔尼诺现象等环境问题。

②社会价值判断的转变影响着绿色技术创新的成败。社会价值观的转变影响了技术创新的主体，使得企业更多地承担社会责任，并改变了其技术创新观念，转向选择绿色技术创新。传统的技术创新观念以追求短期内获得最大经济效益为唯一目标，忽视人类对自然的道德责任和长远的整体人类共同利益。这种观念已经不再符合时代的要求，需要被新的技术创新观念取代。绿色技术创新坚持经济效益、生态效益和社会效益的有机统一，以及人的全面发展与自然环境、社会环境的同步发展。创新主体必须把自身的正当利益与他人利益、社会共同利益、自然利益统一起来，自觉承担社会责任。从传统技术创新到绿色技术创新不仅是经济发展目标的转向，也是人类生存观念和实践方式的重大转变。

社会价值观的转变也影响消费者的价值判断，进而影响市场需求，为绿色技术创新和替代创造良好的市场环境。在社会价值观转变的影响下，人们的消费观念发生了改变，从基本生存需要和安全需要转向人与社会、生态环境之间和谐发展的需要，从而改变了市场需求的方向。特别是近几十年来，民众可持续发展思想和意识的不断觉醒和提高，为绿色技术的研究、开发与推广作了必要的观念准备。调查资料显示，大多数民众表示企业的绿色形象将会影响他们的购买欲望，并且会考虑绿色因素和环保问题。市场需求的主导力量决定社会对技术创新的需要的类型和范围，从而引导技术创新向着绿色技术创新的方向前进。

（2）政府的法律和政策

市场对技术创新的正向和逆向刺激与企业谋求生存与发展的内在要求相结合，是推动企业技术创新行为的基本动力。然而，市场机制存在着缺陷，某些领域甚至会出现“市场失灵”，因此，市场对绿色技术创新的配置和激励作用是有限的。为加快绿色技术创新的进程，除了依靠市场作用外，还需要借助政府行为促进市场体系的发育，发挥政府的宏观调控职能，并加强政策的导向和支持。

在市场经济中，从诞生之初就离不开政府干预。市场配置资源具有一定的随机性和局域性，使得技术创新活动的区域中出现市场低效区和市场失效区。在市场低效区，需要市场行为和政府行为联合发挥作用，而在市场失效区，则往往主要通过政府行为来完成资源配置。特别是在技术创新的保障、提供具有公共性知识、建设和完善技术创新基础设施等方面，企业往往无力介入，必须依赖政府来加以组织。

研究表明，政府出台的相关法律法规是促使企业开展绿色技术创新的首要推动力量。例如，对英国制造业大中小型企业的调查研究显示，促使企业进行产品和工艺绿色技术创新的因素包括现存的与环境有关的法律和预期的与环境有关的法律。同时，在德国和日本等国家的研究中也指出，政府的法律、法规是促进企业绿色技术创新的重要因素，并且政府政策法令的强制被认为是企业外部环境技术创新最重要的动力源。

此外，综合西方发达国家技术创新政策实践的成功经验，政府对企业技术创新的激励政策包括财政刺激政策、专利政策和放松政府管制的政策等。这些政策旨在提供财政支持、保护发明者的收益、减少市场风险和不确定性以及建立资金支持和技术创新的机制。

绿色技术创新对整个社会经济发展目标的矫正，也是对政府政策导向的矫正。政府应当在政策导向上向“绿色化”倾斜，运用财政、金融和税收等手段，引导和鼓励企业开展绿色技术创新，为绿色技术创新营造良好的外部环境。因此，推进绿色技术创新需要注重发挥市场的调节功能，但更关键的是政府的“绿色化”。

（3）科学技术水平

科学和技术存在密切的联系，但又有着明显的区别。从区别来看，科学主要是追求真理，探索自然界或现实世界的事实与规律，促进人类知识的增长。科学主要回答“是什么”和“为什么”的问题，旨在领先和创造，力求达到最前沿。而技术则是通过设计与制造各种人工事物，达到控制自然、改造世界、增加社会财富的目的，不只是追求先进、创新，还要考虑到经济的合理性和社会的适应性问题。

从联系上看，科学是现代技术的基础，技术的发展又促进科学的进步。现代科学在发展中不断融入技术，使科学与技术成为难以拆分的整体。技术创新活动并不是一个偶然的过程，它依赖于科学和技术的现实水平。技术创新是以新技术投入为特点的技术经济活动，新技术既是技术创新的前提，又是影响、推动技术创新的重要力量。

近年来兴起的高新技术革命，特别是工业生物技术、生态工程技术和信息技术等，为绿色技术创新奠定了坚实的技术基础。许多绿色技术不仅在克服资源环境问题方面具有优势，而且在经济效益方面也显示出明显优势。例如，工业生物技术的发展为实现资源替代提供了强大的技术支持，同时在产品成本方面也具有优势。

从这些观点来看，选择绿色技术创新是实现经济、社会和生态环境协调发展的必由之路。然而，并不意味着绿色技术与非绿色技术完全对立或割裂开来。绿色技术源于传统技术，但最终绿色技术创新将替代传统技术创新模式，这是一个技术创新循序渐进的过程，也正是技术在科学引导下向着生态化目标发展的过程。

（4）市场竞争机制

一般来说，市场被认为是一种实施费用低、效率高的激励制度，它通过市场竞争来对企业技术创新产生影响。在市场经济条件下，任何经济部门和生产单位的经济活动都离不开市场，都必须按照价值规律和市场机制来运行，因而也必须承受市场竞争的压力。在激烈的市场竞争中，企业要么生存发展，要么被淘汰。在竞争的压力下，企业必然会努力发挥优势、增强实力。

市场竞争机制与技术创新企业的经济利益紧密相连。从企业内部来看，单个企业技术创新的动力来源于对技术创新的成本——收益分析，企业对不同技术创新的选择首先来自对可能实现技术创新纯收益的评估，选择利润最大的技术创新。从企业外部来看，对技术创新的选择还没有结束，不同的企业都会按照各自的成本—收益分析和价值判断去选择不同的技术创新路径，最终还要通过市场竞争的检验。一般来说，在市场竞争中，企业只有尽可能地降低现有产品的成本，提高现有产品的质量和性能，并不断地推出新产品才能在竞争中取胜，而这只有依靠开展技术创新活动才有可能做到。市场竞争机制导致企业优胜劣汰，这是引致的对技术创新路径的甄别，也是市场对技术创新的正向或逆向刺激。因此，市场竞争压力能够引起和驱动企业技术创新活动。

对于绿色技术创新来说，一部分绿色技术创新的自发实现是市场竞争机制的结果，但大部分绿色技术创新由于需要负担更多的社会成本而不能进行，这也是目前绿色技术创新不足的原因之一。如果能够通过其他力量减轻企业所承担的部分社会成本，那么企业绿色技术创新可能得到实现。但是，无论是选择传统技术创新，还是选择绿色技术创新，最终还是要经过市场竞争的检验。因为，没有市场竞争机制的检验，就不能保证社会资源实现有效率的配置；反过来，没有市场竞争的压力，企业就会失去继续技术创新活动的外部动力。因此，无论是用绿色技术替代传统技术，还是绿色技术之间的替代转换，市场竞争机制始终是不可或缺的。

5.4 绿色技术创新的成就及问题

自新中国成立以来，我国绿色技术创新已经经历了半个多世纪的发展历程，并取得了巨大成效。政府部门相继出台相关规划和政策，有效引导了绿色技术创新的发展。科研机构、人员、项目和经费也在逐渐增加，逐步形成了多层次的绿色技术创新体系。同时，国家级生态工业园区建设稳步推进，促进了绿色技术产业化；此外，我国在绿色技术创新领域的国际合作与交流也取得了巨大突破。然而，我国在绿色技术创新中仍然存在一些突出的问题。首先，绿色技术研发过程中政府、企业、公民主体权责不明，这影响了绿色技术创新的协同推进。其次，绿色技术推广过程中宣传和科普力度不够，公众对绿色技术的认知和接受度有待提高。再次，绿色技术应用过程中科技成果转化率较低，需要加强技术成果的市场化转化工作。最后，绿色技术创新全过程中政策支持力度和法律约束力度不够，制约了绿色技术创新的发展。因此，我们需要深入挖掘并解决这些问题的根源，以期对症下药，进一步推动绿色技术创新的发展。

5.4.1 我国绿色技术的发展历程

（1）绿色技术的萌芽阶段（1949～1971年）

自新中国成立以来，科学技术发展一直是我国国家发展战略中的重要组成部分。在科技机构设置、队伍建设、技术引进、制度建立以及成果研发等方面，我国取得了显著成就，为国家的发展奠定了坚实的科技基础。中国科学院的成立标志着我国科技探索的起点，也为科技发展提供了有力支撑。1955年，中国科学院在学部成立大会上制订了第一个五年计划，其中包括原子能和平利用研究、新钢铁基地建设研究、液体燃料问题研究等10项重点研究任务。同时，中国科学院还开展了一系列与环境资源相关的科技活动，如环境污染科学调查、污染治理与控制、环境毒理学、宇宙生物学和宇宙医学等方面的研究工作。1953～1958年，中国科学院研究人员开展了与铁矿伴生的铜和稀土等资源的综合利用以及废气废渣的处理工作。1959年，中国科学院水生生物研究所专家及其他科研人员在武汉建造了氧化塘并进行了两个阶段的生活污水净化实验，发现了氧化塘污水净化过程的一些规律，这些研究成果在当时的经济条件下可以进行推广使用。1963年，中国科学院的长春应用化学研究所和化学研究所对核燃料后期处理工艺流程进行了研究，为核燃料的高效率应用、清洁生产以及研制萃取剂作出了巨大贡献。此外，自1967年起，中国科学院大连化学物理研究所等单位对内燃机燃料添加剂进行了研制，并对废气的净化开展了综合研究，降低了柴油尾气中有害气体的含量。中国科学院上海植物生理研究所与上海造纸工业公司共同对“利用造纸废水制胡敏酸按农肥”项目进行研究，中国科学院武汉病毒研究所为消除造纸工业中废水的危害从微生物酶的角度进行探索，中国科学院南京土壤研究所则将造纸废液和石油化工废物进行处理，并应用在农作物种植中，为提高其他行业的资源利用率和减少废物的排放作出了重要贡献。这些研究工作为我国绿色技术的发展奠定了坚实的基础，同时也为环境保护和资源利用提供了重要支持。

（2）绿色技术快速发展阶段（1972～1979 年）

1972 年 6 月，联合国在瑞典首都斯德哥尔摩召开了联合国"人类环境会议"，这是全球第一次环境会议。我国政府也派代表参加了此次会议。同年，我国怀来县、延庆区的官厅水库污染事件引起了政府和社会的广泛关注。以"人类环境会议"召开和官厅水库事件治理为标志，我国的环境保护活动得到了迅速开展，绿色技术迎来了快速发展阶段。

1973 年 8 月，我国召开了第一次全国环境保护会议。同年 11 月，我国发布了第一部环境标准《工业"三废"排放试行标准》（GBJ4—1973），标志着我国的环境保护工作逐步走入正轨。1972～1978 年，我国开展了多项与绿色技术相关的科技活动，包括在多个地区进行的环境调查、污染特征与防治、环境与健康、环境监测与分析方法等多方面的研究。1978 年，全国科学大会的召开推动了全国第一次环保科研工作会议的召开，并首次制定了全国环境科学技术规划，将环境科学技术的研究纳入自然科学研究的重要部分。紧随其后的 1979 年，我国颁布了中华人民共和国成立以来的第一部综合性环境保护基本法——《中华人民共和国环境保护法（试行）》，从法律上明确了我国环境保护的基本方针、任务和政策，为我国绿色技术的快速发展提供了重要的法律依据。

在此过程中，我国逐步建立起了环保机构及设施。1973 年，我国成立了第一个绿色环保专业研究机构，即北京市环境保护科学研究所。随后，相继成立了广东环境保护研究所（现为环境保护部华南环境科学研究所）、江苏环境保护科学研究所（现为环境保护部南京环境科学研究所）等。1975 年，中科院环境化学研究所成立。此外，在这一阶段，中科院还成立了 22 个专门从事绿色环保科技研究的研究所，另外还有 10 余个研究所在绿色技术领域进行科技活动。截至 1979 年年底，中科院已有 700 多名研究人员从事绿色技术相关的研究工作，这些人大多也成为我国绿色技术发展的骨干力量。1975～1979年，我国的环保机构之间以及相关企业开展了多场学术会议，涉及环境生物学、环境分析、环境声学、环境质量评价、环境化学等多个方面，推动了我国绿色技术的研发和创新。

绿色技术的应用也取得了显著成效。在这一时期，绿色技术的发展并没有停留在研究阶段，大部分研究开始与我国的现实情况相结合，并应用于实践。例如，中科院地球化学研究所、中科院大气物理研究所等相关研究机构对北京西郊进行了环境质量的调查评价，并建立了该地区的环境评价模型，为该地区的工业布局以及环境规划提供了依据[57]。随着工业化进程的加快，噪声污染开始影响着居民的正常生活，清华大学联合中科院物理研究所自1973年开始对北京地区的环境噪声污染进行了持续两年的调查和控制。绿色技术的研究还涉及了工业领域，如1974年，北京胜利化工厂建成了我国第一套工业尾气处理装置，随后该项技术在1976年应用于活性炭催化氧化消除与回收电厂烟气中的二氧化硫，并将回收的稀硫酸制造肥料。此外，中科院水生生物研究所还进行了污染治理及农药在氧化塘中生物净化的研究，为我国污水的净化提供了途径[58]。在处理污染的同时，相关研究机构也对环境监测进行了深入探索，为了满足国家环境监测的需要，研制出了我国第一辆大气污染检测车和长江水质污染检测船，为我国绿色技术发展作出了极大的贡献。

（3）绿色技术稳定发展阶段（1980～1997年）

①政策法规相继出台，助力绿色技术发展。自1983年起，中国开始实施科技攻关计划，并将绿色环保科技纳入其中。1984年10月，国务院环境保护委员会针对多个方面的技术政策作出了一系列具体规定，包括煤炭燃烧、城市供暖、城市气化以及烟气净化等。1986年，国务院发布了《关于防治水污染技术政策的规定》，标志着绿色环保科技成果已成为我国环境管理的重要手段。同年，国务院还发布了《环境保护技术政策要点》，为绿色环保科技的发展提供了良好的政策条件。20世纪90年代初，国务院强调了积极发展绿色环保科技，同时建立了相关奖励体系和长期规划，为我国的科技发展画出了蓝图。

②绿色技术领域不断拓宽，绿色技术产业化步伐加快。中国科学研究院的研究人员不断探索创新，成立了多个绿色技术实验室，并开展了与环境质量、污染防治、废弃物处理、地方病、生态工程等相关的研究。在区域环境保护方面，中国科学研究院对水体污染、酸雨问题进行了调查和防治，并开展了相关研究。此外，中国科学研究院还研发了处理工业废水、有机废水和污水治理的技术，以及造纸黑液转化技术，这些技术得到了广泛的应用。1990 年，国务院发布了《关于积极发展环境保护产业的若干意见》，明确指出引导和扶持绿色环保产业的健康发展是当务之急。而 1992 年召开的全国环保产业工作会议对绿色环保科技的产业化起到了极大的推动作用，此后我国正式提出了"大力发展环保产业"并将其列为环境与发展的十大对策之一，这表明我国绿色环保科技产业化的步伐逐步加快。

③绿色技术发展逐步实现与国际接轨。自 1980 年起，中国与日本、美国分别签订了《中日环境保护合作协定》和《中美环境保护合作议定书》。同时，中国还签订了一些国际公约，并与英国和德国等国进行了绿色技术合作。自 1992 年开始，中国的环境外事活动逐步增多，在国际上形成了多层次、涉及内容广泛的外交格局。1993 年，中国成为可持续发展委员会成员国，并成功举办了世界环境日 20 周年纪念大会，随后制定了《中国 21 世纪议程——中国 21 世纪人口、环境与发展白皮书》，向世界表明了中国走可持续发展道路的决心和诚意。截至 1997 年，中国已经同 16 个国家达成环境双边外交合作关系，合作内容主要包括环境信息交流、科学研究、人员培训、举办研讨会和展览会，以及就某一具体问题开展合作。这些活动不仅拓展了中国外交的新领域，也为中国绿色技术的发展起到了很大的推动作用，提高了中国的影响力和世界环境治理的话语权。

（4）绿色技术跨越发展阶段（1998～2006 年）

绿色技术体制改革基本完成，技术支持能力显著增强。1998 年，我国行政管理体制发生了历史性的变化。面对改革带来的机遇，国家环境保护总局从我国环境保护工作的实际需要出发，积极开展绿色技术体制改革，取得了显著成效。在这次国务院机构改革大幅度精简机构与人员的形势下，国家环境保护行政主管部门得到切实加强，充分显示了党中央、国务院和全国人民对环境保护工作的高度重视，标志着我国环境保护管理机构建设迈上了一个新台阶。2001年，国家环境保护总局制定了《国家环境科技发展“十五”计划纲要》，该规划主要是确定跨世纪环境保护的战略目标，确定我国21世纪前十年，尤其是2005年以前，我国以环保科技为代表的绿色技术发展的总体目标及基本原则，搞清我国面临的环境问题，明确解决这些问题的绿色技术需求、绿色技术的发展方向、优先领域及关键技术、运行机制等，提出以环保技术为代表的绿色技术发展的关键保障措施和条件。2005年，根据科技部、财政部等对国家环境保护总局科技体制改革工作的文件批复精神，对直属科研院所进行了结构调整、机制转换、制度创新等工作，使直属科研机构总体上综合实力普遍增强，对绿色技术进步和决策管理服务的支撑能力明显提高。这标志着我国绿色技术体制改革基本完成，并取得了显著的成效。

全面落实科学发展观，地方绿色技术探索初见成效。1998年，全国有23个省级环保局共争取科研项目659项，投入科研经费达到4356万元。绿色技术投入最多的省份为广东省，另外北京、辽宁、吉林等省市的绿色技术投入也都较多。1999年，按照《中共中央、国务院关于地方政府机构改革的意见》，全国31个省区市（除西藏外）都设置了独立的一级局建制的环保局，这为做好地方省级环保部门的工作及县市环保工作起到了积极的作用。为督促地方各级政府环保工作的开展，2005年，中共中央组织部在体现科学发展观要求的地方领导干部政绩考核中，纳入了环境保护的有关指标，最开始在浙江、四川、内蒙古三省区进行了试点工作。到2005年年底，全国已有重庆、山东、江苏等10多个省区市开展了此项工作。由于中央及地方政府的积极推动，各个地区都参与到绿色技术的建设中来，如各省区市环境科学研究院、各高校、各大企业（如江苏玉华金龙科技集团金龙绿色化学有限公司、福建丰泉国投环保工程有限公司）等成为绿色技术发展的中流砥柱。因为科学发展观的贯彻和绿色技术理念的深入，绿色技术的发展如火如荼。

实用性绿色技术成果丰硕，科学研究进入新阶段。由于国家环保机构改革各项科技管理工作走入正轨，我国的绿色技术硕果累累，应用性大大提高。在“九五”国家科技攻关计划中，由国家环境保护总局主持的以环保科技为代表的绿色技术项目取得了很多优秀的成果，其中主持评审科技成果44项，验收科技成果12项，鉴定科技成果17项。这些成果涉及农业、工业、生态、城市环境等诸多领域，并且还集聚了地方环保机构及从事绿色技术研究企业的力量，如由国家环境保护总局南京环境科学研究所和上海中西药业公司红旗化工厂联合开展的“高效低能耗SBR法高新技术处理化工废水的推广应用研究”、由国家环境保护总局同济水污染处理设备质量监督检验中心开展的“加压溶气气浮设备技术条件及测试方法”等。国家环境保护总局、各大高校和科研单位积极争取国际科技攻关项目、“973”项目等，共争取到8500万元的科研经费，主要用于“重大环境问题对策与关键支撑技术研究项目”专题，为我国绿色技术的发展起到了一定的支撑。推进环境与灾害监测预报小卫星星座系统的建设及应用，推动卫星遥感在环境保护领域的应用。加强国家环境保护重点实验室和工程技术中心建设，同时启动了第一批以环保科技为代表的绿色技术奖励工作，加强日常项目管理和成果的推广应用。2005年，开展了我国环境保护中长期科学技术发展战略研究，编制了《国家环境保护“十一五”科技发展规划》，并组织实施和争取若干与环境卫星相关和与土壤相关的应用研究项目，标志着绿色技术在我国科技发展中的重要地位。这一阶段的绿色技术研究范围更加广阔，研究内容更加深入，研究方式更加多样。

（5）绿色技术深入发展阶段（2007年至今）

生态文明的提出推动了绿色技术战略转型。党的十八大报告中提出要建设生态文明，将绿色技术发展上升到国家发展战略的层面。这一阶段，绿色技术的发展更加深入，主要从管理战略、经济政策、创新能力和构建格局四个方面来完成绿色技术发展的转型。在管理战略上，绿色技术的研究和发展更加贴近实际，抓住我国发展过程中的核心问题，并提高环保的执法能力，完善环境督察机制。在经济政策上，需要加强环境经济政策的顶层设计，注重生产、流动、分配、消费再生产全过程的延伸，同时建立环境资产产权制度和交易机制，深化绿色 GDP 的研究和运用，推进第三方监测，支持以环保科技为代表的绿色技术的发展。在创新能力上，要提高环保部门在项目投资中的资金支持，并创立自己的绿色技术发展体系和制度，提高绿色技术研发人员的自主研发精神。在构建格局上，要将绿色技术的概念渗透到我国居民的日常生活中，推动生活方式绿色化，让绿色技术和绿色生活成为生态文明建设融入经济、政治、文化和社会建设的重要举措。同时，通过建立“政府—企业—居民”可持续推进机制，出台相关的财政政策，倒逼污染减排，为绿色技术的发展提供了良好的条件。

绿色技术理念不断深入，助力“北京奥运”。2008 年北京奥运会的成功举办不仅给世人带来了一场以“绿色、科技、人文”为主题的体育盛会，还很好地传播了“绿色技术”这一可持续发展理念。绿色技术贯穿北京奥运会始终。奥运工程基本上都采用了新型能源，包括光电、光热、地热能、风能等可再生能源的利用 34 项。例如，“鸟巢”、五棵松篮球馆等 7 个工程采用了太阳能光伏发电技术；北京射击馆、奥运村等 10 个工程采用了太阳能光热技术。另外，奥运村还采用了再生水源热泵系统，有效减少了二氧化碳、粉尘和二氧化硫等有害气体的排放。此外，北京奥运会还通过水资源的保护及高效率的运用，充分利用雨洪水资源，回灌和涵养地下水。这些绿色技术的应用，不仅实现了“绿色奥运”的理念，也拓宽了绿色技术的应用领域，推动其发展。

绿色产业快速成长，成为国民经济组成部分。由于我国经济结构的调整和升级，绿色产业发展步伐逐步加快，每年都以两位数的百分比增长，并成为部分绿色产品的最大制造商。在推进以循环经济为代表的绿色经济发展的同时，国家还积极推进生态工业示范园区的试点建设。截至 2023 年，已经有一大批生态工业示范园区的建设规划通过了专家论证，并且许多园区已经成功验收并投入运营。这些园区的建设，为当地经济的绿色发展提供了强有力的支撑和引领。此外，绿色产业涉及的领域也在不断拓宽。除了传统的环保产业领域外，绿色印刷、绿色建筑、绿色交通等新兴领域也得到了快速发展。政府也相继出台了一系列政策和措施，鼓励和引导企业加大绿色技术创新和研发投入，推动绿色产业的高质量发展。

开展双边及多边绿色合作，彰显大国责任与担当。随着全球气候变暖、自然资源及生态环境的破坏，越来越多的国家开始联合起来，共同应对并解决这一国际性问题。在这些多边合作中，我国一直处于领导者的位置，体现了大国担当。我们深知，只有各国携手合作，共同应对挑战，才能实现全球可持续发展的目标。因此，我国不仅在国内大力推进生态文明建设，还积极参与国际合作，与其他国家分享经验、交流技术，共同推动绿色发展。通过双边合作，我国与许多国家建立了紧密的绿色发展伙伴关系，共同开展环保项目，推动清洁能源和绿色技术的研发与应用。这些合作项目不仅促进了双方的经济社会发展，也为全球可持续发展注入了新的动力。在多边合作方面，我国积极参与全球环境治理机制的建设和完善，推动构建公正合理的国际环保规则体系。我们倡导并推动形成绿色"一带一路"建设，与共建国家开展绿色基础设施建设、绿色产业合作等，促进区域经济的绿色转型和可持续发展。我国将继续发挥大国作用，推动全球绿色发展合作。我们将加强与其他国家的沟通与合作，共同应对气候变化、资源短缺等全球性挑战，为实现全球可持续发展目标贡献更多中国力量。同时，我们也将积极推动绿色技术创新和产业升级，为全球绿色发展提供技术支撑和产业引领。

5.4.2 我国绿色技术创新取得巨大成就

(1) 政府出台相关规划和政策对绿色技术创新进行有效的宏观引导

通过政策和计划对绿色技术创新进行宏观引导。1994 年，《中国 21 世纪议程——中国 21 世纪人口、环境与发展白皮书》成为我国可持续发展的纲领性文件，为绿色技术创新提供了指导。随后，我国制定了《中国跨世纪绿色工程规划（1996～2000 年）》，明确了环保重点领域，并将加快绿色技术创新纳入政府工作日程。之后，在 2004 年的政府工作报告中进一步提出“大力发展循环经济，推行清洁生产”，并将加快绿色技术创新列入政府工作日程。2011年，国务院印发了《“十二五”节能减排综合性工作方案》，提出了具体的节能减排要求和目标，并指明了节能减排的具体工作内容。这些政策和计划为我国绿色技术创新的发展指明了方向。

此外，2012年出台的《发明专利申请优先审查管理办法》中明确提出了对涉及节能环保、低碳技术、节约资源等有助于绿色发展的重要专利申请给予优先审查，以及其他对国家利益或公共利益具有重大意义的专利申请。这一举措充分彰显了国家对绿色技术创新的优先重视。

另外，通过“攻关计划”和“863计划”直接启动重大绿色技术的研究与开发。我国的“攻关项目”分为国家和地方两类，资金通常来自政府，资助强度较大。在“国家科技攻关计划”中设有绿色技术创新项目，而“863计划”则资助高新技术，包括一些属于绿色技术开发的项目。例如，“镍氢电池产业化开发项目”便是其中之一，该项目共申请了35项专利，开发了9个系列32个规格的镍氢电池产品和部分方形动力电池组，设计并研制了相关自动生产线、装备线和设备，极大提高了我国生态电池的水平。

政府部门也通过一系列相关规定保障了绿色技术创新的实施。例如，2014年中国银行业监督管理委员会办公厅印发了《绿色信贷实施情况关键评价指标》，要求各银行对照此指标认真组织开展绿色信贷实施情况自评价工作，并报送银监会。这一评价指标体系对我国绿色信贷的实践起到了监督作用。另外，2014年12月，环境保护部联合商务部、工业和信息化部印发了《企业绿色采购指南（试行）》，对指导企业实施绿色采购、构建企业间绿色供应链起到了推动作用。在对外贸易方面，2014年商务部、海关总署联合发布了调整后的《加工贸易禁止类商品目录》，将400多种高污染、高环境风险产品纳入其中，这些举措都对生产企业过去高污染、高环境风险的生产行为起到了限制的作用，鼓励企业应用绿色技术，实现绿色经营。

2020年，习近平主席在第七十五届联合国大会上提出，中国力争2030

年前二氧化碳排放达到峰值，努力争取2060年前实现碳中和目标。自“双碳”目标提出以后，社会各界对环境保护愈加重视，从长期来看，经济与环境可持续发展才是最优的选择，企业的经营理念和绿色行为在很大程度上影响可持续发展的目标的实现。

从新发展理念的提出到“双碳”目标承诺的宣告，绿色发展理念和生态文明建设在我国持续推进，中国已经步入了绿色经济时代。在这一时代，新质生产力的发展成为推动经济转型升级的重要动力。2023年9月，习近平总书记率先提出“加快形成新质生产力，增强发展新动能”的要求。新质生产力的提出为我国制造企业高质量发展提供科学指引，发展新质生产力的基本要求就包括绿色低碳理念。

（2）支撑绿色技术创新的科研机构、人员、项目和经费逐渐增多

中国科学院是我国自然科学最高学术机构、科学技术最高咨询机构、自然科学与高技术综合研究发展中心。自20世纪50年代开始，中国科学院就投身于绿色技术的科技研发及探索，并成为我国绿色科研机构的先驱。1973年，北京市环境保护科学研究所成立，成为我国第一个绿色环保专业研究机构。到了2022年，我国绿色科研结构的数量和绿色技术发展取得了显著增长。尽管地级/市级科研机构数量减少，但从总体上看，我国从事绿色技术研究的科研人员数量仍然较多，能够支撑我国绿色技术的发展。

绿色科研项目取得丰硕成果的同时，我国绿色技术发展也取得了丰富的成果。截至2022年年底，中国绿色低碳专利有效量为21.8万件，较上年增加4.1万件，同比增长23.16%，占中国发明专利有效量的比重为5.17%，较上年提升0.04个百分点。我国2016～2022年中国绿色低碳专利授权量累计20.6万件，整体呈增长态势，由2016年的2.5万件增长到2022年的4.2万件，年均增速为9.3%，比同期中国发明专利授权量年均增速低2.0个百分点。

为鼓励绿色技术的发展，我国组织并完成了环境保护科学技术奖的奖励工作，并加强了重点实验室的管理。此外，我国还从水环境、区域大气、典型生态功能区、土壤与地下水、辐射环境、全球气候变化6个方向布局

国家环境保护科学观测研究站的建设，以提供绿色技术发展的基础支撑。

（3）形成多层次的绿色技术创新体系

我国的绿色技术创新体系可以分为四个层次：第一，政府主导的攻关计划。政府、高校（研究院所）和企业共同参与，针对我国经济社会发展面临的重大生态环境问题，在国家“攻关计划”名义下从事绿色技术开发，加快研发、试验和产业化进程。第二，高校（研究院所）与企业合作。通过企业出资或通过课题形式争取政府资助，高校（研究院所）与企业合作进行研发，旨在开发单一的绿色技术或解决企业面临的具体清洁生产问题。第三，企业自主研发。企业根据市场前景预测，自筹资金开发新的环保设备或生态产品，其目标是进入市场追求超额利润。第四，传统产品改造。企业迫于市场竞争压力对传统产品进行“绿化”处理，如生产无氟冰箱等，以适应市场需求和环保要求。这四个层次相互衔接，共同构成了我国绿色技术创新体系，涵盖了政府引导、高校和企业合作、市场驱动以及企业自发行为，形成了多元化的绿色技术创新路径。

（4）稳步推进国家级生态工业园区建设，促进绿色技术产业化

在政府的支持和引导下，我国积极建设生态工业园区，以获得科研协同效应和经济地理集群效应。这一举措得到了国家环境保护总局的率先推动，其中广西贵港国家生态工业（制糖）示范园区的批准建设标志着我国国家生态工业示范园区建设正式启动。从而，仅在2023年，目前已建成生态工业园区73家，主要污染物排放强度比全国低90%，固废综合利用率达到90.81%，优于全国工业园区平均水平。

与此同时，我国绿色技术产业化步伐不断加快，尤其是环保产业作为战略性新兴产业的确立，为我国绿色产业的发展注入了强劲动力。第四次全国环境保护相关产业基本情况调查显示，我国环境保护相关产业在营业收入、营业利润等方面都有了显著增长，尤其是环境保护产品、服务、资源循环利用产品、环境友好产品在2011年的营业收入占同期GDP的比重均有所提高，显示出了环保产业在国民经济中的重要地位和发展潜力。

总体而言，生态工业园区和绿色产业的建设和发展对于我国经济结构

调整和可持续发展具有重要意义，也为未来环保产业和绿色技术产业的进一步发展奠定了良好基础。

5.4.3 我国绿色技术创新中存在的主要问题

（1）绿色技术研发过程中，政府、企业、公民主体权责不明

政府、企业和公民是推动绿色技术创新和应用的重要力量。政府的主要职责是鼓励、引导、支持绿色技术发展，并为绿色技术创新提供有利的市场经济环境和社会环境。从可持续发展的角度来看，只有政府能够更好地代表并维护全体人民特别是后代人的利益，才能制定与环保的相关政策法律法规并监督其有效执行。然而，迫于经济发展和就业的压力，各级政府对 GDP 的追求在相当长一段时期内仍将难以解除。特别是对各级政府的监督还存在诸多不足，使政府的主体责任很难真正落实，其结果就是使绿色技术创新得不到政府有力的支持，降低市场对绿色技术的需求，使绿色技术创新受到制约。企业的主要职责是加强绿色技术研发，推进和落实绿色技术产业化发展。目前，我国企业对绿色技术创新的动力和应用的需求不足。一般企业往往偏重于短期内扩大经营规模以提高经济效益，而忽视从绿色技术创新的角度提升企业的技术竞争力。同时，部分企业基于成本的压力减少和替代了绿色技术的使用，使企业对绿色技术创新的需求大幅下降。大多数企业的环保社会责任感不够强甚至欠缺，直接制约了我国绿色技术市场的需求。公民作为消费者，是推动绿色技术创新最广泛的社会力量。公民的环保意识和生态责任的强弱对拉动绿色技术创新和绿色技术市场发展具有重要作用。然而，目前我国公民的环保意识和责任意识还不够强烈，许多人认为环保"与自己无关，可以置之不理"。这在很大程度上抑制了由绿色消费所拉动的绿色技术市场需求，进而限制了我国绿色技术创新的发展。

（2）绿色技术推广过程中，宣传和科普力度不够

在人们的认识范围有限的情况下，即使是具有远大前途的新事物出现，

也可能会缺乏科学全面的认识，甚至怀疑和否定其进步性。绿色技术作为一种代表生态化、现代化的技术发展，由于其理论的专业性、研究的前沿性、专利的保护性以及应用领域的限制，普通公民可能很难对某项绿色技术做出正确的、合理的判断。特别是对一些关键性、敏感性的绿色技术应用，人们往往基于安全和利益的考虑，心存疑虑，或者排斥。例如，作为发展生物质能源最有潜力的广西，就有部分人担心以乙醇作为燃料产生的温室效应比用汽油更严重，因此对发展生物质能源代替汽油这项绿色技术的积极性不高。又如，在提出和建设核电站时，人们尤其是附近居民会十分担心核污染、核泄漏、核辐射等问题，而往往持反对态度。造成这种反对绿色技术、排斥绿色技术现象的原因主要包括两个方面。绿色技术本身的原因：在应用过程中可能会造成某一方面的、短期的问题。例如，正在广大农村中推广的沼气技术，由于各地气温的差异等会造成技术应用效果的差异。同时，由于部分农民不懂如何使用、如何操作，发生了沼气爆炸等危险案例。这些问题的产生，一部分是由于技术本身缺乏安全性、实用性及相关保障设施造成的。绿色技术的推广应用遇到阻碍：一个重要的原因是相关部门对绿色技术的可靠性、安全性、环保性和经济性等基本状况和优势宣传不够，尤其是对核技术等先进绿色技术缺乏权威系统的科普工作。人们支持或反对绿色技术应用的关键原因是该项技术的应用是否有利于维护其基本权利和权益。一般而言，由于绿色技术兼具生态性和经济性，皆符合人们的基本要求。例如，核电技术就具有低消耗、高产出、低排放的优点。但由于政府或相关部门、企业对该项绿色技术的宣传不到位，没有通过科普宣传等解释和解决人们对某项绿色技术的认识和疑虑，导致人们不能积极地同意和应用“陌生的”绿色技术，从而阻碍了绿色技术的实际运用和产业化发展。

（3）绿色技术应用过程中，科技成果转化率较低

绿色技术成果转化率低是阻碍我国绿色技术发展的重要因素。虽然政府部门和科研院所对某些领域的技术成果很重视，但总体来看，我国技术成果的转化率偏低，尤其是绿色技术成果的转化率。其主要原因包括以下

两个方面：首先，绿色技术应用成本过高，绿色技术的应用需要投入一系列新设备和人员，或者改造原有生产流程。相较于一般技术创新，绿色技术创新需要考虑生产效率的同时还需加入生产能耗、生产排放等环保要素，导致研发成本较高。在应用过程中，绿色技术的节能环保作用需要增加生产环节，进一步提高了企业的生产成本。然而，由于当前我国对绿色产品和绿色服务的要求不严格，高成本生产的绿色产品存在价格劣势，导致绿色产品的市场销售和占有率明显低于其他同类产品，形成了恶性循环，易导致绿色技术被其他技术“驱逐”。其次，绿色技术市场供需矛盾突出，尽管我国每年专利产生数量巨大，但并没有有效对接市场上的技术需求。我国的科技经费投入总量位居世界第三，但科技成果的转化率较低。一些耗费大量资源研究出的绿色技术成果未能得到有效推广和应用，部分科研机构和单位在绿色技术立项、研发和试验过程中过于注重数量而忽视推广和社会效益，导致绿色技术的供给脱离了市场需求。同时，自由市场上行业和产业的发展迅速，而绿色技术的研发周期较长，导致供给与需求之间存在时间差，需要技术研发具有一定的前瞻性和创新性。

（4）绿色技术创新全过程中，政策支持力度和法律约束力度不够

绿色技术创新因其“正外部性”特征，需要健全完善的制度体系来保驾护航。目前来看，相关制度不够完善，从而在一定程度上制约着绿色技术创新。首先，现有的政策法律法规不够健全。法律法规在市场经济条件下是最有效、最重要的外部力量，但我国在环境保护方面的政策法规依然不够健全。例如，关于化学品安全管理、土壤安全、生物安全等方面的立法尚待完善，对出口产品受到发达国家知识产权壁垒、污染转嫁等方面的立法也缺乏配套措施。此外，在出台了法律法规后，相关的条例、规章、地方立法等迟迟未能推出，使得法律的效用难以充分实现。另外，我国现有的政策对绿色技术创新的支持力度不够，综合性的财政政策和单独的绿色技术鼓励政策对企业的绿色技术研究和应用影响效果不明显，政策的引导性和鼓励性难以实现。

其次，现有的法律资源也未被充分利用。在有法可依的条件下，执行

过程中的“有法不依”现象使法律的效用大打折扣。对大型企业和外资企业的排污监控较严格，然而对中小企业的监管仍然存在薄弱环节，导致一些企业没有处理废水、废气、废渣的设备，或者即使购买了环保设备也并非常常运行，而地方政府相关部门出于地方经济利益或其他原因难以真正做到“违法必究”。这种情况导致绿色技术创新市场需求无法转化为现实需求，法律执行效率低的根本原因在于法律规定与当地政府、企业的经济利益发生了冲突。

此外，我国绿色技术创新的政策支持力度不够，政策倾斜有待进一步加强。例如，我国的产品技术标准大多低于国际标准，这直接影响到对绿色技术的开发和应用程度。产品技术标准的提高有利于引导绿色技术创新的实现，同时也有利于我国产品进入国际市场。然而，目前我国的标准与国际标准仍存在一定差距，而提高标准并不意味着在短期内都采用国际最高标准，而是通过不断提升标准来引导绿色技术创新的实现。

总体而言，绿色技术创新过程、推广过程、应用过程存在的主要问题在于政府、企业及相关直接利益受益方没有树立可持续发展观，没有正确地把握当前利益与长远利益、经济效益与生态效益、局部利益与整体利益之间的关系，过度依赖和追求短期利益、经济利益、局部利益。要解决这些问题，企业须制定绿色技术创新和应用战略，并努力改造落后技术，应用绿色技术。同时，政府则应该积极发挥政府职能，利用财政补贴、政策支持、法律约束等手段保障和促进绿色技术创新的实施。

5.5　企业绿色技术创新的实践案例

【案例】

智能化深度降碳超低排放技术引领绿色制造前沿

——黑龙江新双锅锅炉有限公司

黑龙江新双锅锅炉有限公司是国家A级锅炉、三类A级压力容器设计制造企业，始建于1960年，是国家高新技术企业、全国知识产权优势企业、国家引进国外智力示范企业、国家博士后科技工作站；全国重合同守信用企业；全国机械行业文明单位；是省创新型企业和省技术创新方法优势企业、省专利优势示范企业、省级工业锅炉领军企业。2021年被工信部评为全国专精特新"小巨人"企业，"全国文明单位"，全省单项冠军企业，全省质量标杆企业、全省绿色供应链管理企业称号等。公司从供应链的源头开始将绿色制造、产品生命周期和生产者责任延伸理念融入企业内外业务流程，综合考虑企业经济效益与资源节约、环境保护、人体健康安全要求的供应链系统，力求发挥整个供应链作用，减少污染物产生和排放，从而实现环境保护的目的。

锅炉产品作为企业生产、供暖等重要装备，在制造业中占据重要地位。公司秉承全生命周期的理念开展产品绿色设计及绿色工厂建设，积极推动绿色发展，践行新发展理念，响应国家节能减排与绿色环保号召。公司污染物处理设备、设施健全，定期委托开展废气、废水等污染物的合规性评价，检测结果满足标准相关限值要求，污染物处理设备的处理能力与工厂生产排放相适应，从源头减少能源、资源消耗，提升产品绿色价值，降低环境负荷。公司重点开发了以"趋零积灰趋零结露，智能调载"为主的新一代高效节能绿色产品，多个系列产品列入"国家工业节能技术装备推荐目录""能效之星产品目录"，为推进"绿色发展"战略作出了积极贡献。

在产品设计开发方面，遵循绿色、节能、低碳、降耗等理念，全面提升产品能效水平。公司拥有全套世界先进水平的锅炉设计分析系统、超强建模功能三维设计软件、强度和热力计算分析软件，设计手段达到国际先进水平，高精度设计分析系统等绿色软件，扎实推进绿色设计；通过新技术、新工艺扎实推进产品绿色设计，采用低损耗技术和公司新专利技术，使锅炉性能达最优；利用积灰机制反积灰，以反冲刷方式达到全时在线自洁、自动式清灰、热交换、积灰、清灰同时同步在线，使运行热交换效率比肩测试热效率，使运行热效率提高4%~7%，承重包装箱减量可回收化，有效提高材料利用率；产品模具结构改进，实现回收利用率98%。

技术原理如下：

1. 利用积灰机制反积灰，以反冲刷方式达到全时在线自洁自动式清灰。

2. 以控制烟气与受热面的交换大小来实现恒定排烟温度和变功率功能。

3. 智能控制脱硝烟温技术和调变负荷、在线自洁清除干松灰，固化灰和趋零结露，通过信息化和数字化来实现智能化，通过互联网实现远程服务；全时在线自洁式清灰。

4. 通过富燃料低温度、烟气分级、燃料分级燃烧技术，智能分级低NOx燃烧，结合“水平循环流化床气化炉煤气和烟气的脱硫方法”专利技术实现低氮氧化物、低硫氧化物超低达标排放。

5. 同时在防治超低NOx排放的硫酸氢铵固化灰堵及结露固化灰堵上推出在线智能播砂清扫技术，填补中外在智能化治理固化灰堵的空白。

6. 设置飞灰复燃机构使未燃炭重复燃烧，提高燃烧效率，解决了低温控氮运行造成固定炭燃烧不尽问题。

三大优势有：

1. 深度节能性：利用积灰机制，反制积灰，实现在线智能化自洁式清灰，破解近200年来世界性灰阻换热技术障碍。提高运行效率4～6个百分点。从能效产出比上高出室燃炉、循环硫化床2～3个百分点。

2. 抗固化灰堵：在防治超低NOx排放的硫酸氢氨固化灰堵及结露固化灰堵上推出在线智能播砂清扫技术，填补中外在线智能化治理固化灰堵的空白。

3. 高智能化：实现节能、减排智能化+远程服务（互联网+）+无人化值机。

该技术应用公司自主知识产权专利13项，其中发明专利8项包括4项国际发明专利；实用新型专利5项；获得奖项5项。

（案例来源：https://gxt.hlj.gov.cn/gxt/c107069/202307/c00_31653200.shtml）

第 6 章

绿色金融

6.1 绿色金融概述

6.1.1 绿色金融的起源与发展

早在 1980 年，美国颁布了《综合环境反应补偿与责任法》，也被称为“超级基金法案”。这使得金融机构开始高度关注潜在的环境污染所带来的信贷风险。这个法案因拉夫运河事件而生，因其中包含超级基金而闻名于世。紧接着，1988 年，德国在法兰克福创新地成立了生态银行，专注于自然与环境保护的信贷业务，成为世界上首家以保护生态为宗旨的银行。这不仅体现了对环保的重视，也开启了金融业与环境保护相结合的新篇章。

2003 年 6 月，花旗银行、荷兰银行和巴克莱银行等跨国金融机构，积极响应世界银行的环保标准和国际金融公司的社会责任理念，联手制定了赤道原则（Equator Principles，EPs），旨在严格评估和管理项目中的环境与社会风险。这一举措标志着国际绿色金融的里程碑。随后，绿色金融市场在 2007 年迎来了新的突破。欧洲投资银行发行了全球首支绿色债券，成功筹集资金用于气候相关项目，为绿色金融市场注入了新的活力。这一创新性融资工具为环保项目提供了重要的资金支持，进一步推动了绿色金融的发展。2013 年，国际金融公司与摩根大通共同发行了 IFC 绿色债券，绿色金融市场开始蓬勃发展。这一创新性金融工具不仅拓宽了绿色项目的融资渠道，还为投资者提供了更多选择和机会。2015 年 3 月，国际资本市场协会（ICMA）联合上百家金融机构共同发布了《绿色债券原则》（Green Bond Principles，GBP）。这两项原则不仅是国际绿色金融发展的里程碑[59]，也为绿色债券的发行和评估提供了更加具体和明确的指导。

在我国，中国人民银行和环保总局于 1995 年分别发布了《关于贯彻信贷政策与环保工作通知》和《关于运用绿色信贷促进环保工作的通知》，奠定了绿色信贷的基础。2007 年 11 月，银监会发布《节能减排授信工作指导意见》，强调了高耗能、高污染行业对银行业的风险，并制定了相应的应对策略和操作细则。这一重要文件的出台，引导了银行业在节能减排领域的更高要求。就在 2008 年，兴业银行成为国内首家采纳赤道原则的金融机构，这无疑是对绿色金融的一次重要里程碑。

早在 2012 年，我国就发布了《绿色信贷指引》，这一纲领性文件为我国的绿色信贷体系奠定了基础。随后，2015 年，中共中央、国务院进一步强调了健全环境治理和生态保护市场体系，并明确提出了建立绿色金融体系的要求。仅仅过了一年，七部委联合发布了《关于构建绿色金融体系的指导意见》，不仅指出了构建绿色金融体系的重要意义，还提出了多项措施来推动绿色金融体系的发展，如大力发展绿色信贷、推动证券市场支持绿色投资、设立绿色发展基金、发展绿色保险等。这一举措构建了我国绿色金融体系的顶层框架[60]。而到了 2017 年，七部委再次联合印发了一份重要文件——《建设绿色金融改革创新试验区总体方案》，该方案旨在推动浙江省湖州市、衢州市，江西省赣江新区，广东省广州市，贵州省贵安新区，新疆维吾尔自治区哈密市、昌吉州和克拉玛依市等地区建设绿色金融改革创新试验区。这一系列举措表明了我国对于绿色金融体系的重视与支持。

2016 年，中国首次将绿色发展理念融入 G20 议题。中国人民银行与英格兰银行共同发起成立了 G20 绿色金融研究小组，担任小组主席，并于 2017 年 7 月发布了《G20 绿色金融综合报告》[61]。此后，绿色金融研究小组逐渐演化为可持续金融研究小组，以绿色金融为核心议题，同时也研究包括就业和收入分配等其他可持续发展要素。这个研究小组连续三年提出政策建议，这些建议被纳入峰会成果。2021 年 4 月，可持续金融研究小组升级为可持续金融工作组，由中国人民银行与美国财政部联合牵头。终于在 2021 年 10 月，发布了 G20 首个关于可持续金融的框架性文件《可持续金融路线图》，为引导国际市场资金支持应对气候变化提供了重要指引。

2017 年 12 月，为了推动央行和监管机构之间的绿色金融合作，中国人民银行联手荷兰央行、法国央行和宏观审慎与处置委员会、英格兰银行、德国央行、瑞典金融管理局、新加坡金管局以及墨西哥央行共同发起了央行与监管机构绿色金融网络（NGFS）。这个网络的主要关注点在于气候变化对宏观金融稳定以及微观审慎监管的影响，旨在强化金融体系的风险管理能力，并动员资本进行绿色低碳投资。经过近四年的发展，截至 2022 年 4 月，NGFS 的成员已经扩展到 114 家正式成员和 18 家观察机构，成为央行和金融监管机构开展绿色金融研究合作的重要平台。

2018 年底，中国人民银行携手中国金融学会绿色金融专业委员会与伦敦金融城，共同发布了《“一带一路”绿色投资原则》（GIP），以推动“一带一路”倡议的绿色可持续发展。这项原则被列为 2019 年“一带一路”国际合作高峰论坛的重要成果之一。GIP 为参与“一带一路”投融资的金融机构提供了七条重要原则，包括充分了解环境、社会和治理（ESG）风险，披露环境信息，运用绿色金融工具等。这些原则的贯彻实施，为金融机构在“一带一路”区域内的绿色投资提供了清晰的方向和指导。

2019 年，一场由包括中国在内的八国发起的绿色金融改革在国际舞台上轰轰烈烈展开，那就是可持续金融国际平台（IPSF）。它的建立标志着国际合作在推动绿色金融标准国际化方面迈出了重要一步。这一平台的出现，不仅深化了各国间的合作，更在动员私人部门参与环境可持续投资方面发挥了积极作用。

2021 年，中国人民银行与欧盟委员会相关部门共同牵头，完成了一份具有历史意义的文件——《可持续金融共同分类目录》。这份目录覆盖了中欧绿色与可持续金融目录所共同认可的经济活动清单，这些经济活动都对减缓气候变化有着显著的贡献。其中包括能源、制造、建筑、交通、固废和林业六大领域的主要经济活动，这份目录的发布对于推动中欧绿色投融资合作、引导跨境气候投融资活动、降低跨境交易绿色认证成本等方面都具有深远的影响。

2021 年，《政府工作报告》中将“深入实施可持续发展战略，促进生产生活方式绿色转型”列为当年的八大重点工作之一，并提出了一系列举措，其中就包括“扎实做好碳达峰、碳中和各项工作，实施金融支持绿色低碳发展专项政策，设立碳减排支持工具”等。这显示了党中央、国务院对于绿色发展的高度重视和决策部署。

随后，中国人民银行也积极响应，将绿色金融作为“十四五”时期乃至更长时期最重要的工作之一。2021 年 6 月，中国人民银行印发了《银行业金融机构绿色金融评价方案》，标志着我国绿色金融政策体系的进一步完善。同年 11 月，中国人民银行又创设推出碳减排支持工具这一结构性货币政策工具，引导金融机构在自主决策、自担风险的前提下，向碳减排重点领域内的各类企业提供碳减排贷款，进一步推动了绿色金融的发展。

2022 年 6 月 3 日，IPSF 发布了《可持续金融共同分类目录》的更新版。这次更新版覆盖了 72 项符合中欧“可持续贡献”标准的减缓气候变化活动，标志着国际社会在推动绿色金融发展方面的努力正在不断加强。这一更新版目录的发布，无疑将为降低碳排放、保护环境、实现可持续发展目标注入新的动力。

2022 年 6 月 1 日，中国银保监会发布《银行业保险业绿色金融指引》，进一步强化了绿色金融政策的指导性、覆盖面和有效性，积极服务兼具环境和社会效益的各类经济活动，有序推进碳达峰、碳中和工作。这一指引的发布，无疑将进一步推动我国绿色金融的快速发展，为实现碳达峰、碳中和目标作出积极贡献。

2024 年 4 月，中国人民银行联合国家发展改革委等多部门印发的《关于进一步强化金融支持绿色低碳发展的指导意见》（以下简称《指导意见》）提出，做好绿色金融大文章，积极支持绿色低碳发展。《指导意见》从推进碳排放权交易市场建设、加大绿色信贷支持力度、进一步加大资本市场支持绿色低碳发展力度、大力发展绿色保险和服务、壮大绿色金融市场参与主体5个方面提出了具体举措。推动金融系统逐步开展碳核算，建立健全金融机构碳核算方法和数据库，制定出台统一的金融机构和金融业务碳核算标准，鼓励金融机构和企业运用大数据、金融科技等技术手段为碳核算工作提供技术支撑。制定统一的绿色金融标准体系，加快研究制定转型金融标准。

6.1.2 绿色金融与绿色产业

(1) 绿色金融及相关概念

随着经济生活的不断提高，可持续发展已经成为全球的共同关注点，因此出现了许多与之相关的概念。

①绿色金融是一种专注于为环保、节能、清洁能源、绿色交通、绿色建筑等领域的项目提供投融资、项目运营和风险管理的经济活动。这种金融模式注重资源的有效利用和环境保护，通过创新和可持续的金融手段，为推动全球可持续发展作出了积极贡献。

②气候投融资，就是将资金投入应对气候变化的领域，以实现国家的自主贡献目标和低碳发展目标。它是绿色金融的重要组成部分，涵盖了减缓和适应两个方面。减缓气候变化包括产业结构调整、发展战略性新兴产业、优化能源结构、大力发展非化石能源、实施节能降碳改造工程项目、开展碳捕集、利用与封存试点示范以及控制非能源活动的温室气体排放等。适应气候变化则包括提高农业、水资源、林业和生态系统、海洋、气象、防灾减灾救灾等重点领域的适应能力，以及加强适应基础能力建设等。

③ESG投资是一种新型投资理念，不仅考虑财务因素，还充分考虑到环境、社会和治理等多方面因素，从而做出更为全面、可持续的投资决策。

④责任投资是一种注重可持续发展和利益共享的投资策略，不仅关注企业的财务表现，还重视企业行为对环境、社会和治理（ESG）方面的影响。通过将 ESG 因素纳入投资决策，责任投资旨在实现长期投资价值和社会价值的双重目标。同时，通过积极行使股东权利，责任投资者可以推动企业履行社会责任，提升公司的治理水平和社会形象。

⑤可持续金融，是一种引领着长期资金进入可持续经济活动或项目的投资策略。它不仅关注财务回报，更将环境、社会和治理（ESG）因素融入金融部门的投资决策中，为我们的世界带来更加可持续的未来。

绿色金融本质上是以环保和气候变化为导向的金融模式。其中，气候投融资作为应对气候变化经济活动的重要一环，显得尤为重要。ESG 因素，即环境、社会和治理因素，恰如其分地概括了投资决策中不可或缺的非财务信息。从实际应用的角度来看，责任投资的范围显然大于 ESG 投资。在不同的时期和主体下，可持续发展的内涵也会有所不同。因此，尽管都考虑了 ESG 因素，可持续金融的涵盖范围可能是最广泛的。

（2）绿色产业

绿色产业主要参考国家发展和改革委员会发布的《绿色产业指导目录（2019 年版）》以及中国人民银行、发展改革委、证监会联合制定的《绿色债券支持项目目录（2021 年版）》。绿色产业主要从其功能性方面进行分类，主要分为六大类，包括节能环保产业、清洁生产产业、清洁能源产业、生态环境产业、基础设施绿色升级和绿色服务。这些分类下又各自包含详细的小类解释，基本上覆盖了我国绿色需求的主要行业。

而在《欧盟可持续金融分类方案》（EU Taxonomy）中，经济活动则是按照环境目标来划分，具体包括减缓气候变化、适应气候变化、海洋与水资源的可持续利用与保护、循环经济、污染防治和生物多样性六大类别。这意味着，任何能够实现相应环境效益的产业都有可能得到《欧盟可持续金融分类方案》的支持，而不仅仅局限于特定的产业功能。从长远来看，随着社会经济的不断发展，绿色产业也将不断调整和优化，为推动全球可持续发展贡献力量。

6.1.3 转型金融与高碳产业

(1) 转型金融

在碳中和的背景下，高碳行业的转型发展备受关注，也引发了关于转型金融的热烈讨论。从全球范围来看，虽然关于转型金融的定义有所不同，但核心原则基本一致。

国际资本市场协会在2020年12月发布的《气候转型金融手册》中指出，转型金融是支持发行人实施其气候转型战略的融资方案，该战略应以将全球温度升幅控制在1.5℃以内，至少控制在2℃以内为目标，并明确说明发行人计划如何调整其业务模式从而为向低碳经济转型作出积极贡献。企业制定应对气候变化相关风险的公司战略是发行转型贴标金融融资工具的前提。

气候债券倡议组织提出了转型的五项原则：符合1.5℃温控目标的碳排放轨迹；以科学为基础设定减排目标；不计入碳抵消；技术可行性优于经济竞争性；刻不容缓的行动而非空口承诺。CBI还对绿色标签与转型标签进行了简单区分：绿色标签适用于对低碳经济发展具有长期作用的投资项目，而转型标签适用于为2030年碳排放减半及2050年净零排放目标做出重大贡献但不具有长期作用，或者将发挥长期作用但目前尚未拟订净零排放实施路径的投资活动。

在我国，可持续发展挂钩债券被归类为转型金融的范畴。交易商协会发布的《可持续发展挂钩债券（SLB）十问十答》将其定义为：将债券条款与发行人可持续发展目标紧密关联的融资工具。这些挂钩目标包括关键绩效指标（KPI）和可持续发展绩效目标（SPT）。其中，关键绩效指标（KPI）是衡量发行人运营的核心可持续发展业绩的关键指标。可持续发展绩效目标（SPT）则是关键绩效指标的量化评估目标，并明确规定了达成期限。

第三方机构负责对相关指标进行验证。如果关键绩效指标在规定期限内未能达到（或超过）预定的可持续发展绩效目标，将触发债券条款的调整。这些关键绩效指标还应具备以下四个特性：与国家可持续发展战略保持一致；可以被客观计算与量化，并设定明确的基准值与目标值；量化结果可被权威第三方机构事后校验和重复验算；以及可以展现一个时间阶段内的成效并具备可持续性，不建议设立短期指标、与长期运营关系不大的单一指标或仅体现某一具体时点状态的指标。

在设定可持续发展绩效目标（SPT）时，需要遵循“实质性、可验证、时限性”的原则。目标应当具体、量化、可测度，可与基准值、行业标准值或平均值等进行比较，并且与“一切照常”的运营情景相比，在可持续发展方面要有实质性的改进。

总体来说，相较于绿色金融，转型金融应更具有国家或地区特色，所覆盖的经济活动范围更加广泛。这也意味着转型金融的国际标准或许趋同，但可能难以统一。究其根本，转型金融包含三项核心要素：目标导向，即转型活动需具备显著的减排效应和明确的转型路径，融资条件与转型目标紧密关联；MRV 原则，即转型目标可衡量、可报告、可核查；以及奖罚分明，即转型金融产品需配套相应的奖励或惩罚措施。

（2）高碳产业

高碳产业是指碳排放量较高的产业，煤电、钢铁、水泥、有色金属、化工、石化、造纸、民航八大行业通常被认为属于高碳行业之列。这些行业在生产过程中大量消耗能源并排放二氧化碳等温室气体，因此需要进行低碳转型以降低碳排放量。

6.1.4　绿色金融的功能与支柱

为了支持实现“碳达峰、碳中和”战略目标，中国人民银行在 2021 年 3 月公开表示，已初步确立了“三大功能”和“五大支柱”的绿色金融发展政策思路，以落实党的十九届五中全会和 2020 年 12 月 16 日至 18 日中央经济工作会议的相关精神。

（1）绿色金融三大功能

我国绿色金融在资源配置、风险管理和市场定价方面的作用日益凸显，这离不开政策的强力支持和推动。例如，中国人民银行于 2017 年 12 月发布了《关于推广信贷资产质押和央行内部（企业）评级工作的通知》，明确将符合标准的绿色贷款作为信贷政策支持再贷款、常备借贷便利（SLF）等工具的合格信贷资产担保品。随后，中国人民银行于 2018 年 6 月宣布适当扩大中期借贷便利（MLF）担保品范围，将不低于 AA 级的绿色债券、优质绿色贷款等特定领域的资产纳入其中。

此外，中国人民银行还积极展开金融机构气候变化压力测试，持续监测评估金融机构绿色转型。国家发改委于 2017 年 12 月发布了《全国碳排放权交易市场建设方案（发电行业）》，为碳排放权交易市场的建设提供了明确指导。生态环境部也相继发布了《碳排放权登记管理规则（试行）》《碳排放权交易管理办法（试行）》《碳排放权结算管理规则（试行）》等法规文件，进一步规范了碳排放权的管理和交易。

在新的一年里，中国人民银行表示将采取以下六个方面的措施，更好地强化绿色金融的三大功能：一是构建长效机制，完善金融支持绿色低碳转型的顶层设计；二是完善绿色金融标准，推动金融机构开展碳核算；三是创新绿色金融产品和服务，构建多层次绿色金融市场体系；四是防范气候变化相关金融风险；五是推动地方金融改革创新试点；六是深化国际合作，积极参与全球气候治理。这些措施将有助于推动我国绿色金融事业的发展，为实现绿色低碳转型和全球气候治理做出积极贡献，如图 6.1 所示。

（2）绿色金融五大支柱

①标准体系

绿色金融标准作为政策法规的重要一环，为规范绿色金融业务、确保绿色金融自身的可持续发展提供了必要的技术支持。从广义上来说，绿色金融标准涵盖了绿色金融活动的分类方法、信息披露、环境影响评价、金融产品、环境和社会风险管理等相关标准和指南。这些标准不仅为金融机构提供了清晰的业务指引，还有助于提高绿色金融活动的透明度和可持续性。

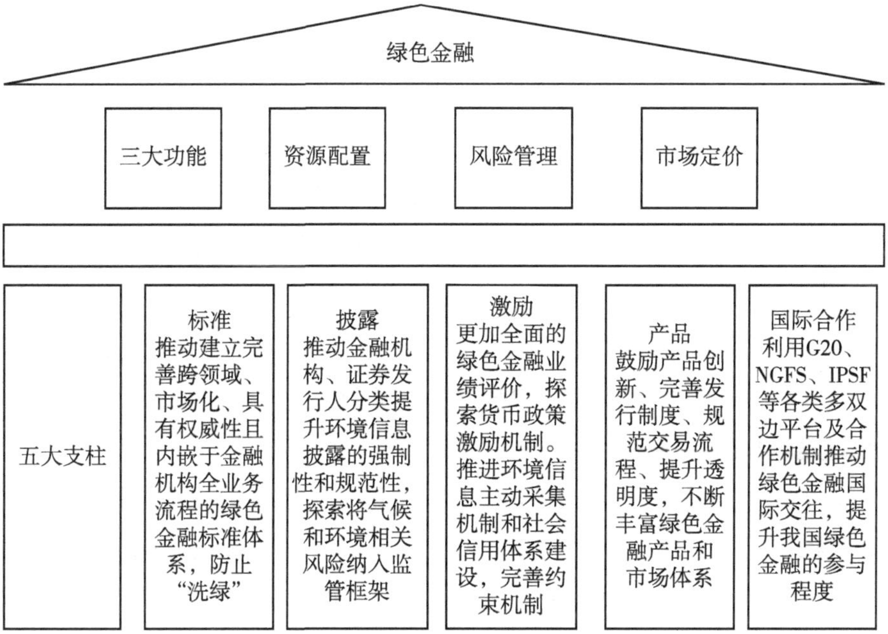

图 6.1　绿色金融的功能与支柱

绿色金融分类目录是绿色金融体系中一个重要的环节。它通过明确界定和遴选符合绿色金融产品支持和适用范围的绿色项目和领域，为各类绿色金融产品和服务的提供者提供了明确的方向和指引。

国际绿色与可持续金融分类目录主要分为国际和区域组织、国家和地区、市场机构三类。其中，国际和区域组织包括绿色债券目录和绿色信贷目录，而国家和地区则有《欧盟分类气候授权法案》和加州的《绿色债券承诺》等。市场机构方面，彭博新能源的《绿色债券指南》提供了详细的指导。

在国内，绿色金融分类目录也在不断发展和完善。现行的标准包括七部委《绿色产业指导目录（2019 年版）》、中国人民银行等四部委的《绿色债券支持项目目录（2021 年版）》以及银保监会的《关于绿色融资统计制度有关工作的通知》等。这些标准的制定和实施，有效地促进了国内绿色金融市场的健康发展。

绿色金融标准发展是大势所趋。总的来说，绿色金融标准发展势不可挡，呈现“国内统一、国际接轨、清晰可执行”的大趋势。以最新的《绿色债券支持项目目录（2021年版）》为例，它统一了各色绿色债券分类目录，使得国内标准更加一致。同时，《绿色贷款专项统计制度》《绿色信贷统计制度》《绿色债券支持项目目录》都以《绿色产业指导目录（2019年版）》为主要参考依据，显示了国内标准的统一性。此外，《绿色债券支持项目目录（2021年版）》融入了“无重大损害”原则（Do No Significant Harm），而且煤炭等化石能源清洁利用等高碳排放项目已不再纳入支持范围，使其更接近欧盟分类方案和全球通行原则。这标志着我们的绿色金融标准正逐步与国际接轨。

可持续金融国际平台（IPSF）也积极行动，发起设立可持续金融分类目录工作组，对比我国的《绿色债券支持项目目录》和欧洲的《可持续金融分类方案——气候授权法案》，编制并于2021年11月发布了《可持续金融共同分类目录报告——减缓气候变化》。这一举动进一步推动了我国绿色金融标准的国际接轨。值得一提的是，《绿色债券支持项目目录（2021年版）》还增添并设置了技术筛选标准和详细说明，使得开展相关业务的实际指导作用更加明显，让绿色金融标准更加清晰可执行。

②信息披露

目前，国际主流环境/可持续披露框架多以自愿性披露为主。近年来，这些披露倡议逐渐加强合作，使得环境/可持续发展相关披露标准逐步趋于一致。2021年3月，国际财务报告准则（IFRS）基金会宣布成立工作组，以加快全球可持续标准的融合。该工作组将根据TCFD建议为基础，制定与气候相关的报告和其他可持续性主题的标准。其中，IFRS基金会担任主席，并得到国际会计准则理事会（IASB）的参与，以及国际证券委员会组织（IOSCO）作为观察机构参与。此外，工作组还将与TCFD、价值报告基金会（由可持续发展会计标准委员会SASB、国际综合报告委员会IIRC合并成立）、气候信息披露标准委员会（CDSB）、世界经济论坛（WEF）、GRI、CDP等机构密切合作。2021年4月，IFRS基金会还宣布将于2021年

11月第26届联合国气候变化大会（COP26）会议前成立新的国际可持续发展标准委员会（ISSB）。

此外，《欧盟金融服务领域可持续相关信息披露条例》于2021年3月正式生效。该条例主要涵盖两个方面：一是在决策或投资建议流程中整合和考虑可持续性风险以及不利的可持续性影响；二是提供与金融产品有关的可持续性信息。该条例规定的披露义务适用于所有金融市场参与者，特别是另类投资基金管理（AIFM）、可转让证券集合投资（UCIT）投资管理公司、提供投资组合管理的保险和信贷机构以及提供投资和/或保险建议的金融顾问。从2022年1月1日起，《可持续金融信息披露条例》（SFDR）中的定期报告要求开始适用，《分类条例》（*Taxonomy Regulation*）中有关气候变化减缓和适应目标的披露要求也从这一天开始适用。

美国也有较为全面的环境法律法规。美国证券交易委员会（SEC）涉及的环境会计信息披露要求，主要考虑环境政策、环境成本和环境负债等方面内容。近年来，SEC加快了推动气候变化相关信息披露和ESG披露的脚步。在2021年3月15日SEC关于气候变化信息披露的征求意见声明中，TCFD、SASB和CDSB等第三方标准或组织被纳入考量。2021年6月，SEC完成了关于扩大公司气候变化信息披露的公开意见征求，并成立了一个气候与ESG执法工作组。

TCFD披露框架，于2017年6月发布，为全球金融机构提供了统一的披露标准。该框架分为四个主要模块：治理、战略、风控以及指标目标，并提出了11项披露建议。这些建议都遵循了七项披露原则，确保了信息的及时、准确、完整和客观。

对于金融机构，TCFD提出了更为严格的要求。以银行为例，建议银行应描述碳相关资产信贷集中度，并披露信贷及其他金融业务活动所面临的气候相关转型或物理风险。银行需要在传统银行业风险分类的背景下考虑气候相关风险，并提供短中长期气候相关转型或物理风险的评估指标。这些指标涉及信贷敞口、持有的股权和债权、交易头寸等，并按行业、区位、信用评级等进行分类描述。

全球已有超过2600家公司声明支持TCFD披露框架，覆盖89个国家或地区，总市值超过25万亿美元。其中，金融机构超过1069家，管理资产总额超194万亿美元。2021年，TCFD评估了1651家企业在2018～2020年的气候披露情况，发现气候相关财务信息披露的平均水平显著提高。相较于其他建议，各企业披露各自在气候方面所面临的风险和机遇的可能性更高，其中有一半以上的企业在其2020年报告中纳入了这类信息。

在信息披露方面，建材和建筑行业表现最佳，平均披露水平为38%。2019～2020年，保险业的信息披露平均水平显著提高了11个百分点。欧洲仍是信息披露方面的领先地区。对于上市公司，中国人民银行牵头的《落实〈关于构建绿色金融体系的指导意见〉的分工方案》中要求"分步骤建立强制性上市公司披露环境信息的制度"。对于金融机构，中国人民银行行长易纲2020年12月9日在新加坡金融科技节上表示"研究建立强制性金融机构环境信息披露制度"。

③激励机制

绿色金融业绩评价方面，中国人民银行采用了宏观审慎评估（MPA）体系，将绿色金融纳入"信贷政策执行情况"中进行评估。2021年5月，中国人民银行进一步印发了《银行业金融机构绿色金融评价方案》，将定量和定性两类指标纳入评价指标体系，其中定量指标权重为80%，定性指标权重为20%。在绿色金融评价方面，自2021年7月起每季度开展一次，评价结果将纳入央行金融机构评级等中国人民银行政策和审慎管理工具。

财政部在《商业银行绩效评价办法》中，将绩效评价指标体系由赢利能力、经营增长、资产质量、偿付能力四类指标调整为服务国家发展目标和实体经济、发展质量、风险防控、经营效益四类，每类权重均为25%。其中，"服务生态文明战略情况"作为第一类指标之一，具体以综合对标（行业对标+历史对标）形式考核绿色信贷占比，权重为6%。

中国银行业协会于2018年3月印发了《中国银行业绿色银行评价实施方案（试行）》，每年对各主要银行的绿色信贷实施情况进行评价。在绿色金融货币政策方面，再贷款作为央行调节基础货币总量和优化信贷结构的重要工具，已得到广泛应用。2017 年，中国人民银行向湖州银行发放了 5 亿元支持绿色小微信贷的再贷款，对接了 3 个产品。

④产品体系

根据相关政策文件，绿色信贷是环保总局、中国人民银行、银监会三部门为了遏制高耗能高污染产业的盲目扩张而提出的一项全新的信贷政策。其本质在于正确处理金融业与可持续发展的关系，主要表现形式为生态保护、生态建设和绿色产业融资，构建新的金融体系和完善金融工具。

根据相关指导意见，绿色信贷的目标包括帮助企业降低能耗、节约资源，将生态环境要素纳入金融业的核算和决策之中，避免陷入“先污染后治理、再污染再治理”的恶性循环。同时，金融业应密切关注环保产业、生态产业等“无眼前利益”产业的发展，注重人类的长远利益，以未来的良好生态经济效益和环境反哺金融业，促成金融与生态的良性循环。

中国是全球最早建立绿色信贷定义、统计、评价等指标体系的国家，并最先进入可持续银行网络（SBN）矩阵评估的成熟阶段。近年来，我国绿色信贷规模呈现逐步上升的趋势。截至 2021 年末，国内主要银行绿色信贷余额已达 15.1 万亿元，占其各项贷款的 10.6%。这一规模逐步扩大的绿色信贷环境效益逐步显现，每年可支持节约标准煤超过 4 亿吨，减排二氧化碳当量超过 7 亿吨。

绿色债券是一种专门用于支持符合规定条件的绿色产业、绿色项目或绿色经济活动，依照法定程序发行并按约定还本付息的有价证券。绿色债券的四大核心要素包括募集资金用途、项目评估与遴选、募集资金管理和存续期信息披露。近年来，中国绿债市场已成为全球前两大绿色债券发行市场，发行主体众多，规模持续扩大。

根据央行研究局的数据，2021 年，中国绿色债券市场继续稳健发展。境内发行主体共发行各类绿色债券 628 只，规模合计 6040.91 亿元。发行数量和规模均约为 2020 年的 3 倍。截至 2021 年末，境内绿色债券余额已达 1.1 万亿元，其中约 77% 的绿色债券具有发行成本优势。这些绿色债券为支持绿色产业和项目提供了重要的资金来源，对于推动可持续发展具有重要意义。

⑤国际合作

随着全球对可持续发展的日益关注，如何运用金融手段推动经济社会的绿色转型已成为国际交流与合作的重要议题。G20 可持续金融工作组，源自 G20 绿色金融研究小组 SFWG，是中国在 2016 年担任 G20 主席国时主导成立的。2017 年，该小组发布了《G20 绿色金融综合报告》。2018 年，绿色金融研究小组发展为可持续金融研究小组，以绿色金融为核心，但也涉及其他可持续发展因素，如就业和收入分配。2021 年 4 月，可持续金融研究小组升级为可持续金融工作组，由中国人民银行与美国财政部联合牵头。同年 10 月，发布了 G20 首个关于可持续金融的框架性文件《可持续金融路线图》，为引导国际市场资金支持应对气候变化提供了重要指引。

中央银行与监管机构绿色金融网络（NGFS）于 2017 年 12 月 12 日成立，旨在鼓励各方采取行动措施，加强金融系统风险管理，并在环境可持续发展的背景下调动绿色和低碳投资的市场资本。截至 2022 年 4 月，NGFS 成员已扩展至 114 家正式成员和 18 家观察机构。

由欧盟于 2019 年 10 月 18 日发起的可持续金融国际平台（IPSF），致力于推动私人资本向环保可持续投资调动。其为可持续金融监管措施的政策制定者提供了相互对话的多边论坛，以帮助投资者识别并抓住真正有助于气候和环境目标的可持续投资机会。目前，IPSF 已拥有包括美国、日本等在内的 18 个成员，覆盖世界温室气体排放量的 55%，占世界人口的 50%，占全球 GDP 的 55%。

多边开发融资合作中心（MCDF）是首届和第二届"一带一路"国际合作高峰论坛的重要成果，由财政部和世界银行等多家机构在北京签署备忘录共同成立。MCDF 作为多边合作协调平台，通过促进信息分享，支持项目前期准备和能力建设，协调国际金融机构及符合条件的金融机构开展多边合作，支持高质量基础设施互联互通。2021 年，MCDF 正式投入运营，亚投行和非洲开发银行先后成为 MCDF 基金项目执行伙伴，各项业务有序推进，实现良好开局。

6.2 绿色金融产品

6.2.1 绿色信贷

绿色信贷，是投向绿色项目、助力环境改善的方向标。自2007年以来，我国激励金融机构积极开展绿色信贷。2012年，《绿色信贷指引》引导我国绿色信贷快速发展。2013年，《关于绿色信贷工作的意见》进一步强调了绿色信贷的重要性，并建立了考核评价体系。同年，29家银行齐心协力，共同签署了《中国银行业绿色信贷共同承诺》。

随着时间的推移，银行业金融机构于2014年共同发起设立了中国银行业协会绿色信贷业务专业委员会。2015年，中国金融学会绿色金融专业委员会也应运而生。

2018年，《关于开展银行业存款类金融机构绿色信贷业绩评价的通知》正式出台，中国人民银行率先对24家主要银行开展了绿色信贷业绩评价。2019年，《绿色产业指导目录（2019年版）》的出台使得中国人民银行相应修订了《绿色贷款专项统计制度》。两年后，银保监会在2013年出台的《绿色信贷统计制度》基础上，制定了新的《绿色融资统计制度》。

2021年，中国人民银行印发了《银行业金融机构绿色金融评价方案》。仅仅一年后，中国银保监会也发布了《银行业保险业绿色金融指引》。这些政策如同羽翼，为我国的绿色信贷体系赋予了飞翔的力量。

时至今日，我国已经形成了以《绿色信贷指引》为核心，以绿色信贷统计制度、绿色信贷评价体系以及银行自身的绿色信贷政策为支撑的绿色信贷体系框架。它在我国的绿色金融体系中占据了举足轻重的地位，近年来更是实现了快速增长，为实体经济的绿色低碳发展注入了源源不断的资金动力。

（1）绿色信贷余额情况

根据中国人民银行的统计，截至2023年末，本外币绿色贷款余额

30.08万亿元，同比增长36.5%，高于各项贷款增速26.4个百分点，比年初增加8.48万亿元。这个增速比上年提高了12.7个百分点，同时，绿色贷款的增速也比各项贷款的平均增速高出21.7个百分点。其中，投向具有直接和间接碳减排效益项目的贷款分别为10.43万亿元和9.81万亿元，合计占绿色贷款的67.3%。

从用途看，基础设施绿色升级产业、清洁能源产业和节能环保产业贷款余额分别为13.09万亿元、7.87万亿元和4.21万亿元，同比分别增长33.2%、38.5%和36.5%，比年初分别增加3.38万亿元、2.33万亿元和1.23万亿元。

从行业看，电力、热力、燃气及水生产和供应业绿色贷款余额7.32万亿元，同比增长30.3%，比年初增加1.82万亿元；交通运输、仓储和邮政业绿色贷款余额5.31万亿元，同比增长15.9%，比年初增加7767亿元。

（2）主要银行绿色信贷展业情况

根据银保监会的统计数据，截至2023年末，21家主要银行绿色信贷余额达到27.2万亿元，同比增长31.7%。这一数据展现出了绿色信贷环境效益的逐步显现。完善绿色保险统计标准，推动保险机构加强对环境资源保护与社会治理、绿色产业和绿色生活消费等方面的风险保障。2023年，绿色保险业务保费收入达到2297亿元，赔款支出1214.6亿元。

（3）六大行绿色信贷业务情况

近年来，在监管机构的指引下，国内的银行纷纷积极响应绿色金融的政策，开展绿色信贷业务。数据显示，我国的绿色信贷余额在这几年间一直保持着高速增长的态势。其中，我国的六大行等在绿色信贷业务方面也取得了显著的成果。

从已披露2023年年报的上市银行数据看，六大国有银行以及兴业银行、中信银行、招商银行、光大银行、民生银行、平安银行、浙商银行，这13家银行绿色信贷余额合计已突破20万亿元。其中，工农中建四家国有大行不仅绿色信贷规模均占上了3万亿元，而且增量均超过1万亿元，增幅达到三成至五成。可以说，上述每家银行绿色金融业务实现跨步式大发展。

这些数据充分表明，我国的银行正在积极推动绿色金融的发展，为实现绿色可持续发展作出了重要的贡献。同时，这也为我国的金融行业走向更加环保、更加可持续的道路奠定了坚实的基础。

（4）碳减排支持工具

2021 年 11 月，央行宣布推出了一项名为碳减排支持工具的全新政策。此工具将暂定为全国性金融机构的发放对象，通过独特的“先贷后借”机制，为金融机构向碳减排重点领域内的相关企业提供符合条件的碳减排贷款并大力支持。央行按贷款本金的 60% 来提供资金支持，利率仅为 1.75%，为清洁能源、节能环保、碳减排技术等重点领域的发展提供了强有力的支持。

以国家开放银行为例，2023 年第四季度，在碳减排支持工具支持下，合计向 197 个项目发放碳减排贷款 1552294.89 万元，贷款加权平均利率 2.57%，带动的年度碳减排量为 4386772.58 吨二氧化碳当量。其中，碳减排效应最为显著的项目有“伏山共和 100 万千瓦源网荷储项目黄河 70 万千瓦光伏建设项目”“海南基地共和县 100 万千瓦光伏项目建设项目”和“国家电投博乐 15 万千瓦储能 + 60 万千瓦光伏示范项目”。本年度，国家开发银行累计向 349 个项目发放碳减排贷款 5453499.79 万元，贷款加权平均利率 2.65%，带动的年度碳减排量为 12979648.70 吨二氧化碳当量。获得碳减排支持工具支持以来，国家开发银行累计向 542 个项目发放碳减排贷款 11660113.92 万元，贷款加权平均利率 3.16%，带动的年度碳减排量为 27469984.04 吨二氧化碳当量。

（5）统计规则

中国人民银行于 2018 年 1 月发布了《关于建立绿色贷款专项统计制度的通知》（银发〔2018〕10 号），开始实施管理校准式绿色贷款专项统计制度。该统计制度要求金融机构提交报数申请，经中国人民银行确认满足管理校准条件后，按要求向金融统计监测管理信息系统报送绿色贷款数据，具体报送格式为“3327”表格。随着《绿色产业指导目录（2019 年版）》的印发，中国人民银行于 2019 年 12 月发布了《中国人民银行关于修订绿色贷款专项统计制度的通知》（银发〔2019〕326号），对该统计制度进行了修订。此次修订扩大了绿色贷款统计范围，特别明确统计口径包含个人经营性贷款。根据最新修订的《绿色贷款专项统计制度》，中国人民银行口径下绿色贷款按用途可划分为节能环保产业、清洁生产产业、清洁能源产业、生态环境产业、基础设施绿色升级、绿色服务六大类。该制度的建立为推动绿色金融发展提供了有力的支持。

2013年4月，银监会发布了一项重要的通知，要求银行业金融机构报送绿色信贷统计表，以确保收集到绿色信贷数据并反映其实施成效。该通知涵盖了12大类节能环保项目及服务，为监管机构建立绿色信贷统计制度体系拉开了序幕。

2020年6月，银保监会在原有《绿色信贷统计制度》的基础上进一步完善，发布了《绿色融资统计制度》。这一新的统计制度进一步扩大了银行绿色业务统计范围，首次将表内非金融企业债券、表外票据及信用证业务纳入统计，并将统计范围从生产（建设、经营）领域扩展到生产（建设、经营）、贸易及消费领域。此外，新制度还新增了对环境权益融资的统计情况。

这一制度的出台标志着中国在绿色金融领域的发展迈出了重要的一步，它不仅加大了对绿色业务的监管力度，也为银行和其他金融机构提供了更加明确的指导，以支持它们更好地参与绿色金融活动。

（6）评价规则

为了贯彻《关于构建绿色金融体系的指导意见》等文件的精神，推动银行业存款类金融机构加大对绿色环保产业的信贷支持，中国人民银行于2018年率先对24家主要银行实施了绿色信贷业绩评价。这一举措不仅展现了央行对环保事业的重视，更为全国银行机构树立了榜样。

随着时间的推移，绿色信贷业绩评价工作已于2019年第一季度推广至全国银行机构。自2018年以来，24家银行绿色信贷业绩评价结果总体呈上升趋势。这表明银行业对绿色金融的重视程度不断提升，积极响应国家对环保产业的扶持政策。

为进一步提升金融对绿色低碳高质量发展的支持能力，优化绿色金融激励约束机制，中国人民银行于2021年5月27日发布了《银行业金融机构绿色金融评价方案》。该方案自2021年7月1日起正式实施，同时废止了先前发布的《中国人民银行关于开展银行业存款类金融机构绿色信贷业绩评价的通知》。

新方案中，定量指标的权重高达80%，包括绿色金融业务总额占比、绿色金融业务总额份额占比、绿色金融业务总额同比增速、绿色金融业务风险总额占比四项指标。这些指标的设定旨在引导银行业金融机构积极开展绿色金融业务，推动国家绿色金融体系的发展。

（7）贷款条件

绿色信贷在诸多方面赋予了传统信贷产品独特的魅力。从利率、期限、额度和审批流程来看，它的目的是充分发挥资金对经济活动低碳转型的引领作用。

在利率方面，银行对绿色信贷给予了极大的支持，并采用了优惠的手段。湖州银行就是一个很好的例子，它在原有的优惠基础上再给予5%的优惠，这样的差异化资源配置机制无疑引导了全行信贷资源向绿色产业倾斜。

在期限与额度上，绿色信贷也展现了其优越性。例如，中国工商银行为多个绿色项目提供了大规模的融资支持，包括西安浐灞生态区灞河右岸片区提升改造PPP项目、上海某公司再生能源综合利用中心项目、国家能源集团新能源项目等，期限长达15年，额度高达数十亿元。兴业银行合肥分行也与安徽省财政厅、环境保护厅等共同设立了“环保贷”，以财政风险补偿金作为增信手段，为环保信用评级较高的中小企业提供优惠的融资方案，缓解了这些企业的融资难题。

在审批流程上，部分银行为绿色信贷开通了便利通道。湖州银行出台了专门的绿色贷款审批方案，确保绿色信贷业务优先受理、优先审批、优先放款，将原本需要3天的周转时限压缩到了1.1天。

（8）激励政策

自2015年以来，随着国家对生态文明建设的深入推进和经济结构性转型的发展，绿色信贷政策得到了越来越多的实质性激励措施的支持，从而进一步深化了绿色信贷政策的发展。《生态文明体制改革总体方案》《关于构建绿色金融体系的指导意见》以及五省区《建设绿色金融改革创新试验区总体方案》等政策相继出台，为绿色信贷提供了多项激励政策，包括贴息、再贷款、再贴现、担保、资产证券化等。这些政策的出台，为绿色信贷的发展提供了更加有力的支持，也为推动生态文明建设和经济结构性转型注入了新的动力。

从国家层面来看，《生态文明体制改革总体方案》第45条提出了"建立绿色金融体系"的重要方针，其中明确指出要"推广绿色信贷"，并研究采取财政贴息等方式加大扶植力度，以鼓励各类金融机构加大绿色信贷的发放力度。此外，还明确了贷款人的尽职尽责要求和环境保护法律责任。在《关于构建绿色金融体系的指导意见》中，明确提出要"大力发展绿色信贷"，并对绿色信贷支持的项目，按规定申请财政贴息支持。同时，《银行业金融机构绿色金融评价方案》也将绿色信贷纳入绿色金融业务评价范围，以激励银行业金融机构更好地推广和开展绿色信贷业务。

地方层面上，深圳市政府于2019年1月发布了《深圳市人民政府关于构建绿色金融体系的实施意见》，旨在推动绿色金融的发展。其中，文件提出了多项措施以支持绿色信贷的创新发展，优化绿色信贷风险分担机制，并运用风险补偿资金池政策。对于合作银行向战略性新兴产业项目库内的绿色低碳企业发放的信用贷款，单笔最高可按实际贷款本金损失的50%给予合作银行补贴；同时，按贷款项目实际支付利息的50%给予企业贴息。相关经费将按照深圳市战略性新兴产业相关政策给予支持。这一政策措施旨在鼓励银行和企业共同推动绿色金融的发展，为实现可持续发展的目标作出了积极的贡献。

此外，深圳市还建立健全了绿色信贷增信机制，以促进战略性新兴产业项目库内绿色低碳企业的可持续发展。对于合作银行向这些企业发放的由合作担保机构提供担保的贷款，单笔最高可按照担保机构承担担保责任所发生的代偿金额的50%给予补偿。同时，对于已获得担保贷款的绿色低碳企业，按其贷款项目实际支付利息的50%给予贴息，按实际发生担保费用的50%给予融资担保补贴。相关经费按照深圳市战略性新兴产业相关政策给予支持，以推动绿色低碳企业的繁荣发展。

在江苏省2018年发布的《关于深入推进绿色金融服务生态环境高质量发展的实施意见》中，提出了对符合条件的绿色信贷进行适当贴息，确保贴息后的贷款利率原则上不超过同期人民银行贷款基准利率。此外，文件还强调了争取政策性银行绿色信贷的重要性，以推动绿色金融的持续发展。这些措施旨在鼓励更多的金融机构参与绿色金融业务，为生态环境高质量发展提供强有力的金融支持。

湖州市政府于2018年发布了一项重要通知——《关于印发湖州市建设国家绿色金融改革创新试验区若干意见操作办法的通知》。该通知明确了对被认定评价为不同绿色程度的融资企业或项目给予不同程度的贴息补助。其中，被认定为“深绿”的融资企业或项目，将获得相当于贷款同期基准利率12%的贴息；而“中绿”的融资企业或项目，将获得9%的贴息；对于“浅绿”的融资企业或项目，则会获得6%的贴息。具体的补助金额计算方式为：补助金额等于“绿色融资企业或项目日均贷款余额”乘以“同期基准利率”乘以“贴息比例”。需要注意的是，单家（个）“深绿”融资企业或项目的贴息总金额不得超过50万元，单家（个）“中绿”融资企业或项目贴息总金额不超过40万元，单家（个）“浅绿”融资企业或项目贴息总金额不超过30万元。此外，湖州市政府还提出了对绿色信用贷款风险的补偿措施。按照金融机构上年度末绿色企业信用贷款余额的5%，核定该金融机构本年度风险损失补偿最高额度。同时，单户绿色企业（单个绿色项目）最高补偿100万元。多家金融机构为同一家企业发放信用贷款，该企业信用贷款余额不超过300万元的，金融机构可享受本政策。发生风险损失后，以单户企业补助金额100万元为上限，各金融机构按贷款比例分享补偿资金。

2020年，广州市黄埔区人民政府和广州开发区管委会为了促进绿色金融的发展，印发了《广州市黄埔区、广州开发区促进绿色金融发展政策措施的通知》。其中，绿色贷款方面的政策内容如下：鼓励银行业金融机构向绿色企业和项目提供贷款。对于上年度绿色贷款余额增量达到 1 亿元（含）以上的银行业金融机构，将给予分档分段累加奖励。具体奖励标准如下：增量 1 亿元（含）以下部分，按余额增量的 0.2% 给予奖励；增量 1 亿元以上 5 亿元（含）以下部分，按余额增量的 0.1% 给予奖励；增量 5 亿元以上 10 亿元（含）以下部分，按余额增量的 0.05% 给予奖励；增量 10 亿元以上部分，按余额增量的 0.02% 给予奖励。每个银行业金融机构每年最高可获得 200 万元的奖励。对于获得银行业金融机构绿色贷款的企业和项目，按其贷款金额的 1% 给予贴息。单个企业每年最高可获得 100 万元的贴息，贴息期限为 3 年。同时，对于获得小额贷款公司 6 个月（含）期限以上贷款的绿色企业和项目，按其实际贷款发放额（不含同业拆借）的 1% 给予贴息。单个绿色企业每年最高可获得 50 万元的贴息，贴息期限为 3 年。

2023 年 4 月，重庆市江北区为有效推进绿色金融改革，充分发挥江北区金融机构集聚优势，促进绿色金融服务本地中小微企业和民营实体经济绿色发展，印发了《江北区绿色金融发展扶持奖励办法》。办法支持现有银行保险机构完善绿色金融服务功能。支持银行保险机构设立绿色金融事业部、绿色分（支）行、绿色保险分（支）公司等绿色金融机构，经金融监管部门确认后，给予单户绿色金融机构一次性 10 万元奖励；支持用好碳减排支持工具。对进入人民银行"长江绿融通"平台并获得碳减排支持工具贷款的企业，按照企业获得辖内银行机构利用碳减排支持工具所发放贷款金额的 1% 给予贴息补助，单户企业补助每年最高不超过 10 万元。

6.2.2 绿色债券

绿色债券，是支持绿色产业、绿色项目或绿色经济活动的有价证券。它不仅具有债券的一般属性，还对资金用途、跟踪管理和信息披露等方面有着特殊要求。与传统债券相比，绿色债券更注重环保和可持续发展，为推动绿色经济提供了强有力的支持。

自 2007 年欧洲投资银行首次涉足绿色债券领域以来，国际绿色债券市场在短短几年间经历了飞速的增长。相比之下，中国在绿色金融领域稍显滞后，直到 2015 年 7 月，新疆金风科技才成为国内首个发行绿色债券的企业。然而，这并未影响中国绿色金融的发展步伐。2015 年 10 月，中国农业银行成功在伦敦证券交易所发行了总规模达 10 亿美元的 3 期双币种绿色金融债，这无疑是中国绿色金融发展过程中的一大里程碑。此后，中国绿色债券市场持续繁荣，多家商业银行、金融机构和企业都积极投身于绿色债券的发行。特别是浙江嘉化能源化工股份有限公司，它们在 2016 年 5 月成功发行了国内首单绿色公司债，这一事件标志着中国绿色金融市场的进一步成熟和完善。

在监管方面，为了规范绿色债券的发行和推动绿色金融的发展，一系列政策相继出台，为绿色债券提供了强有力的政策支持。其中包括中国人民银行于 2015 年 12 月 22 日发布的《关于在银行间债券市场发行绿色金融债券的公告》（中国人民银行公告〔2015〕39 号），国家发改委于 2015 年 12 月 31 日发布的《绿色债券发行指引》（发改办财金〔2015〕3504 号），以及上海证券交易所于 2016 年 3 月 16 日发布的《关于开展绿色公司债券试点的通知》（上证发〔2016〕13 号）。此外，证监会于 2017 年 3 月发布了《中国证监会关于支持绿色债券发展的指导意见》（证监会公告〔2017〕6 号），进一步对绿色债券做出规范。中国人民银行、发展改革委和证监会于 2021 年 4 月 2 日联合发布了《绿色债券支持项目目录（2021 年版）》（银发〔2021〕96 号），明确了绿色产业，鼓励信息披露，该目录已于 2021 年 7 月 1 日起施行。中国银行间市场交易商协会于 2022 年 7 月 29 日发布了《中国绿色债券原则》。这些政策文件为绿色债券的发行和监管提供了重要的指导和支持，推动了绿色金融的发展。2023 年，中国证监会和国务院国资委印发《关于支持中央企业发行绿色债券的通知》，进一步提升资本市场服务绿色低碳发展能力，支持中央企业发行绿色债券（含绿色资产支持证券）融资，协同推进降碳、减污、扩绿、增长，带动支持民营经济绿色低碳发展，促进经济社会全面绿色转型。

（1）发展规模

根据央行研究局的数据，2023 年我国共发行 802 只共计 11180.5 亿元的绿色债券，已连续两年发行规模超万亿元。2023 年债券市场各类券种共发行 5.10 万余只，发行规模共 71.21 万亿元。2023 年绿色债券发行规模占整体债券市场的比例为 1.17%，是继 2022 年后绿色债券在整体债券市场中发行规模占比再次突破 1%，虽然发行数量与发行规模较上一年度有所减少，但在整个债券市场中势头仍然向好。另外，Wind 数据显示，2022 年我国共发行 811 只绿色债券，规模共计 11705.7 亿元，而 2021 年我国绿色债券仅发行 764 只 8100.8 亿元的规模。这充分显示了中国绿色金融市场的蓬勃生机与活力。

（2）绿色债券品种

根据《中国绿色债券原则》，绿色债券被划分为四种主要类型：普通绿色债券（包括蓝色债券和碳中和债）、碳收益绿色债券、绿色项目收益债券以及绿色资产支持证券。这些债券的品种丰富多样，涵盖了金融债、企业债、公司债、资产支持证券、地方政府债等多个类别，如图 6.2 所示。

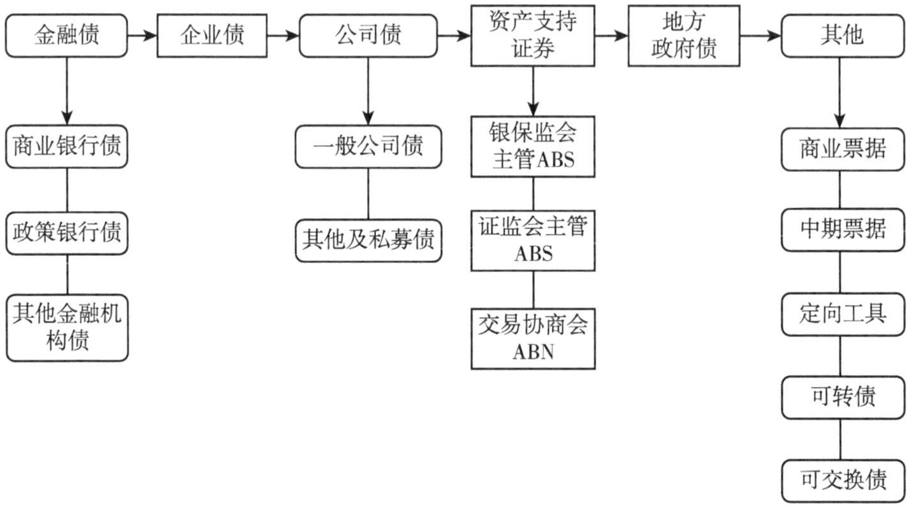

图 6.2　绿色债券品种分类

Wind 数据显示，在 2023 年发行的 802 只 11180.5 亿元的绿色债券中，绿色金融债有 60 只，发行额度达 3988 亿元，发行规模占比为 35.67%。其中，工商银行 2023 年境外累计发行绿色金融债券 199 亿美元，境内累计发行 800 亿元绿色金融债券，绿色投融资各项主要指标均保持市场领先。绿色债券在我国债券市场中已经形成了较为完整的体系，得到了广泛的认可和应用。同时，地方政府在推动绿色发展方面的积极性和实力也不容忽视。

（3）募集资金使用

根据央行研究局的数据，2023 年能源和绿色交通项目是中国绿债市场的主流，能源、交通、水资源合计占比约为 65%，而 2023 年中国能源和交通相关融资合计占在岸绿色债券募集资金总额的 84%，比 2022 年高出 10% 以上。

其中，2023 年中国在岸绿色债券投向能源领域的募集资金与 2022 年基本持平，减少了不到 10 亿美元；投向交通领域的资金则增长显著，同比 2022 年增长超三分之一，这是对我国“十四五”规划的践行使然。这些数据清晰地表明，绿色债券在全球范围内的关注度不断提高，反映出人类对于环保和可持续发展的高度重视。

（4）交易所发行情况

2023 年，国内市场共发行 475 只绿色债券，规模达 8359.91 亿元，较 2022 年发行规模同比减少 4.29%，发行只数减少 8.30%，但仍处于近年来较高水平。2023 年债券市场各类券种共发行 5.10 万余只，发行规模共 71.21 万亿元。自 2016 年发行首只绿色债券以来，我国绿色债券市场快速扩容，伴随着“双碳”目标的提出，多部门陆续出台相关文件，规范绿色金融的发展，加大金融对绿色领域的支持力度，绿色债券迎来广阔发展空间，2021 年国内绿色债券发行量出现大幅增长，2022 年国内绿色债券发行热度达到顶峰；2023 年绿色债券发行规模占整体债券市场的比例为 1.17%，是继 2022 年后绿色债券在整体债券市场中发行规模占比再次突破 1%，绿色债券一级市场受到宏观经济环境影响，结合绿色债券监管口径的收紧，虽然发行数量与发行规模较上一年度有所减少，但整体发展势头仍然向好。

（5）二级市场情况

2023年，绿色债券共1164只参与交投，年度现券交易规模为1.62万亿元，较2022年参与交易只数增长13.56%、规模增长34.43%，总体来看，国内绿色债券市场自2016年至今经历了近七年的发展，绿色债券成交数量和交易活跃度均有所增长，可以看出绿色属性增加了债券二级市场流动性及估值吸引力。

（6）激励政策

从国家政策层面来看，《生态文明体制改革总体方案》第45条和《关于构建绿色金融体系的指导意见》都强调了绿色金融体系的重要性，并提出了鼓励银行和企业发行绿色债券的指导方针。此外，央行《银行业金融机构绿色金融评价方案》自2021年7月1日起正式实施，将绿色金融业务纳入考核范围，评价结果将纳入央行金融机构评级等政策和审慎管理工具。这一系列政策有助于推动我国绿色债券市场的快速发展，为环保产业和可持续发展提供更多元化的融资渠道。

地方层面，各级地方政府积极部署绿色金融发展规划，逐步构建绿色金融生态链，激励地方企业发行绿色债券。江苏省在2018年10月发布了《关于深入推进绿色金融服务生态环境高质量发展的实施意见》，明确提出支持各地发行长江生态修复债券等绿色债券，并对成功发行绿色债券的非金融企业年度实际支付利息的30%进行贴息，贴息持续时间为2年，单只债券每年最高贴息不超过200万元。此外，2019年11月发布的《长三角生态绿色一体化发展示范区总体方案》强调了长三角地区打造绿色创新发展新高地的战略目标，通过发展绿色金融等产业，支持金融机构和企业发行绿色债券，探索建立吸引社会资本投入生态环境保护的市场化机制。此外，深圳市、广州市黄埔区等地也相继发布了相关政策，对成功发行绿色债券的企业给予不同程度的补贴和贴息。湖州市也提出对绿色债券发行给予补助，按照贴标绿色债券实际募集金额的1‰给予补助，每单债券补助不超过50万元。实际募集金额以专项账户到位资金为准。这些政策的出台，为推动绿色金融发展提供了坚实的政策保障，也为企业发行绿色债券提供了更多的机遇和选择。

6.2.3 绿色保险

绿色保险，作为管理环境与气候风险的重要工具，正在为推动环境改善和积极应对气候变化发挥举足轻重的作用。随着经济社会的低碳转型，绿色保险产品也在不断创新迭代，不断拓展其覆盖范围。除了大家较为熟悉的环境污染责任险、森林保险、巨灾保险等，清洁能源、绿色交通、绿色建筑等相关保险产品也逐渐进入市场，为应对绿色转型提供了更加全面的保障。

近年来，我国绿色保险产品从未停止过创新的脚步。数据显示，2018～2020年保险业累计为全社会提供了45.03万亿元保额的绿色保险保障，支付赔款533.77亿元。

具体来看，头部险企动作频频。2021年中国人保在服务生态文明建设、绿色低碳发展领域，共提供风险保障超过23万亿元，为风电、水电、光伏等绿色能源项目提供1.6万亿元风险保障。中国太保目前已为全国8000多家企业提供环境污染风险保障；已累计向社会提供巨灾风险保障超8758亿元。2021年，中国太保提供绿色转型方面的保险保障超14000亿元，开发县域巨灾指数保险产品“安惠保”等创新产品近40款，目前服务绿色转型的保险产品近100款；中国平安鼓励进一步丰富绿色保险产品及服务，针对绿色属性保险客户推出优惠政策，并明确到2025年，集团绿色投资与绿色信贷规模达到4000亿元，绿色保险保费总额达到2500亿元。

在业内人士看来，保险是市场化碳排放治理的重要参与方之一，通过创新的保险产品和服务，能够以较低的社会成本实现经济社会发展全面绿色转型。

（1）产品类别

环境污染保险是保险领域助力化解环境损害风险的重要产品，以环境侵权者因污染环境而应承担的被侵权的第三者损害赔偿和污染治理责任或生态系统修复责任为保障标的。除了环境污染责任保险外，还有其他相关产品如沿海内河船舶污染责任险、远洋船东保赔险等。保险公司在环境污染风险管理方面，致力于将事前污染防治与事后保险赔偿相结合，提供全方位的风险管理服务。

公开数据显示，2023 年上半年绿色保险的保费收入达到 1159 亿元；截至 2024 年 6 月末保险资金投向绿色发展相关产业余额达到 1.67 万亿元，同比增长 36%。2023 年 10 月，中国保险行业协会发布《绿色保险分类指引（2023 年版）》（以下简称《分类指引》）。据行业协会披露，《分类指引》是行业协会持续推进绿色保险研究的系统性成果，也是全球首个全面覆盖绿色保险产品、保险资金绿色投资、保险公司绿色运营的行业自律规范。《分类指引》通过明晰定义、细化类别、列示产品、构建指标等方式，为保险公司体系化地推进绿色保险工作提供了行动方案。

在绿色保险产品方面，《分类指引》依次按照领域、保险类别、细分保险类别、示例产品，逐级分为四级目录，共形成 10 类服务领域（场景），对应 16 类绿色保险类型，涉及 69 种细分保险产品类别，并列示了 150 余款保险产品。

例如，一级目录为绿色保险产品具体服务领域（场景），包括助力应对极端天气气候事件、助力绿色产业发展、助力低碳转型经济活动、助力支持环境改善、助力生物多样性保护、助力绿色金融市场建设、助力绿色低碳安全社会治理、助力绿色低碳交流与合作、助力绿色低碳生活方式以及其他等十类。

二级目录为领域（场景）对应的重点保险类别，包括气象灾害类保险、清洁能源类保险、产业优化升级类保险、绿色交通类保险、绿色建筑类保险、绿色低碳科技类保险、低碳转型类保险、环境减污类保险、生态环境类保险、绿色融资类保险、碳市场类保险、绿色低碳社会治理类保险、绿色低碳贸易类保险、绿色低碳活动类保险、绿色生活类保险、其他等十六类。

三级目录则对应于保险类别的细分保险类别，包括气象灾害巨灾保险、太阳能保险、绿色制造体系保险、新能源汽车产业保险、绿色建筑保险、绿色环保装备保险、化石能源低碳转型保险、环境污染责任保险、生态种植业保险、绿色贷款保险、碳交易保险、绿色低碳治理安全生产责任保险、绿色外贸保险、新能源汽车保险、企业可持续发展保险等六十九类。针对每一种细分保险类别，明确其保险标的和责任范围。

（2）激励政策

国家层面：2016 年 8 月，中国人民银行携手保监会等七部委联合发布《关于构建绿色金融体系的指导意见》（以下简称《意见》）。《意见》明确提出："在环境高风险领域建立环境污染强制责任保险制度，鼓励和支持保险机构创新绿色保险产品和服务，鼓励和支持保险机构参与环境风险治理体系建设。"同年 8 月，保监会发布了《中国保险业发展"十三五"规划纲要》，其中提及"配合国家新能源战略，加快发展绿色保险，完善配套保险产品研发"。这一策略无疑是对绿色保险发展的坚定推动，2020 年 1 月，银保监会印发了一份重量级的《关于推动银行业和保险业高质量发展的指导意见》（银保监发〔2019〕52 号）。其中明确提出："探索碳金融、气候债券、蓝色债券、环境污染责任保险、气候保险等创新型绿色金融产品。"这一举措无异于为绿色保险的发展插上了腾飞的翅膀。再到 2021 年 2 月，《国务院关于加快建立健全绿色低碳循环发展经济体系的指导意见》（国发〔2021〕4 号）正式发布。在这份极具分量的文件中，明确提出了大力发展绿色金融的要求，并细化为"发展绿色保险，发挥保险费率调节机制作用"。这一指令为绿色保险的发展指明了方向，预示着绿色保险将在新一轮的经济体系中发挥重要作用。2022 年，原银保监会发布《关于印发绿色保险业务统计制度的通知》，首次明确绿色保险定义，并建立绿色保险业务统计制度，使绿色保险可统计可监测，建立了评估的基本标准，为绿色保险发展打下扎实基础。2023 年 10 月，中央金融工作会议提出，做好绿色金融等五篇大文章。绿色保险作为绿色金融的重要组成部分，可以从负债和资产两端同时发力，充分发挥损失补偿、风险减量、资金引导的作用，助力经济社会全面绿色转型。2024 年，为发挥保险在促进经济社会发展全面绿色转型中的重要作用，金融监管总局印发《关于推动绿色保险高质量发展的指导意见》，拟从总局角度，强化统筹引领、优化政策手段、形成发展导向，促进绿色保险发展进一步走深走实，更好服务于实体经济和社会民生。

地方层面：浙江省正在积极探索绿色企业贷款保证保险，支持在环境高风险领域推动相关法律或行政法规的制定修订，健全环境损害赔偿机制。同时，创新生态环境责任类保险产品，针对试验区特征，支持湖州市研究开发船舶油污损害责任保险产品。衢州市也在加快实施安全、环境污染综合责任保险项目，并发展生猪保险等养殖业保险，建立养殖业保险与养殖业病死动物无害化处理联动机制，扩大覆盖范围。江西省则积极开发绿色企业贷款保证保险产品，鼓励商业保险公司为绿色建筑提供风险保障。同时，支持设立绿色保险公司或专营机构，提供特色保险服务，并探索设立保险机构间交易市场。在绿色产业方面，江西省还积极发展绿色产品质量责任保险、绿色建筑保险、关键研发人员健康险或意外险等业务，并加快发展绿色产业履约保证保险、科技保险、专利保险等业务。此外，深化首台/套重大技术装备保险和新材料首批次应用保险补偿机制试点，支持企业开展科技创新。在农业方面，深化地方特色优势农产品保险试点工作，实施"一县一品"工程，加快发展农产品完全成本保险、收入保险、价格保险，推广"保险+期货"模式，持续推进农业保险扩面、增品、提标。

6.2.4 绿色基金

绿色基金，作为投向绿色产业的重要渠道，为绿色项目提供了股权融资的重要支持。目前，国内绿色资金的来源主要依靠绿色信贷和债券，但在项目发展过程中，资本金支持即股权融资是不可或缺的。在资本市场支持碳中和战略行动中，国家和地方各个层面的绿色基金发挥着重要作用，不仅提高了直接融资的比例，更切实支持了经济社会低碳转型。

根据《绿色投资指引（试行)》的要求，基金管理人应逐步建立并完善绿色投资制度，推动被投企业关注环境绩效、完善环境信息披露。他们将以以下基本目标为指导，进行绿色投资：（1）促进绿色环保产业发展。基金管理人将优先投资于直接或间接产生环境效益的公司及产业，以发展节能环保产业链、促进清洁能源开发与使用、节能环保投资以及环保标准改善。(2) 推动资源循环利用与可持续发展。基金管理人将优先投资于可再生能源及资源循环利用的公司及产业，引导产业结构向可持续发展的方向积极转型。(3) 促进高效低碳发展。基金管理人将合理控制基金资产的碳排放水平，优先投资于资源使用效率更高、排放水平更低的公司及产业。(4) 履行负责任投资。基金管理人将运用投资者权利，督促被投资企业改善环境绩效并提高信息披露水平。对于相关公司及产业，他们将适用更高的污染物排放标准和环境信息披露标准。通过以上措施，基金管理人将积极推动绿色投资，促进可持续发展，为社会和环境作出积极的贡献。

2016 年 8 月，七部委联合发布《关于构建绿色金融体系的指导意见》(以下简称《意见》)，明确提出设立绿色发展基金，通过政府和社会资本合作（PPP）模式动员社会资本。《意见》提出了由中央财政整合现有节能环保等专项资金设立国家绿色发展基金，鼓励有条件的地方政府和社会资本共同发起区域性绿色发展基金，支持社会资本和国际资本设立各类民间绿色投资基金。这些构想正逐步落地，我国绿色基金虽然取得了较快发展，但市场整体规模仍然较小，主要投向为新能源、环保、低碳技术等，其中新能源比重最高。根据基金业协会《基金管理人绿色投资自评估报告(2021)》，我们可以看到基金业绿色投资体系正逐步建立。

从不同的分类来看，公募基金中有近半数（42.9%）已经将绿色投资明确纳入公司战略，而超过八成（83.9%）的机构则进行了绿色投资研究。令人欣喜的是，有 13 家机构不仅披露了它们的战略目标，还披露了战略完成情况。然而，建立环境风险暴露应急处置机制的机构占比相对较小(35.7%)。在公募机构中，有 38 家样本机构发行或正在发行以绿色投资为目标的产品，合计达到 106 只。其中，近九成（94.3%）的样本基金遵循特定的绿色投资策略，而超过三成（32.1%）的样本基金则主动采取措施，以促进被投企业提升绿色绩效。这表明，绿色投资正在成为公募基金行业的热点，越来越多的机构开始重视并积极实践绿色投资。

虽然相较于公募基金，私募证券机构在绿色投资体系建设上稍显缓慢，但依然有相当一部分机构积极地将绿色投资纳入公司战略，开展相关研究，并披露了绿色投资战略或目标及其完成情况。同时，这些机构还建立了环境风险暴露应急处置机制。有 12 家样本私募证券机构发行的以绿色投资为目标的产品合计 16 只，这些产品大多遵循特定的绿色投资策略，也有部分机构采取主动措施促进被投企业提升绿色绩效。此外，对于私募股权机构而言，其在绿色投资方面的投入和努力程度也相当高。尽管具体的数字与私募证券机构相似，但仍然可以明显看出这些机构对于绿色投资的重视和承诺。

在国家层面，2011 年 10 月，国务院在《关于加强环境保护重点工作的意见》中明确提出，鼓励多渠道建立环保产业发展基金，拓宽环保产业发展融资渠道。2015 年 5 月，《关于在公共服务领域推广政府和社会资本合作模式的指导意见》特别提出，在节能减排等生态环境保护十三大领域积极推广 PPP 模式，并将推广 PPP 模式列为双引擎之一。2015 年 9 月，《生态文明体制改革总体方案》再次提出“支持设立各类绿色发展基金，实行市场化运作”。2016 年 8 月，中国人民银行等七部委联合发布《关于构建绿色金融体系的指导意见》，明确提出要设立绿色产业发展基金，通过政府和社会资本合作（PPP）模式动员社会资本，鼓励和支持有条件的地方通过专业化绿色担保机制、设立绿色发展基金等手段撬动更多的社会资本投资于绿色产业。2016 年 11 月发布的《中共中央关于制定国民经济和社会发展第十三个五年规划的建议》中，明确提出“发展绿色金融，设立绿色发展基金”。2018 年 11 月 10 日，中国证券投资基金业协会发布《绿色投资指引（试行）》，明确绿色投资原则与目标，要求基金管理人每年开展一次绿色投资情况自评估，并将自评估报告及《基金管理人绿色投资自评表》报送至协会。2019 年，基金业协会发布《关于提交自评估报告的通知》，作为《绿色投资指引（试行）》的具体实施文件。

在地方层面，2019 年 1 月，深圳市政府发布了《深圳市人民政府关于构建绿色金融体系的实施意见》，其中第十一条提出了一项创新性的举措——

设立绿色产业投资基金。在现有的市政府投资引导基金政策框架下，这个基金旨在吸引有实力的机构投资者和社会资本投入环保、节能、清洁能源、绿色交通和绿色建筑等领域的企业和项目。对于符合国家绿色基金相关标准和绿色投资相关指引的绿色类子基金，优先给予支持和参股。同时，政府出资的绿色发展基金在确保执行国家绿色发展战略及政策的前提下，将按照市场化方式进行投资管理。对于由绿色产业引导基金支持的、以 PPP 模式操作的绿色项目，将优先推荐给发展改革部门、证券交易所进行资产证券化融资。在 2020 年 4 月，广州市黄埔区发布了《广州市黄埔区人民政府广州开发区管委会关于印发广州市黄埔区、广州开发区促进绿色金融发展政策措施的通知》，其中第五条提出了一项创新性的举措——设立绿色产业引导基金。该基金由财政适度出资设立，旨在充分发挥财政资金的杠杆作用，按照不低于 1∶4 的放大倍数吸引撬动社会资本形成子基金群投资绿色产业或项目，并支持绿色技术创新企业融资。此外，该文件还鼓励引导现有产业基金投资绿色产业和绿色技术创新企业。此外，江苏省于 2018 年 10 月发布了《关于深入推进绿色金融服务生态环境高质量发展的实施意见》。文件中提出，支持设立各类绿色发展基金，鼓励有条件的地方政府和社会资本按市场化原则联合设立绿色发展基金。政府出资部分可通过社会资本优先分红或放弃部分收益等方式，向社会资本让利。此外，文件还提出用好省生态环保发展基金，支持省生态环保发展基金会同地方政府、相关行业设立区域性、行业性生态环保子基金，促进省内长江生态环境保护修复、环保产业发展、环保基础设施建设等。对于省生态环保发展经济投资省内环保、节能、资源循环利用、新能源等成长期科技型绿色企业出现损失后给予损失金额 30% 的风险补偿，单个项目最高补偿 200 万元。

6.2.5　绿色租赁

绿色租赁是指租赁机构为支持环境改善、应对气候变化和资源节约高效利用等经济活动所提供的租赁产品及服务。因绿色产业相关项目业务期限长、设备投资金额较大、技术更迭速度快、设备损耗较高等特点，以"融资与融物结合""使用权与所有权分离"模式为主导的融资租赁应运而生，成为该类绿色产业发展的重要资金支撑手段和多元化绿色金融体系中的新兴金融产品代表。

绿色融资租赁根据企业融资能力、项目业务特征等承租方融资特质和需求，通过灵活性调整还款方式、业务期限等产品属性，定制化打造适合承租方的绿色融资租赁产品，可有效缓解企业由于缺乏抵质押物或传统企业投资额大而导致的融资困难等问题，帮助企业进行绿色低碳转型。早在2017年，金融租赁行业就已率先成立绿色租赁发展共同体，这一创举不仅推动了租赁公司在绿色租赁业务领域的深度合作，更促进了绿色租赁业务在国际范围内的交流与沟通。

从具体的业务范围来看，绿色租赁涵盖了清洁能源、节能环保、绿色出行、绿色建筑、生态旅游、智能制造等领域。不论是太阳能光伏板、风电机、绿色船舶、新能源汽车等新兴领域，还是轨道交通装备、港口装备设备等传统领域，绿色租赁都以其独特的方式为环保事业贡献着自己的力量。兴业金融租赁在2020年更是以其在绿色金融领域的深厚积累和丰富实践经验，独家推出了《绿色租赁行业标准目录》。这份目录详细梳理了十大类绿色产业相关资产目录及解释，为整个行业提供了一份宝贵的参考指南。然而，尽管绿色租赁业务在不断地发展和壮大，但目前行业内尚无一个统一且权威的业务与统计评价标准。这也为未来绿色租赁业务的持续发展与完善提出了新的挑战和要求。

2022年以来，全国各金融租赁公司持续加快绿色租赁产品开发和业务拓展，在风电、光伏、生物质发电、污水处理、绿色公交等领域开展业务，积极促进循环经济、清洁能源等新兴产业发展，推进能源绿色转型和结构优化。

中国银行业协会发布数据显示，2022年金融租赁公司绿色租赁业务累计投放约3267亿元，较2021年增加2023.60亿元，同比增长163.75%，业务投放呈爆发式增长。截至2022年末，绿色租赁业务资产规模达7560

亿元，同比增长 36.09%，占行业总资产规模的 20%。

2018 年以来，融资租赁行业参与公司数量及合同余额稳步发展。天眼查数据显示，仅天津地区目前就有融资租赁相关企业 3840 余家，2024 年 1 ~ 7 月新增注册企业 200 余家，同比增长 11.2%。2021 年，随着“十四五”规划明确指出应加快发展方式绿色转型、大力发展绿色金融的顶层设计，金融租赁公司积极响应国家碳达峰、碳中和战略，依靠自身灵活的业务模式、产融结合的专业优势和高度的市场敏感性，发挥“融资 + 融物”的特色优势，在发展过程中注入“绿色基因”。目前，该行业主要覆盖清洁能源、交通、绿色建筑、生态旅游等业务领域。当前，多地已将绿色融资租赁纳入各地绿色金融发展政策体系中，但我国暂未出台针对绿色融资租赁领域的专项制度。因此，应加快完善绿色融资租赁标准体系，构建监管考核体系，建立健全信息依法披露制度，推动投资者利益保障体系搭建，为绿色产业转型升级提供高质量服务供给，推动行业健康稳定运行。

第 7 章

上市公司案例分析
——中国神华漂绿行为的动因及治理

近年来，随着我国绿色可持续发展和绿色经济在全球范围内兴起，政府和社会公众愈发关注绿色经济发展和环境治理。2020 年，习近平主席在第七十五届联合国大会上提出，中国力争 2030 年前二氧化碳排放达到峰值，努力争取 2060 年前实现碳中和目标。自“双碳”目标提出以后，社会各界对环境保护愈加重视，从长期来看，经济与环境可持续发展才是最优的选择，企业的经营理念和绿色行为在很大程度上影响可持续发展的目标的实现。由此一个可以反映企业在环境、社会和治理方面绩效的评价指标——ESG 进入公众视野，因而投资者也把 ESG 评价指标作为选择投资的一个重要因素。ESG 评价指标让人们意识到成为负责任的企业已不是高要求，而是底线，企业应当注重企业的绿色发展和环境保护因素，从而吸引更多投资者的关注以促进企业的可持续发展。

随着“双碳”目标的提出，绿色发展理念深入人心。不论是政府等监管机构还是社会公众以及利益相关者，对于绿色发展的理念和可持续发展都提出了更高要求。因此，伴随着监管的日益严格和公众需求的日趋旺盛，许多企业为了获取高额利润开始出现了表面上宣传保护环境而实际上却污染环境，甚至受到处罚的漂绿现象。漂绿行为以极低的环保成本虚化企业环保形象、获取消费者信任和投资者投资从而取得高额的收益，极大地扰乱了利益相关者的利益和市场秩序。对于当前的研究形势，专家学者对于漂绿行为的治理研究还不够全面和深入，对于财务视角下的能源企业的案例研究也较少。为此，本案例选择国有企业中国神华漂绿的动机与治理展开研究。

本案例从中国神华的漂绿动因和治理研究这一角度入手，对漂绿行为曝光后对资本市场的反应、对企业财务指标的影响，进行对比分析漂绿行为曝光前后的经济后果变化。最后针对这一研究结果进行总结，并提出相应的对策建议，在一定程度上弥补了在财务视角之下企业漂绿行为的动因和治理研究的不足。

7.1 文献综述

7.1.1 国外研究现状

Ferron 等（2020）认为政府要制订防止漂绿行为的机制，要求企业在法律规定的前提下披露其相关信息。另外，他认为企业面临的合法性压力也会对企业漂绿行为产生影响，当企业存在合法性压力时，会促使企业采用较多的漂绿行为；当企业合法性压力逐渐增大时，企业会因合法性压力的存在感受到企业危机和生存威胁而有所收敛[62]。Szabo 等（2021）提出企业的内部管理体系对治理“漂绿”也起到一定的作用。在日常经营过程中，企业需要保持高度的社会责任感，自觉遵守相关的环保法律规定，公开生产和产品的环境信息[63]。Hameed 等（2021）认为企业天然具有机会主义倾向，当环境监管不到位或者治理机制存在缺陷时，企业通常倾向于采取成本很低的漂绿策略，特别在当前绿色环保理念备受推崇的背景下，漂绿能够帮助企业贴上绿色标签，诱导顾客，以较低的成本获取消费者市场上的环保溢价[64]。Zhang（2022）的研究认为，公司的环保决策是由财务约束驱动的，因此他认为财务环境是漂绿行为的决定因素[65]。Torellietal（2020）认为，履行社会责任能帮助企业从资本市场中获利，从长期来看，实质性的环境行为能提升企业价值；漂绿活动一旦被投资者洞悉，资本市场则会对此作出反应，具体表现为，漂绿状况越严重，企业在窗口期内的累计超额收益率越低[66]。

7.1.2 国内研究现状

（1）漂绿行为的动因

张岳（2021）认为，政府为引导绿色发展而对绿色金融业务设置的激励政策是融资方进行漂绿的直接动因，信息不对称则为漂绿打开了缺口，绿色发展意识的缺失则放大了漂绿风险[67]。简冠群（2023）通过舞弊风险因子理论来分析企业舞弊形成动因的理论，并分析"绿色舞弊"行为的形成机制和治理研究。同时从道德因子、动机因子、机会因子、暴露的可能性和面临的惩罚机制五个因子来分析漂绿行为的动因[68]。吴红军（2023）从漂绿的经济动因和非经济动因两个方面进行分析，认为漂绿的经济动因包括提高收入或降低成本、赢得竞争优势和降低融资成本；漂绿的非经济动因包括获取或维持声誉、应对监管要求、获得利益相关者的支持和满足高管的个人偏好[69]。张丹（2023）在ESG报告漂绿行为的动因、甄别与治理一文中，提出漂绿行为的产生主要有ESG信息披露标准不统一、披露要求差异大、评价体系的构建尚待完善等外因，也有企业谋求绿色融资或补贴、内部信披制度不健全、数据采集困难和保护商业机密等内因[70]。刘亦晴等（2022）基于制度理论和资源基础理论，运用fsQCA方法从组态视角研究了六个前因条件影响企业漂绿的联合效应，得出企业漂绿是由多因素联合驱动和多互动形成的。大企业在应对外部环境变化和压力时会强化企业漂绿动机，小企业则在外部压力较小时会自觉承担环境责任[71]。林晨璐（2023）指出政府对环保的日益重视，社会公众对于环境问题的关注，以及市场投资者在投资时会考虑环保因素对投资带来的风险，这三个原因是导致企业进行漂绿的主要原因[72]。蒋非凡等（2020）通过研究发现，绿色金融在一定程度上带来了漂绿风险。企业发行债券也是为了谋取超额利益，希望能够走绿色债券市场的通道。因此，对于既想营造"负责、绿色"形象又想减少经营成本、创造更多利润的企业来说，“漂绿”是一种具有高性价比的选择[73]。

（2）漂绿行为曝光后的后果和治理

甄梦梦（2023）认为，漂绿会对企业自身带来影响还会对利益相关者产生危害，不仅会破坏市场规则阻碍行业发展，而且会造成消费者怀疑与不信任[74]。宋锋华（2022）以“双碳”目标为背景，对企业漂绿行为进行研究，认为企业漂绿行为的根除目前还较为困难，需要多方协同治理，制订自我防范机制的新目标，提出完善企业漂绿行为规制、健全环境信息公开监管机制等治理措施，以助力企业高质量发展与环境治理工作的协同推进[75]。吴嘉毅等（2022）对于漂绿行为的治理强调，企业漂绿行为不仅监管难度大、识别困难，而且缺少针对企业漂绿的法规条款。除了提高企业自身责任观念、边界意识外，还要建立以政府为主导的运行网络，实现企业漂绿中各系统、各组织、各阶层治理的有效路径[76]。孙自愿等（2023）通过样本进行实证研究，得出“负面报道产生—高管团队调整—内部监督弱化—漂绿治理削弱”的链式传导路径的结论，他认为有关部门在完善媒体治理体系的同时，应当关注内部治理的“双面性”，实现企业内外联动，优化企业漂绿行为的抑制机制[77]。

7.1.3　研究评述

综上所述，针对企业漂绿行为的研究，国内外学者都进行了大量的研究。国外学者对于漂绿主题的研究较早，已经取得了相当多的丰富且成熟的研究成果。国内对漂绿的研究较晚，但是经过大量学者的研究，已经形成了较为完整的理论体系。国内外学者现有的研究主要集中在漂绿的内在动因和治理等方面，大多数的研究都集中在对漂绿行为曝光的影响和治理方面，从政府监管、市场导向等方面进行研究并提出合理化的建议。对于单角度的案例分析较少，基于此，本案例从财务视角这一角度出发，研究能源产业的龙头企业中国神华的漂绿行为，深入探析其漂绿动因，识别其漂绿手段，探究其漂绿带来的经济后果，以期为漂绿治理提供建议。

7.2 中国神华概况及漂绿事件介绍

7.2.1 中国神华企业概述

中国神华股份有限公司，简称“中国神华”，是一家以煤炭资源开采和利用为主要经营内容的综合能源公司。中国神华的主营业务包括煤的生产和销售、电力和热力的生产与供应、煤制油和煤化工工程。中国神华的总利润额、利润率均居国内同行业之首，其安全生产也一直处于国际领先地位。2023 年，中国神华实现营业收入 3431 亿元，同比下降 0.4%；净利润 596.9 亿元，同比下降 14.3%。根据表 7.1 绘制了中国神华近九年的主要财务数据，如图 7.1 所示。

表 7.1　　中国神华 2015～2023 年主要财务数据　　单位：亿元

年份	2015	2016	2017	2018	2019	2020	2021	2022	2023
营业收入	1771	1831	2487	2641	2419	2333	3356	3445	3431
净利润	232.6	295.4	540.5	540.4	515.4	472.7	591.3	817.0	596.9
总资产	5540	5717	5671	5872	5585	5584	6068	6218	6301
股东权益	3582	3799	3746	4044	4156	4251	4454	4593	4783

数据来源：上市公司财务报告和东方财务网数据。

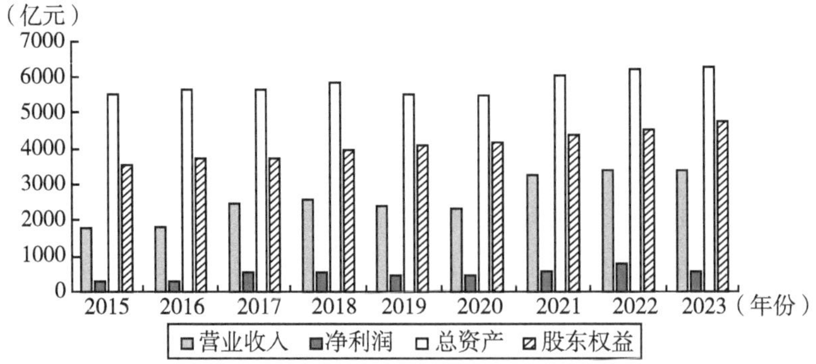

图 7.1　中国神华 2015 年～2023 年主要财务数据

7.2.2 中国神华漂绿事件介绍

（1）环境污染问题的曝光

中国神华在2012年首次登上南方周末周刊“中国漂绿榜单”，揭开其“绿色环保”的面纱。作为行业的领军企业，中国神华对外宣称要打造“绿色煤都”，但是其实际行为却大相径庭。在内蒙古草原，中国神华大肆修建煤矿，为经营需要大肆抽取地下水，排放污染物，导致当地生态环境受到严重损害。第二次上榜是在2013年，中国神华在报告中宣称已经实现全厂区污水“零排放”，达到了“世界范围内化学污水处理的最高水平”。之后，国内的专家学者和媒体记者开始对中国神华企业的环保事迹进行宣传。但是绿色和平记者的实地调查结果显示，中国神华厂区的污水不仅不达标，还距离其宣称的“世界级水平”相差甚远。第三次上榜是在2022年，中国神华属于中国煤炭行业的龙头企业，其企业价值和社会价值遥遥领先。但是，从2022年中国神华企业环保罚单数据来看，中国神华及旗下子公司被处罚金额超过2000万元，总罚款金额位居煤炭行业之首。榆林市生态环境局罚单显示，神东煤炭分公司因未批先建，违反环评法，两次罚款1264.45235万元、331.10735万元。这家公司还因擅自倾倒、堆放危险废物，危废库未验先投多次被处罚。对南方周末曝光的中国神华集团的漂绿榜单以及绿色和平等进行相关研究，2022年中国神华集团的漂绿行为更具典型性，处罚金额最多且更具有广泛的影响力。因此，本案例将重点对中国神华在2022年的漂绿行为进行具体分析和研究。

（2）漂绿的表现

中国神华在企业年报、环境社会和治理报告、官网等多种公开渠道中塑造自己的环保形象，自称要打造中国的“绿色煤都”。中国神华宣称为社会发展提供绿色能源是企业使命，还多次强调“坚持绿色生产，履行社会责任”“遵守相关法律法规，重视环保投入”，并在2020年企业报告中对外宣传煤制油标榜废水已经达到了“零排放”。同时在2008年，中国神华凭借良好的品牌形象和品牌活力，获得"中国最佳信誉品牌"大奖，并多次进入《财富》世界500强排行榜。中国神华宣称绿色发展的价值理念并向社会公众营造完美的环保形象，让社会公众和利益相关者深信其企业价值，但是其却接连三次上榜中国漂绿榜单，以"公然欺骗""声东击西"等名义登上榜单，收到数十张罚单。由此可以看出，中国神华符合漂绿的相关定义，即以虚假不实的方式向社会公众展示其环境信息，仅以口头承诺的方式"践行"其环保理念。

7.3 财务视角下漂绿行为曝光后果分析

中国神华的三次漂绿行为，对企业、社会公众造成了深刻的影响。中国神华在2022年的漂绿行为违反了未批先建、破坏生态环境等多项规定，生态环境局开出了三次漂绿中最大的千万罚单，并且据相关媒体曝光，其漂绿的行为给内蒙古生态环境造成严重影响。由此可知2022年中国神华集团的漂绿行为影响更为严重，本部分将针对选取2022年中国神华的漂绿行为，进行短期绩效的研究和分析。

7.3.1 曝光后对短期市场绩效影响分析

从中国神华的股价K线图来看，中国神华在窗口期内的股价波动幅度较大。由图7.2可知，中国神华实施漂绿后，股价开始震荡，在漂绿曝光（2022年3月18日）后，2022年4月股价开始大幅下跌，直至2023年股价始终受到漂绿曝光的影响。因此，企业实施漂绿行为最直观的财务表现就是造成股价的下跌。短期财务绩效的影响会直接传导到股票市场和投资市场，会导致股价大幅下跌，利益相关者减少投资或进行观望，从而导致企业利润降低。综上所述，中国神华企业的漂绿行为对短期财务绩效的影响是即时性的，也是影响重大的。

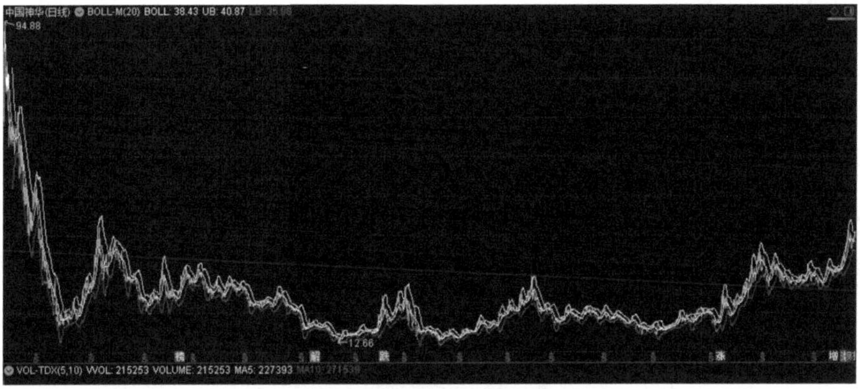

图7.2　中国神华股价K线图

数据来源：中航证券相关数据。

漂绿行为曝光会影响企业的声誉，让股民失去信心从而在短期内使企业的股价迅速下跌。因此，该部分将采用事件研究的方法，用累计超额收益率这个指标来反映其漂绿行为曝光后的影响。漂绿行为的发生日是在2022年3月18日，将选取前后10天（-10.9）为事件窗口期，计算在事件窗口期的超额收益率和累计超额收益率。市场收益率指标以上证指数（0000001）为标准，其他数据来自中航证券股票软件。本案例采用单因素市场模型 $E(Rt)=\alpha+\beta\times Rmt+\in t$，$\alpha$、$\beta$ 为回归系数，$\in$ 为随机误差。

$$E(Rt)=\alpha+\beta\times Rmt+\in t \tag{7.1}$$

Rt 是用开盘价和收盘价来求出的，它表示第 t 天的股票收益：

$$R(t)=(Pt-P_{t-1})\div P_{t-1} \tag{7.2}$$

Rmt 是根据开盘指数和收市指数来计算得到的，它表示第 t 天的市场收益率，其计算方法如下：

$$R_{Mt}=(I_t-I_{t-1})\div I_{t-1} \tag{7.3}$$

通过回归拟合个股收益率及市场报酬率，得出 $\alpha=0.02$、$\beta=0.37$，可得中国神华的正常收益率公式为：$E_{Rt}=0.02+0.37R_{mt}$，因此，中国神华于第 t 日的超额收益率 AR 和累计超额收益率 CAR 的公式如下：

$$A_{Rt}=R_t-E(R_t) \tag{7.4}$$

$$CAR_t = \sum AR_t \quad (7.5)$$

从表7.2和图7.3中可以看出，在事件窗口期间（-10，9），超额收益率AR保持相对稳定，但是在事件发生的第四天（-4），AR开始快速下降，并且由正转为负，这主要是因为地方政府对该公司进行了环保整顿，导致了市场对此产生了消极的反应，但影响不大。就在事件曝光后第2个交易日和第4个交易日（2，4），中国神华股票的超额收益出现了明显的下滑，这表明股价上涨已经对股票市场的短期回报造成了很大的冲击。但在事件发生的第5天，中国神华在股市收益下滑和巨额注资推动下，其超额收益开始回升，但这种走势并没有持续太久，仅仅一天之后，其超额收益就又回落了。累积超额收益CAR在事件发生前4天（-4）呈现出类似的变化趋势，即在事件发生前4天（-4）迅速回落，随后出现显著的下行趋势，且负的外部效应不断增强。总之，中国神华漂绿事件后，公司短期业绩急剧下滑，短期无法恢复，表明中国神华通过各种方式塑造的绿色环保形象被摧毁，中国神华利用漂绿获取不正当利润，导致公司价值遭受重大损失。

表7.2　　中国神华漂绿曝光后的市场反应　　单位：%

t（天）	Rt	Rmt	E（Rt）	AR	CAR
-10	0.62	1.53	0.59	0.03	0.03
-9	-4.4	-2.35	-0.85	-3.55	-3.52
-8	4.1	-1.13	-0.40	4.50	0.98
-7	-1.3	1.22	0.47	-1.77	-0.79
-6	1.24	0.41	0.17	1.07	0.28
-5	-2.6	-2.61	-0.95	-1.65	-1.37
-4	-7.9	-4.95	-1.81	-6.09	-7.46
-3	2.78	3.48	1.31	1.47	-5.99
-2	-1.73	1.4	0.54	-2.27	-8.26
-1	2.7	1.12	0.43	2.27	-5.99
0	4.27	0.08	0.05	4.22	-1.77
1	2.99	0.19	0.09	2.90	1.13
2	-1.23	0.34	0.15	-1.38	-0.25

续表

t（天）	Rt	Rmt	E（Rt）	AR	CAR
3	2.45	-0.63	-0.21	2.66	2.41
4	-0.07	-1.17	-0.41	0.34	2.75
5	7.51	0.07	0.05	7.46	10.21
6	2.94	-0.33	-0.10	3.04	13.25
7	-3.49	1.96	0.75	-4.24	9.01
8	2.55	-0.44	-0.14	2.69	11.7
9	-0.81	0.94	0.37	-1.18	10.52

数据来源：中航证券相关数据计算得出。

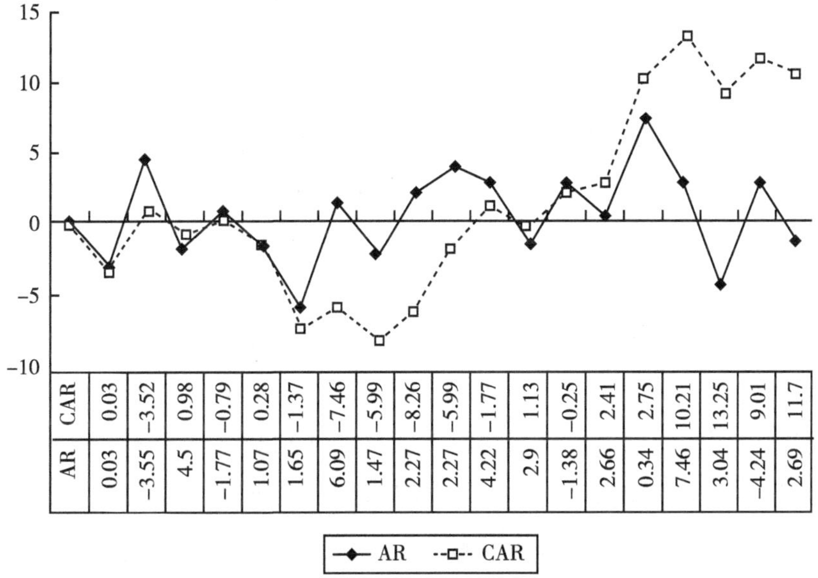

图7.3 事件窗口期AR与CAR

数据来源：中航证券相关数据计算得出。

7.3.2 曝光后对长期市场绩效影响分析

漂绿行为不仅对短期市场有重大影响，对长期的财务绩效影响也是深远的。本部分将分析漂绿曝光后对企业长期财务绩效造成的影响，首先以四个指标来进行纵向分析，其次用净资产收益率来进行横向分析，最后综合分析对企业长期财务绩效的影响。

（1）盈利能力分析

漂绿曝光前后的盈利能力分析可以衡量中国神华的日常经营活动中利润获取的多少以及漂绿曝光对其产生的影响。本案例选取以下四个指标通过自身纵向对比来分析中国神华盈利能力的变化，以下为2015～2023年九年间盈利能力相关指标的数据。

从表7.3中可以看出，中国神华在2023年整体资产收益率出现下滑，2022年出现"漂绿潮"事件后，其总资产报酬率从2022年的13.3%下降到2023年的11.12%，表明中国神华的利润水平已经出现了一定程度的下滑。净资产收益率是衡量公司利用股东权益所获得利润的能力，它的大小表明资本的使用效率较高。从表7.3中我们可以看出，中国神华在漂绿事件发生后，其净资产收益率出现了3.2%的下滑，表明漂绿对中国神华的净利润产生了一定的影响。营业利润率是指公司主营业务收入中的一部分，它是指公司主营业务收入中的一部分。从表7.3可以看出，中国神华在2023年的营业利润率为35.9%，这是由于中国神华在漂绿曝光之后，主营业务利润出现了明显的下滑，从而降低了其利润水平。销售净利率是指每一元的销售额所产生的净利润和所能获得的净利润。从表7.3中我们可以看出，在漂绿事件发生之后，净利润增长率显著下降，这说明了漂绿对公司的销售净利率造成了消极的影响。

表7.3　　中国神华2015～2023年盈利能力相关指标　　单位：%

年份	2015	2016	2017	2018	2019	2020	2021	2022	2023
净资产收益率	5.48	7.51	14.67	13.94	12.73	11	13.6	18.08	14.88
总资产报酬率	4.24	5.25	9.49	9.36	9.00	8.46	10.15	13.3	11.12
营业利润率	37.64	39.51	42.17	41.12	40.71	36.49	32.93	39.03	35.9
销售净利率	13.14	16.13	21.73	20.46	21.31	20.26	17.62	23.71	20.29

数据来源：东方财富网。

（2）偿债能力分析

通过对中国神华公司财务报表的分析。选择了以下四个方面进行了纵向比较，并对其偿债能力的变化进行了分析。

从表 7.4 中我们可以看出，中国神华的资产负债率从 2022 年的 26.14% 下降至 2023 年的 24.08%，与上年同期相比有所降低，这是因为中国神华在 2022 年的债务上升，以及漂绿事件对中国神华的偿债能力产生了一定的影响。流动比率是衡量一个公司的流动资产是否能够实现清偿债务的能力，以及它在每天的生产活动中的偿债能力。表 7.4 从流动比率指标来看，未受到漂绿影响。从速动指标来看，中国神华的速动比率在 2022 年出现了明显的下降，说明公司的偿债能力更好，这意味着中国神华的速动比例并没有受到太大的影响。中国神华的速动比率、现金比率等偿债能力指标主要体现在短期的流动性指标上，从表 7.4 中我们可以看出，2015 ~ 2023 年，中国神华的速动比、现金比率总体上呈现增加的趋势，而中国神华在 2023 年则出现了轻微下滑，这一趋势表明中国神华的漂绿曝光对现金流量产生了一定的影响。

表 7.4　　中国神华 2015 ~ 2023 年偿债能力相关指标　　单位：%

年份	2015	2016	2017	2018	2019	2020	2021	2022	2023
资产负债率	35.35	33.54	33.94	31.13	25.58	23.87	26.59	26.14	24.08
流动比率	1.193	1.19	1.144	1.891	1.681	2.478	2.27	2.145	2.172
速动比率	1.066	1.071	1.044	1.81	1.555	2.295	2.133	2.022	2.032
现金比率	0.546	0.73	0.821	0.715	0.661	1.17	1.028	1.115	0.979

数据来源：东方财富网。

（3）营运能力分析

漂绿曝光前后的营运能力分析可以衡量中国神华的资金使用效率以及漂绿曝光对其产生的影响。本案例选取以下三个指标通过自身纵向对比来分析中国神华营运能力的变化。

存货周转率是用来衡量公司库存的周转速率，考察库存资本使用是否合理，从表 7.5 中可以看出，中国神华是一家煤炭上市公司，其存货周转整体上没有受到太大的影响。总资产周转率是指一个公司的总投资规模所能产生的销售额。到2023年，中国神华整体资产周转率将出现小幅下滑，这表明"变绿"行为对公司整体资产周转率的作用并不明显。应收账款周转率是中国神华公司应收账款回收效率的一个重要指标，应收账款周转率越高，表明公司应收账款的回收速度越快，即在一定的时期内，公司能够拥有较多的资本，从而提高了资本的利用效率。而中国神华则在2023年出现了大幅波动，从2022年的26.8%下降至21.47%，反映出中国神华应收账款周转率在该年度出现负增长，表明漂绿事件曝光对营运能力产生了较大的影响。

表7.5　中国神华2015~2023年营运能力相关指标　单位：%

年份	2015	2016	2017	2018	2019	2020	2021	2022	2023
存货周转率	7.67	8.47	11.51	14.39	13.02	11.95	17.74	16.99	17.63
总资产周转率	0.322	0.325	0.437	0.458	0.422	0.418	0.576	0.561	0.548
应收账款周转率	4.928	5.946	12.43	16.25	20.59	21.02	26.46	26.8	21.47

数据来源：东方财富网。

（4）发展能力分析

漂绿曝光前后发展能力的分析可以衡量企业未来持续健康发展的能力和潜力，是投资者和管理者评价企业长期发展的能力的重要指标。对发展能力的分析可以较清晰地观察漂绿行为曝光后对企业发展能力造成的影响。本案例选取总资产增长率、净利润增长率、净资产增长率和营业收入增长率四个指标来纵向分析对中国神华发展能力带来的变化。分析发展能力带来的变化从而进一步分析企业的漂绿行为对发展能力的深刻影响。

本案例以中国神华为例，以9年数据为样本，对其成长性进行了研究。从表7.6可以看出，2015~2023年中国神华的总资产增长率出现了大幅波动，中国神华在漂绿事件曝光后，其总资产增长率出现了下滑，下降了1.14%，这表明中国神华总资产增长率受到漂绿曝光的影响。净利润增长率是一家公司当前盈利状况的反映，通过对中国神华9年净利润增长的分析，可以看出它总体上是一个先上升后下降的过程，并能很好地体现出公司在漂绿前后的净利润变化。从表7.6可知，中国神华在被曝出漂绿事件之后，其业绩增速已有50%以上的降幅，这意味着漂绿事件对其净利润造成了很大的冲击。净资产增长率是用来反映企业一段时间内净资产增长的程度。2023年的净资产增长率下降了0.83%，表明中国神华净资产的管理受到了漂绿事件的影响。营业收入增长率是指公司营业收入增长的变动，用来分析公司的主要经营收益的发展能力。中国神华2015~2023年营业收入增长波动性比较大，但从整体趋势上来看，呈现出一种向上向好的态势。此外，中国神华的主营业务在漂绿事件曝光之后，其营业增长率由2.65%下降到-0.42%，降幅约为3.07%，这是一种较为明显的、直接的负面效应。

表7.6　中国神华2015~2023年发展能力相关指标　单位：%

年份	2015	2016	2017	2018	2019	2020	2021	2022	2023
总资产增长率	4.02	3.19	-0.8	3.54	-4.9	-0.01	8.66	2.47	1.33
净利润增长率	-56.86	40.68	98.3	-2.6	-1.41	-9.43	27.86	39.06	-14.29
净资产增长率	-0.39	6.06	-1.4	7.98	7.373	2.347	4.581	4.568	3.755
营业收入增长率	-30.03	3.42	35.83	6.17	-8.42	-3.56	43.89	2.65	-0.42

数据来源：东方财富网。

（5）横向对比分析

杜邦分析法是一种运用多种财务指标间的相互联系，对公司财务进行全面分析的一种基础方法，是对公司经营绩效进行评估的一种经典方法。在分析方法中，净资产收益率是一个重要的财务指标，它是整个分析体系的出发点和核心，它的好坏可以全面地反映出投资者的回报能力。因此，在这一部分，选取了中国神华公司的净资产收益率作为主要的财务指标，并对其与同行业平均水平的比值进行了综合分析。表7.7是中国神华公司2015~2023年的全行业平均净资产收益率对比表。

从表7.7可以看出，中国神华平均净资产收益率连续8年都超过了同行业的平均水平，这表明中国神华具有很高的净资产回报率，并且在同行业中具有一定的领先地位。中国神华9年来的经营业绩呈现出一种整体向上的态势，只有在2023年的时候，公司业绩下滑幅度最大，降幅达到3.2%。从这一点来看，经过2022年的环境违法事件通报，其披露的滞后性使得其2023年的净资产回报率较上年同期有所下滑，表明漂绿事件的暴露对公司产生了消极影响。而9年来，中国神华只有2021年的净资产收益率低于同行业平均水平，原因在于其经营利润出现了下滑，这一点也反映在公司2021年年报中。

表7.7　中国神华2015～2023年净资产收益率及行业均值　单位：%

名称/年份	2015	2016	2017	2018	2019	2020	2021	2022	2023
中国神华	5.48	7.51	14.67	13.94	12.73	11	13.6	18.08	14.88
行业均值	-10.05	0.66	8.09	3.9	4.14	-5.29	16.79	15.34	10.6

数据来源：同花顺财经网。

从横向上来看，中国神华的净资产收益率在一个比较合理的范围内，并且总体上是高于同行业平均水平的，呈现出稳步上升的态势。这说明该公司利用自有资金获得收入的能力更高，经营效率更高，在同行业中也处于领先位置。总体而言，在漂绿事件曝光之后，净资产收益率指数降低了4.8个百分点，表明漂绿曝光对公司产生了消极的影响，同时也对公司的长期的财务绩效产生了很大的影响。

7.3.3　曝光后对企业影响分析

（1）内部影响

①企业声誉

首先，一旦企业的漂绿行为被揭露，立即会引发公众的信任危机。消费者和投资者通常对企业的环保承诺持正面态度，而当发现企业实际上在环保方面的作为与宣传不符时，这种信任将被严重破坏。在信息传播迅速的今天，负面信息可以迅速蔓延，对企业形象造成极大的打击。其次，曝光后的企业可能会面临来自各方的压力，包括但不限于监管机构的调查和处罚，环保组织的抗议，以及消费者和投资者的抵制。这些都会对企业的运营产生负面影响，甚至可能导致市场份额的流失和投资者信心的下降。再次，长期的声誉损害可能导致企业在市场中丧失竞争力。在环保意识日益增强的今天，可持续发展能力已成为企业竞争力的重要组成部分。漂绿行为的曝光会使得企业在竞争中处于不利地位，难以吸引和保留人才，也无法获得绿色融资和补贴。最后，漂绿行为的揭露可能会引发行业内的洗牌，促使企业重新审视并改进其环保策略和实际行动，以重建声誉和恢复公众信任。企业可能需要通过加大环保投入、改善生产流程、透明化信息披露等多方面的努力来修复形象。因此，漂绿行为曝光对企业声誉的影响是严重的。以中国神华的漂绿行为为例，漂绿曝光后，其企业的声誉迅速下降，导致其短期的财务绩效和股票市场大幅下跌。

②企业经济效益

企业漂绿行为曝光后，会降低企业的经济效益。一方面，会在短期市场上快速反映，直接表现为股票市场上企业的股票价格下跌，从而影响企业的经济效益。另一方面，漂绿的曝光对企业的财务绩效具有延迟性，会导致企业的净资产收益率下降，降低企业的经济效益。前面已经通过综合财务绩效指标 ROE 进行了深入分析，以横向对比来综合反映企业漂绿行为对企业财务绩效的影响，因此，本部分用 2015～2023 年的净资产收益率（ROE）折线图来直观展示，中国神华漂绿行为对企业经济效益的影响。

从图 7.4 可以看出，中国神华的净资产收益率的 9 年数据中有 8 年均高于行业均值，中国神华作为煤炭行业的龙头企业，企业所有者投入资本的获利能力较强，企业获取净收益的能力也比较强。在 2022 年的净资产收益率低于行业均值，中国神华漂绿行为正是在 2022 年被曝光，说明企业受到了漂绿行为曝光的影响，导致 2022 年的净资产收益率低于行业均值，下降了约 1 个百分点。另外，在 2023 年企业的净资产收益率又有所上升，可能是企业的利润有所上升或是资产管理的效率得到了提高。综上所述，中国神华漂绿行为的曝光的直接影响就是降低了企业的经济效益。

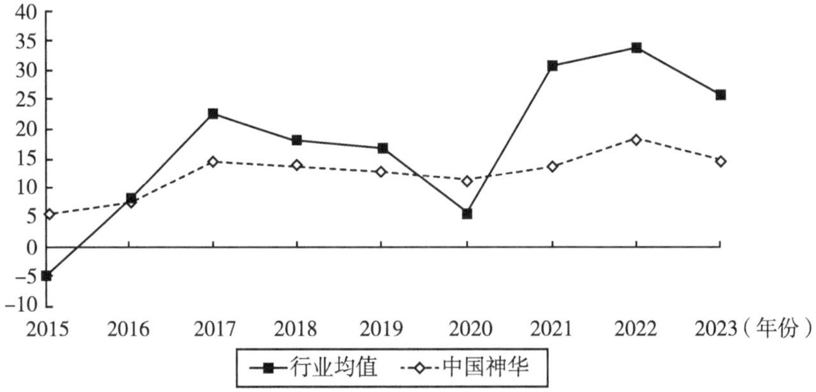

图 7.4　中国神华净资产收益率与行业均值对比

③企业文化

漂绿行为会对公司的企业文化产生潜移默化的影响。在企业缺少自我约束的意识和良好的风气时，内部的员工就会跟着做，通过欺骗等方式来逃避责任，同时，员工的投机心理也会越来越强，有可能妨碍公司的绿色发展，为公司的长远发展埋下隐患，进而间接地影响到公司的文化。此外，由于公司漂绿等不良行为，也会对员工的工作忠诚产生一定的影响，员工可能会对管理层失去信任，感觉被误导或利用来参与不诚实的行为，这会削弱团队凝聚力和工作动力。员工士气可能因此受挫，导致更高的员工流失率和招聘困难，进而影响企业的文化。漂绿行为的曝光也可能会侵蚀企业的核心价值观。如果企业原本倡导诚信、责任等正面价值，漂绿行为的揭露会让这些价值显得空洞，导致一种不诚实和短视的文化氛围形成，影响新员工的价值观导向。

（2）外部影响

①行业发展

漂绿行为会阻碍行业发展。漂绿行为可以用最低的成本，快速树立绿色环保的形象，不仅能够躲避政府等监管部门的监管，还能够用树立的良好形象快速获得利益相关者的信任获得投资和经济效益。因此，可能会导致其他企业纷纷效仿，仅以较低的经济投入，便可获得高额的经济效益。进行漂绿的企业越来越多，但是真正履行环保责任的企业寥寥无几，这样下去会导致整个行业形成不良风气，从而影响整个行业的良好发展。

②市场秩序

漂绿行为会在一定程度上扰乱市场秩序。一方面，企业采取漂绿行为，营造良好的社会形象，取得社会公众的信任，会让其市场占有率提高，所以漂绿产品和绿色产品同时混合于市场中，由于消费者的辨别能力不强，无法辨别是否是绿色产品，这就会导致他们以较高的价格购买到了漂绿的产品。这就违反了市场正常的规则和秩序。另一方面，漂绿行为的曝光会导致企业的信誉下降，政府监管会更加严格。若这种漂绿现象层出不穷，将会大大影响平稳运行的市场秩序。

③利益相关者

一个好的品牌形象，可以使企业在激烈的市场竞争中占有更大的市场份额。如果外部人士获取了与企业相关的不实消息，不仅会影响企业的信誉，还会引起股东对企业履行其社会责任的质疑。以中国神华为代表的重度污染者，其环保义务的履行状况，是其选择合作与否的一项主要依据。中国神华自从上市后，就通过各种渠道对自己的环保理念和环境保护系统进行了大量的宣传，虽然大多数都是纸上谈兵，但是却给公司树立了一个良好的环境形象，这也是为什么中国神华能够与众多跨国公司结成战略伙伴的原因之一，中国神华于2011年跻身《财富》500强，排名292位，净利润为4256.40百万美元。中国神华“绿宝”事件爆发后，中国神华的品牌形象受到重创，利益相关者醒悟过来，失去了用户优势，市场竞争能力也随之减弱。中国神华在其年度报告中所披露的核心能力也得到了进一步的验证。

7.4 中国神华漂绿行为动因分析

7.4.1 内在动因

(1) 企业内部因素

中国神华漂绿行为的企业内部因素主要是经济利益的驱动因素和投机因

素。在经济利益驱动因素下，企业低成本投入是企业实施漂绿行为的重要原因。企业仅需投入低额的成本，采取象征性履行环保责任的漂绿行为，就能够短期内获取超额收益。因此，经济利益驱动成为企业实施漂绿行为的原因之一。在投机因素的驱动下，企业逃避政府监管和找寻制度漏洞是企业进行漂绿行为的另一原因。信息不对称现象普遍存在于经济活动中，消费者处于信息劣势地位，难以全面掌握企业环保责任履行的真实情况。在利润最大化目标的驱使下，企业的机会主义倾向会愈发明显，极少考虑原则或后果，企业就会利用制度漏洞和绿色市场的信息不对称性，采取进行虚假宣传的漂绿行为。

（2）ESG 信息披露因素

ESG 报告信息披露质量越来越受到利益相关方的重视。作为评价企业长期可持续发展的依据和价值体现。企业可以通过 ESG 披露的相关信息，获得社会公众的信任，从而获得更多的利益相关者的关注，从而获得投资等，获取超额收益。在公开的中国神华的 ESG 报告中，中国神华作为中国最大的煤炭生产企业，具有重要的社会责任和环境影响。其披露的 ESG 报告涵盖了公司的社会责任、环境保护、治理结构、战略规划等方面的内容，并将 ESG 因素整合到公司的管理和治理中，达到了较高水平的披露要求。因此，中国神华的评级属于高级水平。因其高水平的 ESG 评级和超额收益，在 2022 年入列《财富》中国 500 强榜单，列第 36 位。但殊不知，中国神华已因言行不一的漂绿行为多次入榜“中国漂绿榜”。

（3）利益相关者因素

近年来，我国出台了多项政策促进绿色金融的发展，提出要优化金融资源配置，推动绿色金融创新。伴随着国家对绿色金融重视程度的提升，我国绿色金融事业取得快速发展。绿色金融的发展让一些不法企业有了可乘之机，增加了其漂绿行为。对于漂绿的企业而言，由于绿色金融是以企业的绿色绩效为评价投资标准的，企业便设法树立良好形象获得金融投资而进行漂绿行为。而 ESG 评级就反映了企业在社会责任履行情况方面的好坏。ESG 评级高，企业在融资、贷款等方面就会更有优势。因此企业会加大自身漂绿行为提高 ESG 评级而获取更多的收益。另外，消费者对绿色产品的认识不足，绿色发展意识的匮乏，也让企业有机可乘。若消费者能够全面地掌握企业履行社会责任的信息，增强其绿色发展意识，则会在一定程度上抑制企业漂绿行为的产生。

7.4.2 外在动因

（1）政策因素

政策的不完善导致了企业钻空子，漂绿的行为变得难以监管。一是松散的监管政策，政府环保政策执行不严格或监管不到位，导致企业在环保方面存在漏洞和空白，从而出现漂绿行为。二是利益驱动，某些地方政府为了吸引投资和促进经济发展，对放松环保标准或对环保违法行为视而不见，使得企业有机会从中谋取利益而选择漂绿。三是法律法规不明确，环保法律法规不够完善或者存在漏洞，企业可能会利用法律的模糊地带来规避环保责任，从而进行漂绿行为。

（2）市场因素

在激烈的市场竞争中，一些企业为了降低成本、提高竞争力，可能选择采取漂绿行为，以牺牲环保为代价来获取短期利益。企业仅需要用低成本的支出塑造其良好的环保形象，就可以获得超额收益，在市场上获取更大的份额。另外，企业追求利润最大化是市场经济的基本特征，为了降低生产成本和提高利润率，一些企业可能会选择漂绿行为，忽视环保成本和责任。

（3）消费者倾向因素

从消费者角度来看，其主要原因是消费者缺乏辨别以及趋利因素。一些消费者在购买产品时更注重价格而非环保性能，导致企业为了降低成本而采取漂绿行为，以提供更具竞争力的价格。还有一些消费者更关注眼前的利益，对环保问题缺乏长远的意识，容易被短期利益所左右，从而对企业的漂绿行为视而不见。另外，由于信息不对称的存在，消费者对企业的生产过程和环保情况了解有限，缺乏对企业漂绿行为的监督和制约，使得企业有机会进行环保违法行为。

第 8 章

企业绿色发展的未来展望

8.1 企业绿色发展的战略方向

8.1.1 企业绿色发展的战略调整与转型

随着全球环境问题的日益严重，企业绿色发展已成为必然趋势。企业需要深刻认识到环境保护的重要性，积极进行战略调整与转型，以适应市场和社会的需求。首先，企业应从自身出发，对当前的环境形势进行深入分析，制定出符合实际情况的绿色发展战略。只有这样做，企业才能够确保其在环境保护方面的行动是科学合理的。其次，企业需要加强内部管理，提高员工的环保意识，推动生产过程的绿色化。这不仅有助于保护环境，还能提高企业的经济效益。最后，企业还应积极开展环保公益活动，提高企业的社会责任感和形象。这样做不仅可以增强企业的社会影响力，还能帮助企业赢得消费者的信任和忠诚度。总之，企业绿色发展是一项长期而艰巨的任务，需要企业从多方面入手，全面提升其在环境保护方面的能力和形象。只有这样，企业才能真正实现可持续发展。

8.1.2 企业绿色发展的核心竞争力与优势

企业绿色发展是一项至关重要的任务，它不仅有利于环境保护，还可以显著提高企业的核心竞争力。在不断变化的市场环境中，企业需要采取先进的环保技术和管理方法，确保高效、高质量的生产。通过优化生产流程和实施绿色发展策略，企业可以显著减少能源消耗和环境污染，从而降低运营成本。此外，加强内部管理可以激发员工的积极性和工作热情，提高生产效率和质量。这些举措将使企业在激烈的市场竞争中占据优势，成为行业的佼佼者。

8.1.3 企业绿色发展的核心目标与指标

企业绿色发展的核心目标是实现可持续发展，这一理念正逐渐成为全球各行业的重要共识。为了实现这一目标，企业需要制定具体的绿色发展指标，这些指标涵盖了能源消耗、环境污染、资源回收利用、绿色产品等多个方面。在能源消耗方面，企业应关注可再生能源的利用，并提高能源利用效率，降低碳排放。在环境污染方面，企业应采取有效措施降低生产过程中产生的废弃物和污染物排放，实现清洁生产。在资源回收利用方面，企业应建立完善的资源回收利用机制，对生产过程中产生的废弃物进行分类处理和回收再利用，以减少对自然资源的消耗。在绿色产品方面，企业应注重产品的环保性能和安全性，积极开发和推广绿色环保产品，以满足消费者日益增长的环保需求。同时，企业还需要建立完善的监测和评估机制，对各项绿色发展指标的执行情况进行实时监控和评估，确保各项措施得到有效执行。只有这样，企业才能实现绿色发展目标，为社会的可持续发展作出贡献。

8.2 企业社会责任与可持续发展

8.2.1 企业社会责任的定义与重要性

企业社会责任是指企业在追求经济利益的同时，关注并积极履行对社会的贡献、对环境的保护以及为员工创造更好的工作条件。它不仅是一种道德和伦理的体现，更是企业实现可持续发展的关键因素。企业通过承担社会责任，可以提升自身的形象和信誉，增强消费者和社会的信任和支持。同时，它还能激发员工的工作热情和创造力，提高企业的市场竞争力。对于员工而言，企业承担社会责任意味着提供更好的工作条件和更公平的待遇，这不仅能吸引更多的优秀人才，还能提高员工的工作满意度和忠诚度。此外，企业通过承担社会责任，还可以与政府和社会各界建立更紧密的合作关系，为企业发展创造更加有利的外部环境。因此，企业社会责任不仅是企业对社会的一种承诺和保证，更是企业实现可持续发展的必要条件。

8.2.2 企业社会责任与可持续发展的关系

企业社会责任不仅是实现可持续发展的重要手段之一，更是企业在追求经济利益的同时，积极关注和保护自然环境、社会公正和人类福祉的必然选择。可持续发展强调企业在运营过程中减少对环境的污染和破坏，提高资源利用效率，降低能源消耗，实现经济、社会和环境的协调发展。企业通过履行社会责任，不仅有利于保护环境、提高员工福利、保障供应链的可持续性，还有利于塑造企业良好的社会形象，增强企业的竞争力和品牌价值。同时，企业积极履行社会责任，可以促进与社区、员工、供应商等利益相关者之间的互利共赢，推动社会的和谐发展。因此，企业应将社会责任纳入战略规划，从产品设计、生产、销售等环节入手，实现可持续发展目标。

8.2.3 企业社会责任的实践与成效

企业社会责任的实践是一项复杂而又必要的任务，包括环境保护、公益慈善、员工福利、供应链管理等多个方面。这些实践不仅有助于提升企业的形象和信誉，还能增强员工的归属感和忠诚度，进而提高企业的市场竞争力。同时，这些实践还能带来社会效益，如改善社区环境、提高员工福利等，为社会的可持续发展作出贡献。然而，企业社会责任的实践并非一蹴而就，必须长期坚持，并从各个方面加以落实，才能取得良好的成效。只有这样，企业才能在追求经济效益的同时，积极履行社会责任，为社会的和谐稳定作出贡献。

8.3 呼吁全社会共同推动绿色发展进程

8.3.1 全社会共同推动绿色发展的必要性与紧迫性

随着全球环境问题的日益严重，全社会共同推动绿色发展的必要性与紧迫性日益凸显。人类活动给自然环境带来了巨大的破坏，全球气候变化、生物多样性丧失、水土资源过度开发等问题已经严重威胁到人类的生存与发展。为了实现可持续发展，推动绿色发展已成为刻不容缓的任务。这不仅是人类对自然环境负责任的体现，也是确保人类未来的关键手段。因此，全社会应该共同努力，推动绿色发展。

8.3.2 全社会共同推动绿色发展的行动与合作方式

推动绿色发展需要全社会的共同参与和努力。政府在这方面扮演着重要的角色，通过政策引导可以推动企业采取更加环保的生产方式和技术创新，同时制定出相关法规和财政支持，也是实现绿色发展的重要手段。企业则可以通过生产方式的转变和绿色营销来参与绿色发展，同时也可以通过技术创新来提高生产效率和降低环境污染。此外，社会组织和个人也可以通过宣传教育、参与环保活动等方式支持绿色发展。只有全社会形成合力，才能推动绿色发展的进程，实现经济、社会和环境的可持续发展。

8.3.3 全社会共同推动绿色发展的成果与展望

全社会共同推动绿色发展的成果将是非常显著的。通过绿色发展，我们可以有效地实现资源的节约和环境的保护，从而提高生态系统的稳定性和人类的生存质量。同时，绿色发展还将带动新的经济增长点，创造更多的就业机会和社会财富。展望未来，绿色发展将成为人类社会发展的重要方向，我们期待着这一目标的早日实现。

参考文献

［1］刘毅，孙秀艳，寇江泽，等．生态兴则文明兴［N］．人民日报，2020-08-14（001）．

［2］中华人民共和国中央人民政府．习近平在第七十五届联合国大会一般性辩论上发表重要讲话［EB/OL］．http：//www.gov.cn/xinwen/2020-09/22/content_5546168.htm，2020-09-22．

［3］中华人民共和国中央人民政府．习近平在联合国生物多样性峰会上的讲话［EB/OL］．http：//www.gov.cn/xinwen/2020-09/30/content_5548767.htm，2020-09-30．

［4］中华人民共和国中央人民政府．习近平在第三届巴黎和平论坛的致辞［EB/OL］．http：//www.gov.cn/xinwen/2020-11/12/content_5561059.htm，2020-11-12．

［5］中华人民共和国中央人民政府．习近平在金砖国家领导人第十二次会晤上的讲话［EB/OL］．http：//www.gov.cn/xinwen/2020-11/17/content_5562128.htm，2020-11-17．

［6］中华人民共和国中央人民政府．习近平在二十国集团领导人利雅得峰会“守护地球”主题边会上的致辞［EB/OL］．http：//www.gov.cn/xinwen/2020-11/22/content_5563383.htm，2020-11-22．

［7］中华人民共和国中央人民政府．习近平在气候雄心峰会上的讲话［EB/OL］．http：//www.gov.cn/xinwen/2020-12/13/content_5569138.htm，2020-12-13．

［8］中华人民共和国中央人民政府．习近平在世界经济论坛“达沃斯

议程"对话会上的特别致辞［EB/OL］. http：//www. gov. cn/xinwen/2021 -01/25/content_5582475. htm，2021 -01 -25.

［9］中华人民共和国中央人民政府. 习近平主持召开中央财经委员会第九次会议［EB/OL］. http：//www. gov. cn/xinwen/2021 -03/15/content_5593154. htm，2021 -03 -15/.

［10］中华人民共和国中央人民政府. 习近平在福建考察［EB/OL］. http：//www. gov. cn/xinwen/2021 -03/25/content_5595687. htm，2021 -03 -25.

［11］中华人民共和国中央人民政府. 习近平在参加首都义务植树活动［EB/OL］. http：//www. gov. n/xinwen/2021 -04/02/ontent_5597550. htm，2021 -04 -02.

［12］韩冰. 新华国际时评：中法德领导人视频峰会释放三大信号［EB/OL］. http：//www. gov. cn/xinwen/2021 -04/17/content_5600231. htm，2021 -04 -17.

［13］中华人民共和国中央人民政府. 习近平在"领导人气候峰会"上的讲话［EB/OL］. http：//www. gov. cn/xinwen/2021 -04/22/content_5601526. htm，2021 -04 -22.

［14］中华人民共和国中央人民政府. 习近平主持中央政治局第二十九次集体学习并讲话［EB/OL］. http：//www. gov. cn/xinwen/2021 -05/01/content_5604364. htm，2021 -05 -01.

［15］中华人民共和国中央人民政府. 习近平主持召开中央全面深化改革委员会第十九次会议［EB/OL］. http：//www. gov. cn/xinwen/2021 -05/21/content_5610228. htm，2021 -05 -21.

［16］发展改革委. 发展改革委印发《绿色发展指标体系》《生态文明建设考核目标体系》［EB/OL］. http：//www. gov. cn/xinwen/2016 -12/22/content_5151575. htm，2016 -12 -22.

［17］发展改革委印发《绿色发展指标体系》《生态文明建设考核目标体系》［EB/OL］. http：//www. gov. cn/xinwen/2016 -12/22/content_5151575. htm，2016 -12 -22.

[18] 国家标准化管理委员会．国家标准委关于印发《生态文明建设标准体系发展行动指南（2018—2020年）》的通知［EB/OL］. http://www.beihi.gov.cn/syzt/zyhbdcbdbg/mtbd/201806/t20180628_1681147.html，2018-06-28.

[19] 发展改革委．国家发展改革委关于印发《美丽中国建设评估指标体系及实施方案》的通知［EB/OL］. http://www.gov.cn/zhengce/zhengceku/2020-03/07/content_5488275.htm，2020-03-07.

[20] 王金南，于方，彭菲，等．绿色GDP（GGDP/EDP）核算技术指南（试用）［R］．北京：生态环境部环境规划院，2020.

[21] 欧阳志云，王金南，肖燚，等．陆地生态系统生产总值（GEP）核算技术指南［R］．北京：生态环境部环境规划院，中国科学院生态环境研究中心，2020. 另见：欧阳志云，郑启伟，杨武，等．生态系统生产总值（GEP）核算技术规范陆域生态系统（DB33/T 2274—2020）［S］．杭州：浙江省市场监督管理局，2020. 欧阳志云，韩宝龙，孙芳芳，等．深圳市生态系统生产总值核算技术规范（DB4403/T 141—2021）［S］．深圳：深圳市市场监督管理局，2021.

[22] 环球网．报告称地球9个极限人类已越过4个：破坏巨大［EB/OL］. http://tech.hunqiu.com/discovery/2015-01/5504581.html，2015-01-26.

[23] 杨文进，柳杨青．论市场经济向生态市场经济的蜕变［J］．中国地质大学学报（社会科学版），2022，13（03）：20-25.

[24] 付允，马永欢，刘怡君，等．低碳经济的发展模式研究［J］．中国人口·资源与环境，2021，19（03）：14-19.

[25] 刘细良．低碳经济与人类社会发展［N］．光明日报，2009-04-21（010）.

[26] 勾红洋．低碳阴谋——中国与欧美的生死之战［M］．山西：山西出版集团山西经济出版社，2010.

[27] 柳下再会．以碳之名：低碳骗局幕后的全球博弈［M］．北京：

中国发展出版社，2010.

[28] 周光召. 将绿色科技纳入我国科技发展总体规划［J］. 环境导报，1995，12（02）：21－22.

[29] 吕燕，杨发明. 有关生态技术概念的探讨［J］. 生态经济，1997，13（03）：47－49.

[30] 吴晓波，杨发明. 绿色技术的创新与扩散［J］. 科研管理，1996，17（01）：38－41.

[31] 尹世杰，蔡德容. 消费经济学原理（修订版）［M］. 北京：经济科学出版社，2000：293－295.

[32] 海因茨·沃尔夫冈·阿恩特. 经济发展思想史［M］. 北京：商务印书馆，1999.

[33] 巴里·康芒纳. 与地球和平共处［M］. 上海：上海译文出版社，2002.

[34] 李平，肖玲. 论技术创新观中的技术决定论倾向及其超越［J］. 中国科技论坛，2006，22（02）：38－42.

[35] 联合国开发计划署. 2014年人类发展报告［R］，2014.

[36] 吴兆雪，江宏春. 自然·社会·人——关于绿色技术的哲学思考［J］. 学术界，2023，18（02）：182－187.

[37] 约瑟夫·熊彼特. 经济发展理论——对于利润、资本、信贷、利息和经济周期的考察［M］. 北京：商务印书馆，2000.

[38] 马克思. 1844年经济学哲学手稿［M］. 北京：人民出版社，1985.

[39] 钟祖昌，陈功玉. 论面向可持续发展的生态技术创新实现机制［J］. 云南科技管理，2004，17（02）：14－16.

[40] 焦长勇. 企业绿色技术创新探析［J］. 科技进步与对策，2001，18（03）：73－74.

[41] 张敦杰，刘姗. 企业绿色技术创新的影响因素与对策分析［J］. 科技创业月刊，2009，22（02）：16－17.

[42] 赵细康. 引导绿色创新——技术创新导向的环境政策研究［M］.

北京：经济科学出版社，2006：96 - 102.

[43] 钟晖，王建锋．建立绿色技术创新机制 [J]．生态经济，2000，16 (03)：41 - 44.

[44] 陈彬．可持续发展与技术创新生态化 [J]．科技成果纵横，2005，14 (06)：39，41.

[45] 荣诚．生态技术创新研究初探 [J]．中国软科学，2004，19 (05)：159 - 160.

[46] 彭福扬，刘小华．传统技术创新的困境及其出路 [J]．中国发展，2004，04 (04)：43 - 48.

[47] 荣诚．生态技术创新研究初探 [J]．中国软科学，2004，19 (05)：159 - 160.

[48] 余敬，董青．技术创新新论：生态技术创新 [J]．科技进步与对策，2000，17 (03)：41 - 42.

[49] 冈纳·缪尔达尔．世界贫困的挑战——世界反贫困大纲 [M]．北京：北京经济学院出版社，1991.

[50] 陈艳莹．可持续经济增长的实现机理研究 [D]．大连：大连理工大学，2004.

[51] 孟庆国，徐玉高，侯世昌．可持续发展的技术创新机制 [J]．中国人口·资源与环境，1999，10 (02)：9 - 12.

[52] 艾默里·洛文斯，王乃粒．自然资本论导读（中）[J]．世界科学，2000，23 (09)：26 - 29.

[53] 李周，包晓斌，杨东升．稀缺诱发创新——以色列开发节水技术的启示 [J]．中国经贸导刊，2000，17 (24)：31 - 32.

[54] 钟建．芬兰：多举措力促节能 [J]．中国地产市场，2005，12 (09)：54.

[55] 叶子青，钟书华．日本绿色技术创新现状及发展趋势 [J]．科技与管理，2002，04 (04)：116 - 119.

[56] 杨发明，吕燕，卢从凤．生态技术创新政府启动模式的机理与启

示［J］. 环境导报，2021，15（01）：1－3.

［57］黄铁青，庄绪亮，牛栋，等．中国科学院环境科技发展回顾［J］. 环境科学学报，2022，26（04）：529－543.

［58］曲格平．环境科学词典［M］. 上海：上海辞书出版社，2021：568－575.

［59］苏博，瞿亢．绿色金融发展的国际经验及启示［EB/OL］. https：//kns. cnki. net/kcms/detail/detail. aspx?dbcode = CJFD&dbname = CJFDLAST2016&filename = JRGJ201605013&uniplatform = NZKPT&v = NUy8iKOTiw2VdKDFyYm4ZURFJ7qyECATU9C2UEGaS_rPAatD5pyxCd1ksxw6A5fA. 2016－05－13.

［60］中国人民银行，财政部，发展改革委，环境保护部，银监会，证监会，保监会．关于构建绿色金融体系的指导意见［EB/OL］. http：//www. pbc. gov. cn/goutongjiaoliu/113456/113469/3131687/index. html. 2016－08－31.

［61］G20 绿色金融研究小组．2017 年 G20 绿色金融综合报告［EB/OL］. http：//www. pbc. gov. cn/goutongjiaoliu/113456/113469/3344238/2017071318325492375. pdf? from = app. 2017－07－08.

［62］Ferron V V，Valero G J，Suarez P I. How does green washing influence managers' decision－making? An experimental approach under stakeholder view［J］. Corporate Social Responsibility and Environmental Management，2020，28（2）：860－880.

［63］Szabo S，Webster J. Perceived Green washing：The Effects of Green Marketing on Environmental and Product Perceptions［J］. Journal of Business Ethics，2021，21（4）：26－46.

［64］Hameed I，Hyder Z，Imran M. Greenwash and green purchase behavior：an environmentally sustainable perspective［J］. Environment，Development and Sustainability，2021，23（9）：1－22.

［65］Zhang D Y. Are firms motivated to greenwash by financial constraints? Evidence from global firms' data［J］. Journal of International Financial Management & Accounting，2022，1：1－21.

[66] Torelli R, Balluchi F, Lazzini A. Greenwashing and Environmental Communication: Effects on Stakeholders' Perceptions [J]. Social Science Electronic Publishing, 2020, 29 (2): 407 -421.

[67] 张岳，周应恒. 绿色金融漂绿现象的成因与防范：来自日本的经验启示 [J]. 现代日本经济，2021 (05): 79 -94.

[68] 简冠群，杜晋萱. 企业漂绿行为分析及治理——基于拓展舞弊风险因子理论的案例研究未来与发展. 2023, 47 (08): 42 -48.

[69] 吴红军，徐寅寅，江怡. 企业漂绿研究综述 [J]. 会计之友，2023 (22): 53 -60.

[70] 张丹，马国团，奉雅娴. ESG 报告漂绿行为的动因、甄别与治理 [J]. 会计之友，2023 (10): 103 -108.

[71] 刘亦晴，许雅琴，陈思. 企业漂绿行为的驱动因素——基于 158 家重污染企业的 fsQCA 分析 [J]. 财会月刊，2022 (18): 142 -151.

[72] 林晨璐. 漂绿问题曝光对企业的影响及解决问题的途径 [J]. 环渤海经济瞭望，2023 (07): 32 -35.

[73] 蒋非凡，范龙振. 绿色溢价还是绿色折价？——基于中国绿色债券信用利差的研究 [J]. 管理现代化，2020, 40 (04): 11 -15.

[74] 甄梦梦. 我国企业漂绿现象的危害及其治理 [J]. 中国市场，2023 (28): 89 -92.

[75] 宋锋华. “双碳”目标下企业漂绿行为的典型风险与治理思路 [J]. 企业经济，2022, 41 (03): 5 -12, 2.

[76] 吴嘉毅，陈玲芳. 企业漂绿政府监管的困境与优化策略研究 [J]. 当代经济，2023, 40 (04): 78 -83.

[77] 孙自愿，汪玮，孙孟欣等. 媒体报道对企业漂绿的影响——高管特征与内部监督的中介作用 [J]. 北京理工大学学报（社会科学版），2023, 25 (01): 67 -79.